U0457490

旧|书|新|知

让旧书找到新知己　从旧书获取新知识

时光的书褶

京报读书『旧书新知』合集

北京日报副刊部 编

中国书店

图书在版编目（CIP）数据

时光的书褶：京报读书"旧书新知"合集 / 北京日
报副刊部编 . -- 北京：中国书店，2025. 4. -- ISBN
978-7-5149-3864-7

Ⅰ . G792

中国国家版本馆 CIP 数据核字第 2025LA8988 号

时光的书褶 —— 京报读书"旧书新知"合集
北京日报副刊部　编

责任编辑	李宏书
封面设计	李洪波
出版发行	中国书店
地　　址	北京市西城区琉璃厂东街 115 号
邮　　编	100050
印　　刷	北京鑫益晖印刷有限公司
版　　次	2025 年 4 月第 1 版　2025 年 4 月第 1 次印刷
印　　张	26
规　　格	710 mm×1000 mm　1/16
字　　数	280 千
书　　号	ISBN 978-7-5149-3864-7
定　　价	78.00 元

写在前面

孙　郁

　　有关于书的题跋、札记，古已有之，五四后演变成新的文类，即书话。这类文章，在 20 世纪 30 年代出现了些精品，90 年代又热了起来。三十多年前，我在位于东单的北京日报社上班，常去几家古旧书店淘书，也由此认识了一些爱书的人。那时候我是文学副刊的编辑，有个栏目属于书话类的，黄裳、张中行、姜德明都写过文章，为报纸增色不少。不久便感到，书话写得好的，多是藏书家，或者文史方面的杂家。他们谈善本、孤本和书林旧事，都有眼光。大约 2002 年，北京鲁迅博物馆搞过一次民间藏书展，韦力、胡从经、方继孝等一大批藏书家的藏品与参观者见面，可谓盛况空前。这些藏书家后来写的文章都不少，在读书界渐成佳话。

　　嗜书的人，倘喜欢作一点札记，都很值得一读。我自己读这类作品的经验是，谈旧书的，常能品出一点味道来，新书的评论，虽然也有不少佳作，有时就不免有点广告意味，内中自然有些文饰，这大概是距离太近的缘故。远去的遗存，会有打量的从容感，其中不乏一些花絮。要了解文化史，这也是不能不注意的。姜德明先生生前主编过"现代书话丛书"，我曾经有幸参与其中。他对于民国的图书比较熟悉，比如谈论周氏兄弟、钱玄同、废名的文章，就从资料出发，发现了鲜为人知的旧事，娓娓道来中，刻出一道道风景。这类文章，诗与史的片段都有，点滴之中，随性而自如。

过往的墨迹，能够让人怀之、念之，一定有不少原因。要么缘于经典气象的吸引，要么是作者个性的诱力，由词语而带出诸多意象，触物生情，总可以悟出些什么。俞平伯日记中记载与友人谈书的片段，都很有趣。他是有家学的，自己的写作也很用心，书林记趣的随感、尺牍都有不错的地方，而与朱自清、陈寅恪的友情与互动，说起来很有意思。这种风气，直到20世纪末还能够看到。扬之水有一本《问学记》，写到自己随老先生在北京图书馆（今国家图书馆）寻书的故事，看出治学的路径和思想的碰撞。她与徐梵澄、金克木交往中的关于古代典籍的对话，如今思之，感人的是出俗的味道。比如徐梵澄就说过现代文章之道的妙处在于："写白话要如同写文言，这样就能精练得多；写文言要如同写白话，这样就平易得多。"这样的话，我们在教科书里是不易见到的。

前人记载访书、淘书的经历，能给人诸多思旧的联想。因个人的经历不同，读书的方式也各自不同。我们的古人留下的遗产很多，有的在传世文献里，也有的在出土文献中。还有些小众的读物，虽流传不广，但未必没有价值。这些需要有人为之解读、传播。五四之后，学界提倡"整理国故"，许多被漠视的诗文得以被重新解释。好的思想不必都在经学世界里，山林与野地中的智慧也多可一寻。考古学的出现，也带动了学术研究，在书业方面，野史与乡邦文献都被注意到。偶看藏书家的目录，科举时代的趣味早被现代人文观念所代替。人们对于方志、谣俗、造像拓本的趣味，大概受到人类学的影响，而对于善本、孤本的嗜好，有时候可以看到文献学的影子。读许多人谈论旧书的文章，表面上看是一种把玩之趣，其实是有思想审视的快慰。那些并不被世俗看重的文本，往往含有另类的思维，收藏它，也是保存着火种的热度，以期那光泽会被更多的人看到。

北京是古都，其文脉有显形的，也有隐形的。我们在故宫博物院、颐和园看到的都是历史的外衣，而血液的流向、思想的温度，还得到书中去找。启功当年写《故宫古代书画给我的眼福》《关于法书墨迹和碑帖》《忆先师吴镜汀先生》，就让我们窥见艺术变迁之迹。张中行的《负暄琐话》，细节里有历史的回音，不是亲身经历，不会有此等文字。台静农有一篇谈及北京学界往事的文章，就提供了过去鲜为人知的线索。我们看京派文人顾随、叶恭绰、张伯驹写下的书话、文话、诗话，都能够觉出古代辞章演变的历史——文言文如何演变为现代白话文，新旧间的互动怎样推动了文化的变迁，片言只语中，有不少提示。

有时候看到一些前辈的文章，觉得有一种人的状态颇为可爱，就是集藏书、写书、编书于一体的人。比如林辰先生，生前在人民文学出版社工作，对于《鲁迅全集》史料部分的把握，十分精准，研究也深。由于他和几位专家的存在，保证了全集的质量。比如关于《中国小说史略》的版本，他就有多个。晚清的译著的初版本，也数量可观。他的藏书和自己的研究方向多有关联，对于编辑工作也是有帮助的。先生购书很系统，如果要了解民国学术思想和左翼作家作品初版本情况，他的收藏则可谓详矣、善矣。林辰还保留了叶圣陶、郑振铎、孙伏园、冯雪峰等人的签名本，有些题字很是特别，文人间的交往与友情，于此可体味一二。他与唐弢、姜德明等人都是常逛书店的人，彼此的往来也颇可一记。他们属于编与写都有成就的专家，而看他们的藏书目录，也多少可以感到历史深处的风风雨雨。

我觉得这样的人是有文气的。他们的故事，琢磨起来都耐人寻味。不过在今天，保持此种爱好，也越来越难。因为环境变化，阅读习惯有所改变，书香气淡了许多。现在的学校教育，讲知识的多，历史被概念化处理的时候，文化的灵动之波就不易被感受到。要弄清内在的意蕴，不得不接触文物藏品和前人的墨迹。其实一个民族文化的提升，与重温经典的风气大有关系。读书人的使命之一，就是传播这种感受，让后人知道过往的生活如何，风气是怎样变化的。

我看这一本书，觉得品类繁多，内容有不少可圈可点之处，可谓流淌着固有之血脉，不妨说是新京派文章的亮相。"百家荟谈""又见善本""淘书偶记""故纸新思"四个部分的文章，画出了书林里的枝枝叶叶。作者都是亲近文墨的人，有许多作品道他人所未道，言别人所未言，于述往叙今中敲开了一扇扇记忆之门。有些文章亲切、风趣，留下的经验也都很珍贵。一个发达的、现代化的都城，是否有品位，不都是看摩登大楼与游乐场，还要看它是否还存有深厚的文脉。北京的好处不仅仅在于新，还因了它有着时时飘动的古风，新京派文章的好处在于新里有旧，旧中含新，这个传统在，街巷之中是有灵魂的。

2025 年 3 月 23 日

（作者为文学史学者、中国人民大学教授）

目　录

辑一　百家荟谈

辑二　又见善本

辑三　淘书偶记

辑四　故纸新思

辑一　百家荟谈

一本灶台上的经典照耀我 50 年

梁　衡

　　1968 年底，我大学毕业从北京分配到内蒙古临河县。按照当时的政策，刚来的大学生先要到农村劳动一年。我们四个大学生睡在一条土炕上，白天出工劳动，收工后自己做饭，形同知青。

　　有一天拉着风箱烧火时，在灶台上发现一本已经撕去封面、准备引火的旧书，是陈望道先生的《修辞学发凡》。这本书堪称经典，是中国修辞学的开山之作。作者更是第一个《共产党宣言》中译本的翻译者。我如获至宝，从头到尾细读多遍，还做了笔记、摘抄。这本书对我日后的写作和工作帮助很多，有两个小故事，可证其经典的作用。

　　一是书中谈到一个观点。修辞学有两大分野。一是消极修辞，强调客观性，概念准确、逻辑严谨、语言朴实，如应用文；二是积极修辞，强调主观的情感，生动、夸张、浪漫，如文学作品。劳动一年之后我即参加新闻工作兼文学创作，再未有变。未想到三十年后中国新闻界出现一股"消息散文化"的写作思潮，一些权威人士也表示支持。大约是觉得新闻枯燥，不如文学好看，就向散文化寻找出路，为此《新闻出版报》还开展了长达半年的大讨论。当时我已在新闻出版署工作，讨论结束时报社请我写一篇结论文章。我即记起陈望道先生关于修辞两大分野的法宝，指出新闻的本质是信息，属消极修辞；文学的本质是艺术，属积极修辞。两者不可混淆，消息不能散文化，否则新闻将失去客观性，而带来虚构、夸张、浪漫的毛病，新闻将不是新闻。从此一锤定音，复归平静。书到用时方知好，经典一句抵千军。

二是本书在论述文章风格时引了一篇例文。日本作家高山樗牛的散文《月夜的美感》，由20世纪30年代文化名家夏丏尊先生翻译。文字之美当然主要是译文的功劳，但原作罕见地用逻辑思维的推理方法书写形象的美感，而生奇效。比如，他先说月亮的颜色为青色，又层层解剖青色从而得出月色的美。二十年后我写了一篇赏析文章《一篇少见的推理散文》，发表后引起反响，竟有同好者搜求寻觅，补齐了原书未录入的部分，《名作欣赏》杂志不吝篇幅又将完整原文重发一遍，成为一段佳话。在创作实践上我仔细研习此法，先是写了一篇散文《夏感》，很快被选入小学语文课本，沿用三十多年。但我心犹未甘，唯恐此法失传，继续深耕，如临古帖，不厌其烦，于2018年在《人民日报》发表了一篇《线条的美感》，随后被选入2020年的高考试卷（天津卷）。其时距我于乡下初读此书已经过去了五十二年。

冷炕上偶读一本书，半个世纪不能忘。《修辞学发凡》是我新闻与文学写作的共同起点，并曾经是我工作的指南。

什么是经典？常念为经，常说为典。不管是为文还是做事，要成为经典有三个条件。一是达到空前绝后的水平；二是已超出自身而上升到理论的高度，可以指导实践；三是经得起重复，不断地释放潜能，可以被反复地引用和检验。

（作者为散文家、学者）

眼遇佳册分外明

杨良志

　　北京新街口丁字街，南北向的新街口北大街是它的一横，东西向的西直门内大街是它的一竖，组成"不"字左边这点是家新华书店，右边这点是中国书店。买新书、买教辅，去的是路北。买老书、看版本，去的是路南。路北的书，网购大多能解决，所以这些年来人渐少。路南则积蓄久、品种多，保持着较强的吸引力。今日即使有了孔夫子旧书网，但对购书人来说，握卷翻检的感觉还是很重要的。

　　再拿中国书店在整个北京城的店面布局来说，南边是琉璃厂，北边是海淀镇，东边是灯市口，西边就是新街口了——它的辐射面几及半个北京城，地位是明显重要的。原来住北京圈子里的人，越来越多地迁往四周郊区了，这样他们进城一趟，往往"搂草打兔子"，喜欢捎带着多干一两件事。我住城北三环路，跑一回新街口不远也不近，专程直往是有的，但因为这家书店北有徐悲鸿纪念馆，稍南的八道湾有周作人的苦雨斋，这两处有时候是需要去的，于是就把中国书店"捎带"上了。既然已来到它的身边，有事没事进去睃一眼吧，这就越是增加了去那儿的次数。现在想起来，就仿若你城里边有门亲戚，抑或挚友，专程或者顺道去看望一下，是人之常情。

走进新街口这家中国书店，通常，我会沿着它西、南、东围成"门"字形的顶天立地的书墙浏览一遍。高踞于书架上层以及架顶上逼近天花板的八开、十六开的大型套书、丛书，是老朋友了，它们多数常年安睡，这次去它们身上（书衣）又着了些许浮尘，下次去它们脸上（翻口）再现出几点微斑……它们也是有生命的，我绕着店堂环视它们，它们也是在低首向我打招呼吧。"我见青山多妩媚，料青山见我应如是。""妩媚"是古人的美词。我眼前的书山，渐显沉滞与沧桑；群书见我，当会感叹发露稀疏，鬓角星霜！沿书墙转一圈并不难，难的是你要发现它静中有变。"哟，那套《中文大辞典》卖了。""欸，《中国美术全集》移柜角打包了。"泰山上搬下几块石头，大河里舀出几勺清水，变化细微未必引人注意，但它们从一侧面反映出书店的采入，或个人藏家的好尚。

转完四周的书墙，当然不能落下它的腹中。店堂间列三趟南北方向的书架，一人来高，两面插书，还有几个平摊着书册的台案。如果说"门"字形是"三面环山"，那么这许多台案就是可供盘桓的"园林"了。这里的书大略是"物以类分"的：哲学、历史、古典文献、中国文学、外国文学、艺术……但分得不精细是必然的。这一是因为店方反复调理的功夫未必够，二是因为读者把书取下翻阅，再插回去就不是老地方了，你怎么办？文学的架子间藏着各种书画册，外国的书堆里混两三本民国版，枝叶纷披，要的是你能拈出琼花玉蕊，抱得美人归。

相较于书的分类，更重要的是它的版本，或者说是出版年代。1949 年前的：郑振铎《插图本中国文学史》、阿英《现代十六家小品》、金受申《〈古今伪书考〉考释》，甚至康白情《草儿》……都曾在书丛间出没——当然，这多属 20 世纪 80 年代的事。1966 年前的：何其芳《夜歌和白天的歌》、孙犁《铁木前传》、李六如《六十年的变迁》、欧阳山《三家巷》、邓拓《燕山夜话》、周绍良校点的《古谣谚》……这些书似乎经历了从唾手可得到芳踪难觅的变化。1966 年后十年是特殊的年代，所以也就留下些别样的书。1976 年后天地苍黄，自有些读书与人世变化相匹配。2000 年之前十多年、之后十多年，每年全国出书量以十多万、数十万计，鱼龙竞秀，早就乱花迷眼了。

搜检一遍这三趟台架，耗时，累身，费眼神，往往在指间书册翻检的沙沙声中，不知不觉地新街口就已是灯火如海了。趑趄缓步徐行，你所希求的书如泥土中的金沙玉翠，有个把的会笑靥粲然地迎向你，而大多的，每每躲闪在众人之后，忸怩着，不想与你痛快相见。而爱书人自有其好运，眼遇佳册分外明，时有斩获入囊中……

店堂中南墙与东墙的书架前，各有一排玻璃台面与围挡的陈列柜，拉门靠里侧，一般常锁着，可随时请店家开启取书。这里边多是比较珍罕的货色：晚清民国版本、线装书，稀见画册，展而不售书，等等。近些年收藏热起，有两个玻璃柜干脆摆进了文房用具、盘盘碟碟之属。每回逛店，这几个柜中的存品必是细看的——店家将它们升堂入柜必有缘由，又因为卖书人与买书人多有同嗜焉。

（作者为北京市文史研究馆馆员）

那年雨果在北大荒

肖复兴

　　1971 年的冬天，我在北大荒，借到雨果的一本小说《九三年》。它非常吸引我，那时候年轻，记忆力好，能够从头到尾复述全书整个故事，连书里面那些难记的外国人名，都说得滚瓜烂熟。

　　在睡十几个知青的一溜儿大炕上，晚上，伙伴们躺进被子里，伸出光膀子，炕沿露出齐刷刷一排脑袋，听我讲《九三年》。我不抽烟，但立刻有人端来北京的茉莉花茶，放在我的面前。那劲头儿仿佛我是连阔如。《九三年》要一连讲好几个晚上，每天收工开完会，躺下睡觉之前，讲《九三年》，是我大显身手的时候，也是大家最娱乐的一种方式。好长一段时间里，我们似乎生活在 1793 年法国资产阶级大革命的时期，生活在巴黎，生活在旺岱，生活在索德烈森林，生活在拉·杜尔格高地，暂时忘却了冰天雪地的北大荒。

　　《九三年》是雨果的最后一部长篇小说，是他多年积累和思考的心血之作。那场资产阶级大革命波澜壮阔的故事，他从 1793 年 5 月的最后几天讲起，一支叫作"红帽子"的革命军队，在灌木丛中发现了一个妇女带着三个孩子。这个叫佛莱莎的社会底层母亲，在这场大革命中神奇地与革命军的首领郭文和西穆尔登神父、叛军的首领朗德纳克侯爵，发生了关系。雨果要用这位平民母亲和她的孩子为"药引子"，牵连出他所表达的"在绝对正确的革命之上有一个绝对正确的人道主义"。

当时，雨果的这一主张遭到批判。小说的结尾，为了解救在大火中的三个孩子，我们惯常认为的坏蛋朗德纳克，放弃了自己逃生的机会；朗德纳克的侄子、革命军的总司令郭文，为了救自己的亲人，放跑了革命的敌人朗德纳克；郭文的老师西穆尔登，为了革命的利益判处郭文死刑。这一连环套情节中人物各自迥然不同的性格、思想与命运，当时遭到我们一伙知青伙伴的争议。

我从来没有看过这样思辨色彩浓郁的小说，它的人物雷与电般的对白，和波澜起伏一泻千里的内心独白，看着痛快。雨果有着一双强悍的大手，攫住我的心，我不止一遍问自己，如果我是郭文该怎么办？我是西穆尔登该怎么办？我是朗德纳克又该怎么办？真诚而忠诚地信赖一位作家、痴迷一部小说、心甘情愿地和小说里的人物一起走，彻底混淆了小说和现实，这是在以后的阅读中再也没有出现过的迷失。

"文革"结束后，1978 年，这本 1957 年人民文学出版社出版、郑永慧翻译的《九三年》再版，我在王府井南口的新华书店，排长队买到这本书，定价一元一角五分。

至今还清晰记得在这本书中，雨果写过这样一个比喻："比天平更高一级的还有七弦琴。"这是一个美妙的比喻。它不应该仅仅属于文学，也应该属于现实。革命也好，改革也罢，对于所有人来说，共和国应该是一架美好的七弦琴。

（作者为作家）

《铁马集》及其封面图之谜

陈子善

三十多年前，为上海书店出版社编《中国现代文学史参考资料·新月派文学作品专辑》影印本，曾选入新月派代表诗人陈梦家的《铁马集》。因影印本都配有护封，故阅读时未曾仔细留意原书，未能发现原书的一些奥秘。后来有幸获得《铁马集》原书，觉得很可以一说。

陈梦家的第一部诗集《梦家诗集》于 1931 年 3 月由上海新月书店初版，徐志摩曾为之题签。《铁马集》是陈梦家的第二本诗集，也可以说是第三本诗集。因为在《梦家诗集》之后，北平晨报社的《北晨学园》在 1932 年 7 月印过一本陈梦家的小诗集《在前线》，但全书，即《在蕴藻浜的战场上》《一个兵的墓铭》《老人》《哀息》等四首诗并附录方玮德译诗《他是走了》，均已编入了《铁马集》。这样，若说《铁马集》是陈梦家的第二本诗集，也未尝不可，《铁马集》书脊上也明确印着"陈梦家作诗第二种"。

《铁马集》1934 年 1 月出版，版权页印"陈梦家版权所有·一九三四年一月出版·总代售处上海福州路八五号开明书店"。由此可知，这本诗集是陈梦家自己出版的，而不是《中国现代文学总书目》

（1993 年 12 月福建教育出版社初版）所示"开明书店出版"，开明书店只是"代售"而已。这也只有见到原书，才能分辨清楚。

《铁马集》收入陈梦家新诗创作成熟期即 1931 年"夏季以后"至 1933 年"秋深"三年间的长短新诗四十首，又序诗一首，附录《九姑信》（九姑即新月派女诗人方令孺）、《大纲序》（大纲即俞大纲）、《玮德旧跋》和作者自己的《附记》四篇。方玮德的《玮德旧跋》是一篇评论陈梦家新诗的力作，作者认为《铁马集》是 1934 年"中国诗界上一个新的光彩"，徐志摩的诗是"透明的"，从闻一多的诗"可以看出他的经营，他的构造，他的苦吟"，而陈梦家的诗则"仿佛两方面都有，但他的诗更寓有他自己的人格的缩影，那便是对于宗教的虔诚，这一点是在徐闻诗集中所少见的"。这个看法是颇有见地的。譬如《铁马集》序诗，我就很喜欢：

我的思想不是一缸炉红，它来得快，又来得显明；像闪电不凭借什么风，在不提防的时候降临。

有时候幽暗不曾参破，你看见乌云遮没青天；我的思想像一面火锅，它经过多少火焰的熬炼。

夏夜的闪电不告诉你，明天是暴热还是大雨；留心我的阴险，在思想里 / 不让你猜透我的计虑。

又譬如《铁马集》中只有六行的《西山夜游片断》，也很别致：

这一条荫松下的山路，静 / 静得像一条长蛇的入定；又像是苏醒了它在苏醒，你不听见山岩上的小铃，许是泉水从绿藤上丁丁 / 淋下来那样缱绻，那样清！

悼念上海"一·二八"事变中抗日将士的《一个兵的墓铭》，则寓悲愤于平实：

也许他淹在河里，也许死在床上；现在他倒在这儿，僵着，没有人葬。

也许他就要腐烂，也许被人忘掉；但是他曾经站起，为着别人，死了！

在《铁马集》的作者《附记》之后，还有一则短小的《付印后记》，开头一段话尤其值得注意："感谢林徽音女士为我画封面，但因付印时我在芜湖，不曾亲去校择颜色，也许这些颜色配得不如原意。"

奇怪的是，我们现在所见到的《铁马集》封面封底，均为清一色的淡赭色，封面上除了"铁马集·梦家自署"七个毛笔字，没有任何图案。陈梦家所说的林徽音（"音"后改为"因"）画的封面图，哪里去了呢？或许因当时印刷条件所限，这个图案最后放弃了？这是一个谜。须知林徽因设计的书刊封面存世总共才不过四五种，真是太可惜了。

（作者为华东师范大学中文系教授、上海市文史研究馆馆员）

《老子》很亲切

蒙 木

　　第一次读老子，三十多年前了，读的是陈鼓应先生的《老子注译及评介》，不久听闻文献专业的同学说，这是他们的反面教材。那时候一介本科生，读读注译，食而不知其味，只是对于老子的兴趣算留下了。二十年前发愿再读老，算略知门径，便把王弼注《老子》（《老子·列子》王弼、张湛注，上海古籍出版社，1989 年）、朱谦之《老子校释》、马叙伦《老子校诂》、《马王堆汉墓帛书：老子》（马王堆汉墓帛书整理小组编，文物出版社，1976 年）、高明《帛书老子校注》等几种拿来对照读，但很多问题还是搞不懂，看几本阐释性的作品仍然不明所以，直到看了高亨《老子正诂》、徐梵澄《老子臆解》，似乎若有所悟。随后在李零老师的课堂上，听说郭店楚简挖出《老子》来，他讲了"绝仁弃义"章"绝伪弃诈"的问题，他不赞成高明先生用强大的训诂把郭店楚简本《老子》训得和马王堆帛书本《老子》差不多，记得他说，这样训诂会让郭店楚简白挖了。极大期待中，我等来李零《郭店楚简〈老子〉校读》、丁四新《郭店楚竹书〈老子〉校注》，一气读完，又开始怀疑《老子正诂》《老子臆解》的诸多论断了，于是重归于糊涂。

工作后，因为策划"大家小书"，陆陆续续读了梁启超《老子哲学》，詹剑锋《老子其人其书及其道论》等作品。又因为策划"名典名选"，也曾问过楼宇烈先生是否可以给《老子》作一个注本，他说："《老子》定本都没有呢。"近年又读到尹振环《大家读〈老子〉》等当代注本。听说裘锡圭先生《老子今研》出版，喜出望外，买来发现居然仅仅是几篇论文的合集。

我真正对老子发生格外的兴趣，其实是因为我开始喜欢写点历史，尤其是写完《一朝二三事》之后，我对于中国历史周期率想刨个究竟，最后找到了《老子》。笔者认为中国的历史哲学在这里，或者说中国传统政治哲学也在这里，后来读李泽厚《中国古代思想史论》也有类似的观点。章太炎认定道家源出史官，《老子》亦多政治语。做一个明白人，很难很难。如果不去和伟大的经典对话，普通悟性者根本不可能是明白人。所以我开始重新一字一字抠着读《老子》，以打发自己要知天命的烦懑。平时没有整块时间，恰好《老子》一章章很短，容易背诵，然后用零碎时间不断琢磨，结合自己其他所读所闻，以及半百的经历，如切如磋。

本来我想努力还原《老子》本义，毕竟有了郭店楚简本、马王堆帛书本、北大藏西汉竹书本等众多新材料，但写着写着，觉得那些所谓被误解的传统才是真正的传统。何苦再翻烙饼？还原《老子》，大概对研究《老子》源流、研究先秦思想史有重大意义，而普通读者也就囫囵把《老子》看通顺就可以了。不求甚解，乃读书常情。所以我的追求，不是学术的，仅仅是借出土新文献努力给那些想读《老子》的同好一个易解的读本罢了。我努力尽量用版本的异同校正王弼本，注释极少采用让人迷惑的通假字和借字，尽量采用字词本义解决问题。希望同好分享之，不会觉得《老子》很玄虚，能有亲切感，它的的确确对我们了解中国历史、了解中国传统政治大有启发，对我们了解自己的人生选择和现实处境也大有助益。

　　《老子》很短，但注说《老子》的作品实在太多，你说，我说，至多一说。

（作者为文津出版社总编辑、北京出版社副总编辑）

"去蔽"的艺术

孙　郁

　　前不久给本科生讲现代文学史，推荐同学们系统读一下鲁迅后期的杂文，主要包括《三闲集》《二心集》《南腔北调集》《伪自由书》《准风月谈》《花边文学》《且介亭杂文》《且介亭杂文二集》《且介亭杂文末编》。较之于同代人的文章，鲁迅的写作是一种精神的"去蔽"。这是哲学家喜欢说的概念，用来形容鲁迅杂文，大概也是贴切的。

　　鲁迅的"去蔽"在两个层次。一是现实认识的"去蔽"，二是书本认识的"去蔽"。前者主要针对现实问题，是一种政治意识，提出避免悖谬的意见。后者则是对于学界的平面思维的警惕，指出一些人知识上的缺陷。比如在《对于左翼作家联盟的意见》中，他认为左翼作家很容易变为右翼的，因为脱离了实际和高高在上，这是不好的。《论秦理斋夫人事》《杀错了人的异议》等文，指出了人们认知上的盲区。他的看人看事，参之个人的经验者有之，书本上的偶得亦多。因为研究过古人的版本，比较过不同著述的文字，对于有记载的故事，也有怀疑的眼光。《门外文坛》就谈了许多心得，对旧时的一切都多层次地加以审视，古人的文字也就不那么神圣了。比如，古书记载的同一类型的作品，往往不同，他说汉朝民间的《淮南王歌》，同一地方的同一首歌,《汉书》和《前汉纪》记得就有差异,需认真对比才能见出真意。旧时的文人,多少是有点本本主义的,乾嘉学派就揭示过内在的问题,鲁迅对于此也领会很深。再比如谈版本,他就慧眼识珠,没有迂腐之见。他的文章,不经意间就露出旧学的痕迹,但不是模仿老式的调子,而是另辟蹊径,说的是今人的感受,而对于传统读书人的积习,是不以为然的。在《书的还魂和赶造》中就说:

> 但丛书也有蠹虫。从明末到清初,就时有欺人的丛书出现。那方法之一,是删削内容,轻减刻费,而目录却有一大串,使购买者只觉得其种类之多;之二,是不用原题,另立名目,甚至另题撰人,使购买者只觉其收罗之广。如《格致丛书》《历代小史》《五朝小说》《唐人说荟》等,就都是的。现在是大抵消灭了,只有末一种化名为《唐代丛书》,有时还在流毒。

无疑的是,作者的怀疑意识,是建立在知识论和价值论的基础上的,漫长历史中的许多文献,都值得重新梳理,而其中的观点来源,亦当细细考辨为是。鲁迅的这种能力,也与对于文学的领悟力有关,特别是翻译过程形成的思想。一种观点中,渗入多种知识,达到转智成趣的目的。他介绍的陀思妥耶夫斯基、契诃夫,都是有"去蔽"力量的作家,他们的文本在反逻辑的意象中,折射出存在的本原性的光点。

鲁迅晚期的文字,文章介于散文与诗之间,木刻与水墨画之间,各种艺术元素,不经意间在词语里流出,又那么自如生动。古代常识信手拈来,古今对比中,立意顿生。这时候我们感到他杂文的魅力和思考的魅力。他的知识，都非遗留在博物馆里的冷冷的存物，而是有着血的蒸汽的存在，那些关于文字狱的议论、禁书的思考和小品文的描述，都不像京派文人那么静谧，而是滚动着思想的不安和拒绝奴性的提醒。《买〈小学大全〉记》一文，就从《东华录》《御批通鉴辑览》《上谕八旗》《雍正朱批谕旨》中，看出历史曾有的暗影，让人明白悲剧的由来。

当人的写作剔除了种种幻觉和假象的时候，也就模糊了小说与散文的界限，突破了哲学与诗的边界。"去蔽"的写作，使书写的体例从文章的藩篱中解放出来，获得思考的自由和表达的自由。不妨说，鲁迅的杂文，就是自由之文、追问之文和渡己渡人之文。它拒绝圆满，直面残缺，承认有限，那些古老的神谕和虚伪的道德之网，都在其笔下失去神圣和威严。所有的巧饰、花言、豪语，都跌碎了自己的镜子，外在于人的那些光环都一一褪去，人们终于看到存在的原态。文学从来不是孤立思考与孤立表达的形体，它永远纠缠着存在，是社会生活的一种考察，写作的"去蔽"性，意义就显示出来了。

（作者为文学史学者、中国人民大学教授）

近百年前"一本薄薄的小书"

韩毓海

如果说，20 世纪的中国，哪个读书人非常厉害，我个人认为冀朝鼎是一个。为什么？就凭他一本薄薄的小书——《中国历史上的基本经济区与水利事业的发展》。这部著作 1929 年在纽约出版，美国国家科学院外籍院士、中国科学院外籍院士李约瑟曾经评论说，这是迄今为止，一切西文中关于中国历史发展方面最卓越的著作之一。

冀朝鼎，生于 1903 年，山西汾阳人，他出身名门，父亲冀贡泉先后担任过山西司法厅厅长和教育厅厅长。1916 年，年仅十三岁的冀朝鼎考入清华学校。1919 年，热血少年冀朝鼎参加了五四运动，后被捕。被捕学生中，清华最小的是冀朝鼎，十六岁。北大最小的是刘仁静，十七岁。1924 年，二十一岁的冀朝鼎以优异成绩被芝加哥大学历史系录取，赴美留学。在去美国之前，他专门去北大拜访了李大钊。

1926 年，冀朝鼎在哥伦比亚大学获博士学位，而博士论文就是《中国历史上的基本经济区与水利事业的发展》，这篇论文震惊了美国政界与学界，那一年，冀朝鼎只有二十三岁。那个时候，冀朝鼎的研究关心战争与税收问题，在他看来，西方的资本积累，主要依赖榨取殖民地，而不是剥削其国内的工人阶级。工业革命之后，大英帝国的基本经济区也在殖民地，而不是在其国内。这是当今世界结构的要害。

1927 年，冀朝鼎去欧洲参加了世界反对帝国主义、殖民主义同盟大会。在欧洲，他加入了中国共产党。1928 年，他去了莫斯科，担任中国驻赤色职工国际代表邓中夏的翻译和秘书。早在五四运动期间，冀朝鼎就已经与邓中夏结为好友，邓的父亲邓典谟，与冀朝鼎的父亲冀贡泉，都是民国政府的高官。

1929 年，《中国历史上的基本经济区与水利事业的发展》在纽约出版，给冀朝鼎带来了巨大学术声誉。

一个广土众民的大的共同体的基础是什么？为了回答这个问题，冀朝鼎提出了"中国基本经济区"的范畴，他指出：在传统中国那样一种零散的小农经济的条件下，统一的基础、中央集权的基础，就在于中央能够建设并有效控制基本经济区。所谓基本经济区建设，又主要是靠水利与交通的建设达成的，古代中国的统一与中央集权问题，被看成控制这样一种经济区的问题。

所谓分裂与割据，一方面在于基本经济区的争夺，另一方面则在于地方建设造成的基本经济区的扩大与转移，占优势的经济区一旦确立，控制了基本经济区的首领，就获得了优越的物质利益而胜过与之竞争的其他集团，最后把国家统一起来。

从中国历史发展来看，秦汉时期，中国的基本经济区在黄河中下游；三国、南北朝时期，四川与长江下游逐渐得以开发；隋唐时期，长江流域取得了基本经济区的地位，大运河纵向沟通了南北；元明清三代，除了继承上述基本经济区外，由于首都离基本经济区太远，遂有开发海河流域、京津冀地区的设想——但没有真正得以实施。

古代中国的所谓国家能力，其实就是控制与建设上述基本经济区的能力。所谓"统一"与"分裂"的根源，大抵也在于此。

基本经济区的存在，导致了土地制度与赋税方法的地理差异，影响了中国地区发展的不平衡，也造成了生产方式上的区别，在此基础上，土地制度、赋税与商业以及高利贷资本发展程度的差异得以形成。

冀朝鼎的这部杰作，是对马克思"亚细亚生产方式"理论的进一步完善。其核心观点深刻揭示出：战国时代，中国交通的要害在于秦楚之间，争夺要害在陇南；汉代以降，中国交通的要害在河西走廊，这是丝绸之路的咽喉；隋唐继之，屏蔽关中者为上郡（陕北），联系关中与巴蜀者为陇南，扼守丝绸之路者为河西走廊，这就决定了——今天所谓"陕甘宁"地区在中国历史上的独特地位。

唐宋以来，这种形势因运河开通而改变；中国的发展趋势，由西北而东南。自此之后，中国治理体系之要害，就在于长江流域基本经济区的建设与控制，江南非用武之地，从这样的角度看去，从王安石到顾炎武，一切改革之要旨，皆在增强官员治理这一区域的能力。

同时，冀朝鼎的这部著作里面，还包含着一个更大的问题，这个问题就是元代以降，中国的版图极大地扩大，这是中国治理发生的又一重大变化。北方草原文明被纳入，元代的治理体系，是从治理草原地区的经验发展而来；明代则进一步有了"海国"的问题。而到了清代，中国的治理体系终于包纳了居国、行国、海国三个方面。这样一来，元代以降，中国的治理问题，当然就不仅仅是增加对于江南基本经济区的治理能力的问题，王安石以降那个以发展经济为核心的问题，则进一步成为魏源所谓如何统合居国、行国、海国之间动态平衡之问题。

换句话说，中国的治理问题不再限于立足于基本经济区发展经济的问题，更是一个维护包纳以上三种生产方式的治理体系的内部复杂平衡的问题。简而言之，维持这样庞大复杂的治理体系的运行，与增强基本经济区的治理能力，并不是一回事。今天我们说所谓"治理能力"与"治理体系"不是一回事，若追本求源，大致而言就在于此。

冀朝鼎的论断，深刻揭示了传统中国治乱兴衰的要害。从战国到唐安史之乱，中国交通的要害一在秦楚之间，二在陕西与西域之间（丝绸之路决定了河西走廊的重要性），这都决定了陕甘宁地区的战略地位。运河开通之后，南北交通之要害在淮河与黄河之间，这就决定了鄂豫皖、鲁西地区作为枢纽的战略地位。

陕甘宁、鄂豫皖和鲁西地位的下降，是宋代以来江南基本经济区开放的结果，而这个问题，到近代则发生变化——因为帝国主义要控制的，恰恰也是上述中国的基本经济区，而且是从海洋方向进行控制；反过来说，就是清王朝控制海国的失败，导致了与海国密切联系的基本经济区治理的失败。正是帝国主义的侵略，造成了上述基本经济区的瓦解，导致了中国国家能力的衰败和中央集权的崩溃。因此，在帝国主义时代，任何企图重新控制中国基本经济区的政权，都不能不受帝国主义势力的控制，欲以此为基础建立中国政权，要么必须与帝国主义结盟，要么必须与地主阶级、官僚资产阶级结盟，这就只能走半封建半殖民地道路——除此之外，便没有出路。

（作者为北京大学马克思主义学院教授）

三十年前缩写哈代小说名著

刘庆邦

1994 年，华夏出版社组织一批作家缩写外国长篇小说名著。我当时是《中国煤炭报》的副刊部主任，日常工作比较多，加之我业余时间在写自己的短篇小说，不想参与名著缩写。但我看到史铁生、刘恒、肖复兴等好多作家朋友都加入了缩写队伍，觉得挣点儿稿费也不错，就没有再推辞。

我缩写哪一部外国名著呢？出版社提供一长串篇目让作家自己挑选。我记得史铁生挑选的是伏尼契的《牛虻》，肖复兴挑选的是泰戈尔的《沉船》。我没有挑来挑去，犹豫不决，一眼就选中了英国作家哈代所著的《德伯家的苔丝》。

之所以选中这部小说，是年轻时读这本书时，书中美丽少女苔丝的命运遭际深深打动了我，读得我动心动情，留下了终生难忘的深刻印象。好书总是能放飞人的灵魂，让读者产生很多联想。在读苔丝的过程中，我难免联想到一些当过下乡知青的女同事，时代不同，国别相异，她们竟然与苔丝有着差不多的命运。这大概就是世界名著所体现的世界性、人类性、概括力，以及永久的艺术魅力。受到这部名著的启发，后来我写了一部长篇小说《落英》。

《德伯家的苔丝》，故事情节并不复杂。德伯氏的始祖曾经是武士、爵士，是富甲一郡顶有名望的大户人家。家道逐渐衰落后，苔丝所在的德伯家贫困得连日常的吃穿用度都难以为继。这时，苔丝爱喝酒的父亲听人说，附近有一座豪华的庄园，庄园的主人也姓德伯。为了改变家里的窘况，苔丝的父亲母亲就怂恿苔丝去庄园攀亲。羞怯的少女苔丝本不想去，但作为家里的长女，为了帮助父母养活弟弟妹妹，只好硬着头皮前往。苔丝哪里知道，庄园的主人原来是外地的商人，经商发了财，就在本地建起了庄园。商人怕被人看不起，查史料得知德伯氏曾是本地的名门望族，就冒充了德伯氏。庄园里的少爷亚雷是一个花花公子，他一见美丽清纯的苔丝就有些着迷，遂生占有之心。把苔丝留在庄园里养鸡期间，亚雷对苔丝百般威逼利诱，死死纠缠。苔丝对亚雷的嘴脸和做派极度反感，坚决不肯就范。一次，一帮以亚雷的情人为首的女人对苔丝发起了围攻。亚雷以救美的名义，让苔丝跟他同骑一匹白马，把苔丝带到深山老林去了。在夜半的荒草滩上，苔丝被迫失身。苔丝在庄园里做工四个多月，尽管她已经怀孕，还是毅然拒绝了亚雷娶她为妻的要求，回到了自己的家乡。

生下的孩子很快夭折，苔丝的名誉受到很大影响。为了重建生活，她只好远离家乡，到一家牛奶厂做工。在牛奶厂，她认识了牧师家的小儿子安玑，安玑的气质、修养、人品等，让苔丝一见如故，情投意合，产生了深深的爱恋之情。但在新婚之夜，善良真诚的苔丝对丈夫讲了自己失身的经历，使安玑的心灵受到重创，连夜出走，到国外去了。从此，两人各奔东西，颠沛流离，受尽了人间苦难。亚雷乘人之危，再次占有了苔丝。而安玑重新认识到苔丝的难得价值，特意从国外赶回，要与苔丝破镜重圆。无奈之际，苔丝勇气顿生，终于举起复仇之剑，杀死了亚雷，热切投奔安玑。苔丝被判处死刑，却从一个弱者升华为一位女神。

这部《德伯家的苔丝》在 19 世纪 90 年代出版后，一面受到亿万读者的热烈欢迎，一面受到某些批评家的强烈批评。哈代还因为这部著作被人告上了法庭，吃了官司。但时间和历史是公正的，作为世界名著，她至今仍散发着璀璨的艺术光辉。

哈代的这部原著有三十多万字，压缩版要求只保留十多万字。在取舍和压缩的过程中，我差不多等于边细读边把这部书抄写了一遍，所付出的心血和感情可想而知。

共有三十三位作家缩写了三十三部外国名著，出版社集中出版了八卷本精装厚重的《外国长篇小说名著精粹》，受到了读者的欢迎。十年后的 2004 年，华夏出版社选出其中的二十四部名著，又分别出版了单行本。《德伯家的苔丝》是其中一本。

（作者为小说家、北京市作家协会原副主席）

每本书都有自己的命运

陈平原

　　这是一本老书，初版至今（2024 年）刚好二十年。但这回的重刊，多有增益，确实称得上"旧貌换新颜"。

　　先说旧貌。2001 年 2 月至 7 月，我在北大为研究生开设"明清散文研究"专题课。应生活·读书·新知三联书店郑勇君的邀请，据录音整理稿增删润饰、补充批注等，2004 年 6 月以《从文人之文到学者之文——明清散文研究》的面貌刊行。书出版后，反响很不错，日后多次重印，且有韩文译本行世。

　　我的专业是中国现代文学，曾客串撰写贯通古今的《中国散文小说史》。此书原名《中华文化通志·散文小说志》（上海人民出版社，1998 年），从属于获国家新闻出版署颁发的第四届国家图书奖荣誉奖的百卷大书。2004 年改题《中国散文小说史》，仍由上海人民出版社刊行。此后有台北二鱼文化出版公司版（2005 年）、北京大学出版社版（2010 年）等。另外，我还编过《中国散文选》（百花文艺出版社，2000 年），那是获国家新闻出版署颁发第五届国家图书奖提名奖的《世界经典散文新编》中的一卷。有这一撰一编垫底，我才敢为北大中文系研究生开设"明清散文研究"专题课——虽略有越轨，但不算太过分。或许正因我不太专业，更多站在五四新文化人的角度谈古论今，随意发挥，时有奇思妙想，反而得到不少古代文史研究者的赞许。

这回东方出版社推出的是增订版，每章附录讲稿中提及的若干原文，以便阅读时参考。另外，增加《结缘傅山》一章，由于体例不同，没正式入列，只是作为附录。又将书名改为更为显豁的《明清散文十家——从文人之文到学者之文》。

为何从最初拟想的十八讲，演变成了正式成书时的九章，在《从文人之文到学者之文——明清散文研究》的"后记"中已有交代。这当然是很大的遗憾，不断有人建议我补讲剩下的那九章（其中三章还有当初的记录稿），以成完璧。明知这是个好主意，之所以没有从善如流，是深感时光流逝。当初没能一气呵成，时隔多年后再来补讲或补写，总是感觉不太自然。不仅讲课的心态与语气变了，整理成文时不太好衔接，更因学术研究日新月异，你不能视而不见。当初那种横刀立马、勇猛精进的姿态，今天已经不太合适了。这点，在几年前应邀整理傅山那一讲旧稿时，就已经清醒意识到。

每本书都有自己的命运，得失难以强求。本书既不够完整，也少"每下一义，泰山不移"的考据，但注重古今对话，强调文史沟通，且不时旁枝逸出，妙趣横生，其实更接近我个人的阅读趣味。在这个意义上，偏爱此不怎么"少"的"少作"（准确说是"旧作"），也是有道理的。

（作者为北京大学教授）

老去的是时间

南方在北

忽然想读伏契克《绞刑架下的报告》，手头没有，在孔夫子旧书网上淘到一本，人民文学出版社 1952 年版，书价 5 元而已，运费 6.5 元。

"从门口到窗户七步，从窗户到门口七步"……这本写于 1943 年纳粹监狱囚室中的薄薄的小册子，曾感动和激励过无数人。崇高的牺牲总是让人肃然起敬。当家国有难、生民倒悬，有仁人志士挺身而出、前仆后继，是家国生民之幸。他们的纯洁、无私，勇敢、坚毅，热烈、忠贞，无论中外，都堪称人类品格最高贵的部分。伏契克说："请你们不要忘记……请你们耐心地收集一下那些为着自己也为着你们而牺牲了的人们的材料吧。"我们又怎能忘记他们、辜负他们。

七十多年前出的书，居然品相尚佳。1952 年 10 月初版，当月就印了二版，显示在当时一纸风行的程度。定价 5000 元是旧币，相当于 5 角。

书由陈敬容译，冯至校。冯至不必说，有名的大诗人、翻译家。陈敬容也是有名的诗人，我在 1980 年代买过她的诗集《老去的是时间》，时隔多年，诗早已忘了，诗题依然印象深刻。她也是翻译家，译过《安徒生童话》和《巴黎圣母院》。本书由陈敬容译自法文版，再由冯至从德文版和俄文版校补，何等郑重其事，可见那个年代对待译事之严谨。

插图伏契克画像出自捷克版画家斯瓦宾斯基之手。查了一下："1950 年，已是暮年的他，怀着对英雄深沉的敬意，调动他晚年全部的激情与才华，创作了作家、记者伏契克的画像，描绘了一个美好心灵和自由战士的完美形象，使伏契克以另一种形式获得了永生。这幅作品被广泛张贴在公共场所，雕刻在石碑和标志性建筑物上，设计成邮票和纪念章，并作为九十多种文字、三百多个版本的《绞刑架下的报告》的封页、插图，在全世界广为流传。"

确实，在伟大的作品和伟大的英雄传奇面前，老去的是时间。

（作者为北京日报社社长）

《晨报》"剧刊"上的国剧运动

解玺璋

20 世纪 20 年代中，在美国专攻西洋戏剧文学和剧场艺术的余上沅学成回国。此时先后回国的还有闻一多、赵太侔、熊佛西、张嘉诸、顾一樵等。他们都是留美学习戏剧艺术或对戏剧艺术感兴趣且深有研究的青年学子。回国后，他们很快便发起了一场"蓄谋已久"的国剧运动。

当时国内戏剧运动的主流，是胡适等人所推重的易卜生的写实主义。《新青年》于 1918 年分别出版了"易卜生专号"和讨论戏剧改良的专号。目的是要借助易卜生，改良作为遗老遗少和旧式文人消遣、玩味的旧戏。这时，易卜生的写实主义人生观和戏剧观就成了许多青年心目中"进步""革新"的标志。他们从旧戏中看到了腐朽和丑陋，却忽略了旧戏固有的艺术审美价值。他们泼脏水时把孩子也泼掉了。

刚刚回国的这些"洋学生"，却把"建设中国的国剧"当作自己的理想。而他们心目中的"国剧"，即"由中国人用中国材料去演给中国人看的中国戏"。在这里，他们就给中国旧戏中有价值的表现方式和手段保留了一席之地。为此，他们组织戏剧社，开办新式剧院，作了许多努力，探索戏剧的文学表达、舞台呈现、演员的训练，乃至办学，培养新人。他们还在报纸上开专栏，写文章，宣扬自己的戏剧理想和理念。这本 1927 年出版的《国剧运动》，就是余上沅根据北京《晨报》副刊的"剧刊"专栏所发表的文章编辑而成，书中汇集了十四位作者的二十二篇文章，并由余上沅作序，余上沅与徐志摩作跋，或可视为对"国剧运动"的总结。

现在我们读这些文章，不能不钦佩他们对戏剧认知的明睿和通达。赵太侔在一篇文章中说得很好，他言道："我们承认艺术是具有民族性的，并且同时具有世界性；同人类一样，具有个性，同时也具有通性。没有前者，便不会发生特出的艺术。没有后者，便不能得到普遍的了解和鉴赏。"他认为，如果为将来的戏剧设想"应取的方向"，那么就不能不以此为前提和根据。这或是关于话剧民族化最早的表达。他们都是戏剧的内行，既不像"新青年"诸君，从陈独秀、胡适，到钱玄同、刘半农、傅斯年、周作人，都是戏剧的"半吊子"；也不像那些遗老遗少，以为凡舶来品都是洪水猛兽，避之唯恐不及。他们看到了"西洋各种文学艺术的发达"，希望"采取过来，利用它们来使中国国剧丰富"；同时又强调，"这些中国戏，又须和旧剧一样，包含着相当的纯粹艺术成分"。

可惜，他们生不逢时。那是一个整个社会都洋溢着革命激情的年代，如火如荼的革命运动挤压了艺术探索的空间。田汉已经"打破了粉红色的梦"，发起了"我们的自己批判"。他们虽然观察到 20 世纪初中西戏剧的逆向运动，"中国剧场在由象征的变而为写实的，西方剧场在由写实的变而为象征的"，但他们并不明白何以会如此。当时，他们在国立北京艺术专门学校开办了一个戏剧系，闻一多任教务长，赵太侔仕系主任，余上沅任教授。让他们没有想到的是，即使在这里，一旦开设旧剧课程，也会遭到多数学生的反对，不得已，余上沅、赵太侔只能双双辞职。赵太侔曾为之感叹："历史上的中国国民性，从艺术方面看，是最不喜欢写实的了。不知怎么近来却染上了这点很深的嗜好。看到一张画，先要问像不像。评论一出戏，必要说作得自然不自然。"这种审美趣味上的改变，深刻影响着百年来戏剧创作的风向流变，以至于很多人都把"写意"这种植根于中国文化传统的艺术观念视为异类，竟与之形同陌路。

薪火传承。他们的未竟事业是由焦菊隐接续的。北京人艺建院之初，焦菊隐就开始了将写实与写意融为一体的戏剧民族化的探索，《茶馆》《蔡文姬》等剧作便标志着他所能达到的艺术高度。改革开放年代，我们从林兆华等人身上亦能感受到余上沅一辈、焦菊隐一辈探索国剧艺术的精神。精神不死，遂有《绝对信号》《狗儿爷涅槃》成为新一代创造的"由中国人用中国材料去演给中国人看的中国戏"。这也正是《国剧运动》可以常读常新的明证。

（作者为文艺评论家、历史学者）

一幅幅文人聚趣图

孙　郁

旧画里常有文人雅聚的场面，庭院间，茶楼下，三两寒士对视笑谈，显得很有意思。陈师曾在《北京风俗图》中也有旧京人相见于酒馆的描绘，只是调子变了，多了一点民初的杂影，文人的苦笑多了起来。读书人向来觉得思想来自松弛之态，竹林七贤与苦雨斋沙龙，都有类似的隐含。所以，大凡记载这类遗风的书，与市井的一般味道，总是不同的。

我做记者的那几年，偶也参加过些读书人的聚会。《读书》杂志的沙龙活动、"汉唐阳光"的散谈空间、《方法》杂志的茶会等，都是难得的场面。现在已经没有几个人知道《方法》这个杂志，当年这份杂志是颇有几分生机、人气的，我认识的许多作家、学者，差不多都在这个圈子里。京城人的聚散，大多有固定的场所，有的则变换地址，讲究的与朴素的场地都有文气。《读书》老总编沈昌文兜里有个小本子，专记一些小酒馆的地址，当年随他不知道去过多少有趣的地方。

但因为我自己粗心，对于这些活动，记录其少。有的人与事随着年龄增大，渐渐忘记了。前些日子收到子聪先生寄来的《开卷》杂志，读起来一时心热。忽想起先生编过多册《开卷》，内中都是杂志往来闲事、人物琐谈，还有编辑大事记。林林总总中，一个时代读书人的风景，就那么形象地从字里行间走出。上面记载的故事，有的知道一点，有的还是首次了解到，新鲜感自不必说。家里有几本子聪写的关于《开卷》的书，翻了翻，发现所记录的许多熟人已经去世，不禁有点黯然。时间流水般冲洗着记忆，这时候感到，子聪先生的工作意义不小，我们时代不被注意的花絮，陆陆续续定格在思想的底片里。

《开卷》能够出现，是读书界的幸事。编者联系的人之多、之广，非吾辈可及。上面有许多有意思的文章，有的出笔自如，收尾得体，有的则自言自语，无意中写出了世道人心。杂志交往的人，有杨绛、黄裳、钟叔河、朱正那代人，也有止庵、徐雁、陆灏一批随笔家，像朱航满、夏春锦、宫立这些年轻人，也出入其间。一身故事的杨苡，诗人邵燕祥，有趣而博学者如陈子善，都在子聪笔下一一闪现，似乎也让读者听到了他们的声音。而刘绪源的笑意，王稼句的趣味，薛冰的背影，各自带出词语间的气味。这样的人，在暮气的大学课堂不易见到，说他们遗留了民国读书人之风，也非夸饰。读书人本来是这个样子，潜于书海，忘情诗文，与古人对谈，心思淡淡，又能不忘情于天下，耿介之心尤在，是很可爱的。与那些仅仅会写制义之文的人比，《开卷》里的人，心绪之光是亮的。

子聪的书籍有许多访友的片段，这是让我喜欢的地方。他交往甚广，笔下有许多可以感念的瞬间，写得也饶有趣味。如此耐心做着书林之迹的勾勒，乃心存幽情，觉得世界一切闪动过、流淌过、发热过的存在，都不该随着太阳的落去而落去，留在文字里，就获得了绵延性。我们先前的文化，丢失的东西过多，如此说来，做一个文坛与学界的书记员，也其乐融融的。子聪在 2014 年 5 月的笔录里写道：

> 五月十二日中午，与蓝英年夫妇、王得后、王学泰、郑雷、余新伟小聚。午后与郑雷、余新伟、郭睿同访扬之水。

> 五月十六日，张叹凤从成都发来手机短信："今日得友人招呼晤见赵丽雅女史，现行名扬之水。辗转二十余年，彼此形容风华不再，近乎老境。然女史文采斐然，敏锐仍旧，著作达二十余种，品味极高。观其意志矫健，又雅好古代名物考证，于钟铭鼎刻，皆见心得。手书笔墨依然秀劲，系米粒小楷，有唐风味。女史，实吾生平所识一奇女子也。"（《开卷闲话九编》，第 26 页）

这是很有味道的笔记，也留下了不少想象的空间。这样的记录很多，如 2016 年杨绛去世后，子聪在《闲话开卷》一书里介绍了彼此交往的过程，读起来也很生动：

> 早在二〇〇〇年十二月，《开卷》创刊不久，杨绛先生就曾来信："承蒙赠《开卷》数册，皆收到，获益不浅。"每次《开卷》有相关的纪念活动时，杨绛先生总会应我之请题词祝贺。二〇〇五年三月，杨绛先生为《开卷》创刊五周年题词"开卷有益，信哉斯言"；二〇一〇年四月为《开卷》创刊十周年写了两幅题词，一为"世界真奇妙，老人才知道"，一为"世界真奇妙，老人最知道"，后来在纪念特刊上我选用了前一幅题词。在附信中，杨绛先生这样写道："先谢您每期《开卷》赠我，先遵嘱题了两份，任择其一。我是抄于光远同志的话，改了两个字。如不合用，弃之可也。"杨绛先生提到的于光远先生为《开

卷》的题词是"世界真奇妙，后来才知道"，这个题词后面的故事，以后有机会，倒可以说说也未可知。(《闲话开卷》，第 203 页）

读着这些文字，随作者一起分享着记忆，写的与读的，都有兴致。《开卷》联系的作者，身份有别，趣味接近的时候多。凡有心得的人，皆可于此谈天说地，而思想的交流亦不必正襟危坐，可说是从容地来，自如地去。在各类文章中，不同的眼光和感觉的表露，显示了知识的驳杂性和审美的多样性。黄裳去世的时候，子聪就引用了书界人不同的观点，视角种种，认知是有厚度的。评价一些人的功过，也能以中正目光视之，恰是读书人的美德。几十年间，杂志上的许多作者，都能够以心与读者交流，无论对错，各言其言，各乐其乐，单调文坛由此而泛出几段复调。

子聪先生来微信告诉我，《开卷》杂志马上到三百期了。时间无情，一批批作者老去，一群群新人走来，构成了一幅幅文人的聚趣图。记得在《开卷》一百期时，我写过一点短短的感想，觉得杂志的风格与内容殊为难得。多年过去，它于无声中完成了民间文人交流史的记录。一本小小的刊物，能够在变动的岁月里保持不变，笑对身边的流云，那便有了定力在，这大概就是"无趋于工巧之途"吧。杂志见证了阅读史与文人趣味史，这些往往有正史里没有的本真。因为心中有着神往之地，就能以知识为径，以智趣为伍，脚步就不会踏空。至少是我，有时想起它，就觉得这块园地，是值得回味的。

（作者为文学史学者、中国人民大学教授）

旧书拾趣
——民国开明版图书杂记

凸　凹

对民国时期开明书店出版的图书，我情有独钟。尽管开明版的书册，其文质亦不甚齐整，但读开明版的书总会有实实在在的收获，使人不忍与之作交臂之失，随见随买，积了相当的数量。虽原版不多，但翻印、影印本和重版本却多，足以窥识开明图书的内在情性：朴实、扎实及充实。一个"实"字，正是读书人求之所在，爱上这样的版本，正是情理所在。

所以，开明版图书，在我这里虽系旧书，却多为新刻，翻检之际，感受文化延续不息的脉搏，生出许多无边际的感慨，随手记之。

《燕知草》：氤氲"心境冥化"之气

《燕知草》的书名，是作者俞平伯从自己的诗句"而今陌上花开日，应有将雏旧燕知"中胎生而出的。书前有朱自清的序，书后有知堂（系周作人的号）的跋，甚是堂皇的一个阵容。开明版图书，尤其是散文集，一本书的前后序跋均全，甚至多人作序、多人写跋，形成一种特别的规格。这种形式给人以团团的文气，让人觉得，其实文气，或曰文化，是由众多文人簇拥着、共同呵护着才可以形成的；个人的作为，实为群体构建中的一个材料，一个被珍视着、不可或缺的材料。这种文人之间相濡以沫、气息相通、互相呵护、共荣共生的传统气韵，至今已淡了许多，让人不禁生发一种对昨日的艳羡与敬慕。

俞平伯的散文，是一种独特的文体。正如周跋所说："以口语为基本，再加上欧化语、古文、方言等分子，杂糅调和，适宜地或含蓄地安排起来，有知识与趣味的两重的统制，才可以造出有雅致的俗语文来。"

这是概括精当的话。雅致，是俞氏散文的底色，文句的曲与涩，使其文境耐人寻味。所以，没有一颗入定的心，或曰一颗禅心，是读不出真趣味来的。市井之人与俞氏散文相隔膜，便是一桩极自然的事。

他的《眠月》中有一段话：

若以我的意想和感觉，惟平淡自然才有真切的体玩，自信也确非杜撰。不跑野马，在月言月。身处月下，身眠月下，一身之外以及一身，悉为月华所笼络包举，虽皎洁而不睹皎洁，虽光辉而无有光辉。不必我特意赏玩它，而我的眠里梦里醉时醒时，似它无所不在。我的全身心既浸没着在，故即使闭着眠或者酣睡着，而月的光气实渗过，几乎洞彻我意识的表里。它时时和我交融，它处处和我同在，这境界若用哲学上的语调说，是心境的冥化，或曰俱化。

这种"心境冥化"之气，几乎氤氲于《燕知草》中所有的篇章，攫人心神，让人感到文心之温暖。

朱自清散文贵"情"，知堂散文贵"雅"。俞氏正是对二者作了无意识的"交融"，雅致得情意深含，吟之哦之，咏之玩之，暖透身心。

《平屋杂文》：他的心是民间的

系统地阅读并玩味夏丏尊的文章，《平屋杂文》给了我唯一的机会。册子中的文章，多为叙事文，称之为杂文，颇为不确。

从文中，可以感到夏氏是一介憨朴之士，与丰子恺一样，具有一颗"佛心"。他有一肚子"热情道理"，怕他的读者读不懂，理解不到，便给你讲一段故事，举一个人物，推出一组情节，设置一种氛围，让你在不知不觉中，接近及至接受这些道理。

比如《怯懦者》《猫》《长闲》。

他自觉地接触底层，寄予同情心，甚至投入一种"感同身受"的感情。所以，他的心是民间的；而叙事体亦正是民间的文体，他文章多叙事的成分，便不足怪也。

这让我们想到现时之下，那些所谓的精神界的战士。这些"战士"的确有高贵的品格和高尚的情怀，却选择了"形而上"的斗争方式，抽象的演绎与论争占了大部，除了少数"同心同气者"以外，能够给予理解的人实在太少。其"受众"亦少，其"振聋发聩"力亦贫弱。呼号几声以后，便被市声所湮没，是必然的运命。

是不是像夏公一样，找一种更接近民间的"形而下"的文体为好？

其实，这不是简单的文体问题，而是世界观的问题。夏公写《良乡栗子》，不是描绘一种民俗图景，而是取"良乡栗子，难过日子"的视角，关注秋凉之后穷人的生活，诉说一种体恤、一种慰安。

一切高高在上，一切自以为是，一切以"私语"为文本的作家，怎么会写出这样的句子，表达出这样的情感呢？！

夏公不朽。

《旧戏新谈》：卓绝的散文

知道黄裳的这部《旧戏新谈》，是在读了唐弢的《晦庵书话》之后。唐弢在书话中谈及这部书，说其所涉虽是旧戏，重要的却还在"新谈"："一提到新谈，在这门上，作者的成就可就绝了！常举史事，不离现实，笔锋带着情感，虽然落墨不多，而鞭策奇重，看文章也就等于看戏，等于看世态，看人情，看我们眼前所处的世界。有心人当此，百感交集，我觉得作者实在是一个文体家，《旧戏新谈》更是卓绝的散文。"

便留心这部书，搜寻经年，终于在一书摊上见到玉颜，摩挲那朴淡的封面，心热眼酸，落泪一二滴。

挑灯夜读，果然如唐公所言，系"卓绝的散文"。

文中对戏的评论，笔笔精当，句句扎实，让人觉得作者是作为一个研究旧戏的专家作行当里的评判。但其更大的魅力，却正在于他跳出戏评自身，以"舞台小人生，人生大舞台"的立足点，对现实与人生进行了批评与"鞭策"。唐公之言凿凿。

譬如对俞派（菊笙）名剧《金钱豹》的评论：

多少年来，我们也看了不少这种活剧，妖怪作祟，社会哗然，大加检举，然而只要是"太上老君"或"观音"的坐骑，后来大抵无事，只有小妖颇有不少牺牲于金箍棒下。

又譬如在《空城计》的评文之中有：

政治家是可以说谎的。然而这却并非职业。偶尔说一次谎是天才，以说谎为家常便饭的则不免为蠢材了。《空城计》偶尔一演，精彩不凡，每天都在摆空城计，即使真的"妖道"，恐怕也要不得了也。

所以，《旧戏新谈》真正让人会心处，是这些与史与世贴得恰当的妙论。与其说它是一部剧评或散文，不如说它是一部笔锋流转、文意曲婉，然而却让人悟得明白的杰出政论。

旧戏仍在重演，"新谈"的意韵便袅然不绝。

《蛤藻集》：作家与环境的宿命

《蛤藻集》是开明书店印发的老舍小说集。计短篇六，中篇一，系在青岛写成。因临近海边，老舍常携其女在沙滩散步，随手捡一些蛤壳与断藻，一表示随意，二表示谦虚，名《蛤藻集》。

坦白地说，集子中的小说不是老舍先生卓越的小说，亦看不出老舍作品后期的风格，取蛤藻名之，可见老舍心怀的坦诚与人格的谦实，不免让人生出敬意。

读了集子中的小说，知道老舍还写过这些东西，便足矣，没有更多的评说。只是由此引发了一个题外的意想，便是作家与环境的关系。

作家与环境是一种宿命关系。

老舍注定要在北平的四合院里写出杰出的京味巨著《四世同

堂》；青岛作为他居留的驿站，只能拾捡到"蛤藻"。

梭罗因为数年孤独地居停在瓦尔登湖畔的小木屋，才有宁静而幽深的思想巨著《瓦尔登湖》。

屠格涅夫一生漂泊不定。但无论是在彼得堡和柏林求学期间，还是日后长期的域外侨居，每年短暂的夏秋两季，他都要回到自己的庄园写作，直到他的晚年。屠格涅夫病逝于巴黎，他在庄园的大门上留下了一句话："只有在俄罗斯乡村中，才能写得好。"

我出生在偏僻的山区，那里盛产酸涩的土杏。我是嚼着酸杏长大的，有了好胃口，便有能力消化生活中的一切滋味。写出的文章便于酸涩中透出乐观温暖的味道。有人说，我善于忘却苦难，其实，生活本身便从来不是一个绝境，土杏再酸涩，不是还可以咀嚼一番吗？

后来，我到了一个小城，因为离开了原来的那个生存环境，一切皆显得隔膜。一天在集上走，看到了故乡的土杏居然卖到了小城的市面，顿然感到自己并没有走远，自己生命的根系仍潜潜地吸吮着故土之上流渗而下的养分；一颗年轻的心，便自安定于市声的烦嚣，一笔一笔地写土地上的事情，一笔一笔地探究生活之中属于本质的东西。

我心安于有土杏可嚼的环境。

有了心安的环境，便能在孤寂而温暖的灯光下，一本一本地，以欣悦之情，以无欲无怨之境，翻阅开明版的旧书，在"旧雨"中求"新知"，渐渐觉得自己也有一定的境界了，偷偷地笑起来。

（作者为小说家、散文家）

一本诗集跟我 46 年

韩小蕙

　　这本旧得发黄的《海涅诗选》，已经跟了我 46 年。之前它的主人是谁？不知道。被多少人翻阅过、熟读过、背诵过？不知道。对多少人起过启蒙作用从而使其走上了文学之路？可惜皆不知道。

　　我曾猜想了不知多少次，像看万花筒似的，遐想出各种场景、各种情节、各种多姿多彩的故事和各色人的命运等。然而白云飘呀飘，终究迷失在缪斯们抛下的乱坠天花里。

　　事实是，1978 年，我已在北京七七四厂做了八年工。恢复高考的大炸裂消息传来，我毫不犹豫选择了报考，并且把所有专业都填的是中文系。那年刚过完国庆节，我家就被厂里的青工们坐满了，他们都是来为我送行的，也是就此道别，因为都明白我此番去上大学，以后不会再回厂了。外车间的伙伴们也来了不少，平时跟我并不太熟悉的人也来了，除了我们"70 届""71 届"的小青工，还来了几位"老高二""老高三"的大青工。这几位"老高中"，水平都比我高多了，在我眼里，他们什么都懂，也会思考，凡事有主见，我特别爱跟在他们屁股后面听这听那，问这问那，学这学那。他们如果参加高考，肯定都能考中名牌大学，说来这也是他们自小的追求啊。可惜他们都已三十郎当岁了，结了婚生了娃，已经是上养老、下哺小的家庭顶梁柱了。我特别感激他们能"带我玩儿"，曾偷偷地给我"地下传书"，使我读到了《红与黑》《牛虻》《悲惨世界》《九三年》《罪与罚》《被侮辱与被损害的》《约翰·克利斯朵夫》《简·爱》《呼啸山庄》《傲慢与偏见》《白鲸》《章鱼》《老人与海》《海鸥乔纳森·利文斯顿》……总得有上百本外国名著，以至于后来我在南开大学上外国文学课时，老师讲到这些作家和作品，我几乎都已看过，不用再读了，让同学们好生羡慕。那些"老三届"的大青工们，常常是在下班时分，小声把我叫出车间，像地下工作者一样，递一个意味深长的眼神，悄无声息地把一个报纸包递给我，里面就是一本书。于是我登上自行车，飞奔着赶回家，连夜读完，第二天一早完璧归赵。这一切，好比是平静海面之下的涌浪，不止息，不放弃，前赴后继，直到现在，我还能听到"哗——哗哗"的不屈涛声……

1978年，思想解放大讨论全面启蒙，社会风气已经发生了清朗的大变化，人们的内心也像京城的金秋一样明快起来。所以，我们一个个欢声笑语地讲述着这些往事，尽情地表达着喜悦。我还当众"揭露"了我们车间的团支部书记小杨，偷偷学初中数学，怕被发现，就给课本包上书皮，写了"车工数学"四个字，因为他是车工，学技术算是正业，不会受到批评——我就曾被车间党支部书记来班组检查过，翻看我都在看什么书，提醒我别光学数理化，还是要多读马列毛泽东思想。那位书记是部队的转业干部，是个对工人很善良的好人，他是真心怕我走上"白专道路"。书记作为基层干部，当然要尽心尽力地工作——可是人的内心都已经在躁动了，早起的人们已在用各自的方式，准备着迎接壮丽的曙光……

现在，曙光真的来了，最先照耀在我身上，工友们真心替我高兴，我也替他们祈求好运继续来，越多越好，越快越好。那时的我们真年轻，真单纯，真快乐，我们把这次告别开成了一场盛典。

一位"老高三"的大哥先告辞了，我把他送到门外，一直到望不见他的身影。回到屋里，发现桌子上银光一闪，就是他留下的这本《海涅诗选》。

这是人民文学出版社 1956 年的出版物，同年第一版第一次印刷。内页里用的还是繁体字。是由著名德语专家、大诗人冯至先生翻译的。一共有六十七首诗，第一首是《星星们动也不动》，全诗如下：

> 星星们动也不动，
>
> 高高地悬在天空，
>
> 千万年彼此相望，
>
> 怀着爱情的苦痛。
>
> 它们说着一种语言，
>
> 这样丰富，这样美丽；
>
> 却没有一个语言学者，
>
> 能了解这种语言。
>
> 但是我学会了它，
>
> 我永久不会遗忘。
>
> 供我使用的语法，
>
> 是我爱人的面庞。

一看就知道翻译得非常高明，把复杂的德文长串字母，译成如此中国范儿的诗歌形式，一句句字数差不多，还押韵，还通俗易懂，还忠实地表达出作者的原意和思想。六十七首诗，长的、短的，基本都是这个范式。这是我第一次读到海涅的诗，从此后我知道了"海涅"这个名字。

这本诗集实在是非常破旧了。内页纸不但变成沙土般的黄色，纸本身也变得毛糙糙的，就像磨得没了毛的旧衣衫，必须小心翼翼地翻页，否则它不但会掉页，更会破碎。遥想它刚出版时，蜂蜜色的封面肯定是银光闪闪的，像一只高档首饰盒，一看就知道里面藏着珍宝。而现在，精装书脊的布面已经裂开了一个个破洞，露出了里面的硬纸板。素雅的封面不知经过了多少只手，已经被摩挲得黑乎乎的，上面还有着一大道蚯蚓走泥般的裂痕。只有封面上的海涅头像还没怎么走形，高耸的鼻梁倔强地挺着，一头黑白相间的头发不屈地扬着，一双略带忧郁的眼睛微眯着，凝视着远方……

捧着这本书，我努力回忆着刚才老大哥匆匆而去的身影，猜想着他的心情：这是他家传的书？是他小时候省下吃饭钱购得的书？是他少年时跟人"打架"赢来的书？是他上中学时反复背诵的书？是他不知在多少场合大声诵读的书？是他从图书馆借阅，后来没来得及归还的书？是他从火焰中抢救出来的书？是他借出去一百遍又一一索要回来的书？是他专门去找同学朋友要来送我的书？是他想让我替他以及他们这一代人实现大学梦的书？是他想让我替他追回青春的书……

从此，这本《海涅诗选》，便成为我心心念念的珍宝。它躺在我的枕边，伴着我度过了四年的大学时光，每当我累了想偷个懒时，我便看到了老大哥的身影，想到一代人的冀望，像被打足了气的轮胎，又满身是劲地奔跑起来。1982年大学毕业，我没有被分配到外地去，这本珍宝又跟着我回到北京。此时的社会已是大发展、大前进、大变化，书店、商场、图书馆、学校、单位、社区，处处皆有书，满天满地都是中外名著，读也读不完……我自己也拥有了十四个书柜，双排码放都塞得满满的。家里的地上、桌下、枕边、角角落落，也到处见缝插针地摆满了书。专门摆放外国书籍的就有两个书柜，托尔斯泰、雨果、巴尔扎克、莎士比亚、福楼拜、普希金、赫尔岑、陀思妥耶夫斯基、车尔尼雪夫斯基、大小仲马、勃朗特姐弟、霍桑、卡夫卡、乔伊斯、纳博科夫……一位位世界文坛巨擘都来了。好多书都印刷和装帧得像皇上那么排场。然而呢，我一直把这本残破的《海涅诗选》，放在书柜中雄踞第一的位置——它已嵌入我的生命，比血液还高上一个等级，已浑然融入我的基因了。

（作者为作家、中国散文学会副会长）

"好读书"不求"新解"

——忆胡守仁先生的读书人生

吴　平

　　敦伦同学让我为其令尊胡守仁先生写一篇纪念文稿，我无法推托，其因有三：一是胡守仁先生与我外祖是武汉大学中文系先后同学，此后又成为同事；二是守仁先生虽然未教过我，但他是江西师范大学中文系的祖师爷，据说他在中文系的弟子达十二代之多，因而我的老师大多是守仁先生的学生；三是守仁先生的公子是我的 78 级本科同学。有此三点缘分，我也就当"仁"不让了。

　　守仁先生重师承，这从他传承游国恩先生的楚辞研究可以看出来。据游国恩先生总结，"离骚"共有六十六种说法，他认为其应当是楚国当时的一种歌曲名称，意义与"牢骚"二字相同。这一创新而有证据的解释得到了很多学者的肯定，郭沫若先生曾明确地说："'离骚'两字的解释自来异说纷纷，只有近人游国恩讲得最好。"（《屈原研究》）

　　我们入学后，守仁先生已年近古稀，不再上课了。前辈老师曾经向我们说起胡守仁先生为他们上《楚辞》课的情景：守仁先生从游国恩先生的论述讲起，《楚辞·大招》有"伏羲《驾辩》，楚《劳商》兮"两句。王逸注："《驾辩》《劳商》皆曲名也。"《汉书·扬雄传》又记载，扬雄曾模仿屈原的《九章》自《惜诵》以下至《怀沙》一卷，名曰《畔牢愁》。"牢""愁"为叠韵字，韦昭解释为"牢骚"，后人常说发泄不平之气为"发牢骚"，其语源大约即出于此。"牢愁""牢骚""离骚"三个名词在音韵上是双声叠韵，可以互相通转。所以，《离骚》篇名不应该作为一个词组而应该作为一个词来解释，意即牢骚不平。守仁先生仅"离骚"二字就讲了一节课。

民国时期的教授比的是读了多少书，而不是出了多少书。在游国恩、刘永济、刘博平诸多名师的影响下，守仁先生养成了好读书的习惯，早晨四点即起床读书。一位文艺理论老师对我说："胡先生读书用功是出了名的，你只要随便问他一位三流的唐朝诗人有哪些作品，他都会如数家珍地告诉你。"接着他又告诫我："做学问要有新观点，不能光靠多读书。搞文学研究一定要学好文艺理论，否则拿不出新的观点。胡先生就是吃了这个亏。"此后我读了一些文艺理论方面的书，感到要学好文艺理论，还是离不开对文艺作品的理解。文艺作品越熟悉，对文艺理论的感悟也就越深刻。

面对旁人的议论，守仁先生依旧坚守老武大的传统，不轻易立说，不为趋时而作，这不能不说是受了其师刘永济先生的影响。刘永济先生在其读书札记《默识录》中，提出了"用古典文学理论来检查古典文学作者和作品"的观点。他始终反对生搬硬套西方文学理论话语体系来评价中国古典文学："从文学发展看，西方文学史诗、戏剧、小说发展最早，我国则抒情诗发展最早、最盛，其原因不同。西方最古有所谓游行诗人以唱诗为业，其所唱的诗乃长篇故事，其中有说有唱伴以音乐，故其发展为史诗、戏剧、小说。我国最古即以'颂美讥过'

为诗，以'劳者歌其事'为诗，皆抒情摅思之作，与西方分道扬镳，各自发展。"（《论刘勰的本体论及文学观》）因而，盲目用西方文学理论来"肢解"中国古典文学作品、批评中国古典文学作者未免太不近人情；而"以西方文法律国文，见其不合而非之，以今日语法律古文，见其不合而非之"的做法，不仅是治学者"不读书"而仅"以新奇为高"的表现，更是"车裂古人、囊扑文化"的不智之举。（《迂阔之言》）守仁先生的"好读书"不求"新解"，与永济先生所批评的"不读书"而追求"新奇"者，形成了鲜明的对照。

近几年来，我发现了一个有趣的现象：读书多的人大多长寿。耶鲁大学公共健康专家进行了一项长期调查：他们在十一年中跟踪记录了三千六百名五十岁以上人群的健康与阅读习惯。研究表明，每天读书的时间越长，寿命就越长。研究人员指出，读者在阅读中会追随作者的思路、人物或情节，这种深度阅读会让大脑保持活跃。此外，书籍还能增强同情心、社会认知和情商，这与延长寿命也有关系。

我认为，对一般人而言，读文学书会产生愉悦感，可以起到降"三高"的作用。对学者而言，不仅要从个人的知识需要来读书，更重要的是将读书作为人类文明传承发展的需要来理解。

孔子的伦理道德观念，"仁"是做人的底线，"学"是人性的提升。孔子对人评价最高的一个德行就是"好学"。守仁先生就是这样一位"仁"而"好学"的"人师"与"经师"。

（作者为华东师范大学中文系教授）

伴我一生的"三剑客"

宁 欣

我们从少年迈向青年的 20 世纪 70 年代，文艺青年没有人不知晓大仲马和他的名著《三剑客》(又译《侠隐记》，后改译为《三个火枪手》)，但我的印象中只保留了伍广建的竖排节译本和《三剑客》书名。它伴随着我们两代人从 20 世纪跨越到了 21 世纪，虽然我已经成为一名似乎满腹经纶的大学历史教师，但《三剑客》仍是我最喜欢的书，超过了任何一本书对我的超长时段的影响。

最初听到的"三剑客"的故事，是在"文革"时期。那时，我和两个妹妹正处于文化饥渴时期，在北京师范学院（今首都师范大学）历史系任职的父亲晚上的闲暇时间就用来满足我们对聆听故事的渴望。故事来源，有的是侥幸从图书馆藏书中捞取的，有的是他仅凭记忆保留的内容，大仲马和他的《三剑客》就这样在他袅袅腾升的九分钱一包没有任何封面和标牌的经济烟的烟雾中，缓缓嵌入我的脑海。

大仲马的名言："历史是什么？是我用来挂小说的钉子。"狂妄和张扬充斥其间。作为《三剑客》"钉子"的历史背景是法国国王路易十三朝代和权倾朝野的黎塞留掌权时期。后来更正规的译名是《三个火枪手》，但显然《三剑客》更为大众所接受和喜爱。因此，我后来看到重排的彩色电影，名虽为《三个火枪手》，展现激烈的格斗场面时仍然是用剑，间或也看到一杆火枪解决战斗，但远不如用剑格斗来得风流和潇洒。侠心义胆的达特安，没落伯爵阿托斯，贪钱嗜酒的波托斯和温文尔雅的准教士阿拉米斯，年轻貌美、心狠手辣的米莱迪，爱慕虚荣、昏庸无常的国王路易十三，权倾朝野、阴险狡诈的黎塞留，在19世纪法国波谲云诡的宫廷内斗，以及王权和神权缠斗中，陆续登场。我在进入研究领域后，确实感到作为大仲马眼中钉的历史，交织着虚幻、神秘和浪漫，我们在试图发掘历史的真相时，同时也在寻找和印证钩织历史传奇背后的故事。

那段岁月，我们姐妹三人恰如"三剑客"的组合（其实书中的主要人物是四位），拥有众多愉悦和欢快时光。下乡期间，曾经掀起一股复古风潮，中外名著尤其是外国古典名著成为年轻人追捧的书籍，我们终于知道了大仲马、杰克·伦敦、勃朗特姐妹、莫泊桑、霍桑、雨果、狄更斯、托尔斯泰……虽然大多展现的是欧洲17至19世纪的场景，却为我们打开了了解不同世界的天窗。还记得20世纪70年代后期，人们在新华书店外排长队购买由人民文学出版社和上海译文出版社共同策划出版的外国文学名著系列"网格本"。《三剑客》并不在网格本系列中，在世界古典名著的排行中，排名往往在百名开外。但这并不影响它受读者喜爱，甚或超过大多数古典名著。

据说实战中剑不占优，但金庸、梁羽生和大仲马笔下的中外侠客都选择了用剑，出入江湖，角斗宫廷，纵横天下。在冷兵器时代，剑走轻灵只见于武侠小说，实际已经演化为身份和荣誉的象征。

虽然我又陆续读了众多名著，但都比不上《三剑客》对我的影响之深。放眼世界亦是如此，有很多借喻"三剑客"的组合，如狂野奔驰的著名赛车队之"三剑客"，飘逸飞奔的荷兰足球队之"三剑客"，都曾风靡一时，不一而足，三剑客显然比三个火枪手更为某些组合所青睐。

金庸曾称自己写武侠小说受《侠隐记》影响颇深。以原著为依据的电影最新版本是 2011 年 3D 立体版。2024 年还有"三剑客"游戏最新版推出。相信科技发展到更高阶段，"三剑客"仍然是创新高手们灵感迸发的不竭源泉。

法国巴黎先贤祠中安放了七十二位伟人，其中大仲马是在去世一百三十二年后的 2002 年才移入的，可见他和他的作品的影响力持续上百年而经久不衰。

改革开放后，我们姐妹三人先后完成了从本科到博士的学业，妈妈刘淮在《致友人的一封信》(《瞭望周刊》1988 年第 39 期) 一文中，特地加的副标题是："噢，我的三剑客！"这一组合和称号历久弥新。当我们姐妹三人先后步入"退休后的黄金时期"，建立了属于自己的微信群，就命名为"黎宁三剑客"，开设了展示我们文采和日常的微信公众号，我们三人在写作上各自舞剑，意非沛公，正如创刊词中所说：悠游山水，静观庙堂，笔下乾坤，字里春秋。

如今，父亲和母亲都已经去了天堂，他们对包括《三剑客》在内的古典文学作品的喜爱亦延续到我们这一代。书中的仗剑行侠、浪漫与传奇，既是不少人憧憬的人生，亦使过往历史熠熠生辉。

（作者为北京师范大学历史学院教授）

《阅微草堂笔记》借鬼神寓言斥其非者

纪清远

2024 年，我在朝阳公园的北京书市上购得民国版本的《阅微草堂笔记》。该书是清代礼部尚书、协办大学士、《四库全书》总纂官纪昀（1724—1805）晚年所著。纪昀的毕生精力大都用于研究整理古代文献，晚年"老而懒于考索，也不复以词赋经心，惟时时追录旧闻……聊以遣日"。《阅微草堂笔记》包括《滦阳消夏录》《如是我闻》《槐西杂志》《姑妄听之》和《滦阳续录》五种，一千余则故事，明理劝诫。该书继承六朝志怪小说的传统，俶诡奇谲，鬼狐精怪；洸洋恣肆，包罗万象，但是"儒者著书，当存风化，虽齐谐志怪，亦不当收悖理之言"（《阅微草堂笔记·滦阳消夏录》）。"大旨要归于醇正，欲使人知所劝惩。"（盛时彦语）因此，"成教化，助人伦"则是作者的初衷。

在没有成为合刊本之前，只有《滦阳消夏录》等五种广为流传。嘉庆五年庚申（1800）由纪昀门人盛时彦将这五种笔记合为一编，盛氏说："又请先生检视一过，然后摹印。"因此这是唯一一部经作者本人检视、校对过的，是最值得信赖的版本，成为流传的各种版本之"祖本"。此书牌记题"阅微草堂笔记，河间纪氏阅微草堂原本，北平盛氏望益书屋藏板"，嘉庆庚申八月盛时彦序。此书的板片毁于火灾。嘉庆二十一年丙子（1816），盛时彦又将此书重刻，牌记题"纪晓岚先生笔记五种，嘉庆丙子北平盛氏重镌"，装帧精致，印刷清晰。作为古籍，自它开始问世后，从嘉庆到宣统、民国各时期就被民间广为传抄、先后刊印，到现代更不知有多少家出版社相继再版，有的加释文，以便于阅读。

故事一：真正的鬼在自己心里

《滦阳消夏录》卷六中的一则故事说南皮县的许南金先生胆最大。他和另一朋友在一寺庙内读书，半夜里北墙出现了烛光，仔细观看，有个簸箕大小的人脸透出墙来，一旁的朋友吓得要死。而许先生却穿上衣服，朝墙上说："我正准备读书，发愁没蜡烛，你送来的真是时候。"于是诵读声琅琅。没读几页，鬼的目光渐隐，拊墙呼之，也出不来声了，从此再也没有出现。许先生说："鬼魅真有，有时也能见到，其实对于人来说，真正的鬼在自己心里，即心里有鬼。"许南金心里没有鬼，所以不怕鬼；他的友人心里有鬼，所以怕鬼。如果你一身正气，没做亏心事，还怕半夜鬼敲门吗？只要一生检点，就不怕面对鬼魅，见之心中也坦坦荡荡。

故事二：泥古者愚

在《滦阳消夏录》卷三中提到一老儒生刘羽冲，与纪氏高祖厚斋公多与唱和，性孤僻，好讲古制，实际很迂腐而无法施行。刘羽冲请人画他自己在林中读书。厚斋公为画题诗讥讽："兀坐秋树根，块然无与伍。不知读何书，但见须眉古。只愁手所持，或是井田谱。"什么是井田谱？井田是西周时期的一种土地制度，根本不适合今天施行，可见此人好古、泥古至愚。其偶得古代兵书，读过后自称能带十万兵，此时正遇土寇匪患，自练乡兵与之较量，结果全队溃覆，几乎被擒。他又弄到一本古代讲水利的书，伏读经年，自谓可使千里成沃壤，绘图列说于州官。州官也好事，使试于一村，挖好沟渠，洪水大至，顺渠灌入，人几为鱼。由此他抑郁想不开，唯独步庭阶，摇头自语："古人能欺骗我？"整天念叨这六个字千百遍，不久发病死去。泥古者愚，何愚乃至是欤！

故事三：人非草木，岂得无情

书中对男女爱情的描写莫过于《如是我闻》卷四中这个故事了，构思颇为离奇。有一位任子田先生说，他们乡有人夜行，月下见墓道松柏间，有两人并坐。一男子约十六七岁，韶秀可爱。另一老妇人白发垂项，伛偻携杖，似七八十岁。二人倚肩笑语，意若十分相悦。别人看着奇怪，哪儿的淫荡老太婆竟然和小伙子这么热乎。他想走近看，两人便消失了。次日，他打听这里是谁家的墓地，这才知道那男的当初年少早亡，他的妻子守寡五十余载，殁后与丈夫合葬在此处。正如《诗经》曰："穀则异室，死则同穴。"这可真是最亲密的情感了。守寡五十年最终与丈夫合葬一墓，地下重逢，两情缱绻，她虽然没有追随黄泉，但是这种"殉情"可谓也同样达到了爱情的极致。在妇女问题上，纪昀认为"存天理，灭人欲"这一主张表现出了极大的荒谬和虚伪。"人非草木，岂得无情？"纪昀认为夫亡的妻子不能改嫁，这是以压抑、愚昧来扼杀人性，是封建礼教束缚妇女的精神枷锁。这一则故事描述为亡夫而终身不嫁的女子，死后又与亡夫同穴，不属于精神强迫，而是由于她的真爱所致，这种生为同衾、死愿同穴的纯真专一的感人爱情，并不是纪昀批评的范围，相反却是对忠贞爱情的礼赞。

劝诫为主，亦不乏礼赞

以上摘取几个故事，有因客观现象而引发的警示和自律，有讥讽泥古不化的刘羽冲，有赞许一生检点、心无鬼魅、坦坦荡荡的许南金，更有对忠贞爱情的礼赞。故事短小生动，隽思妙语，辩明事理，亦有灼见，寓情理于简洁淡雅之中。读后令人回味无穷。清代学者俞樾评价其书"叙事简，说理透"，可以说是小故事、大文章。

从思想内容上看：一是直面人生，反映社会生活；二是抨击世情，辩明事理，劝善惩恶。这并非纪昀个人情感的宣泄，体现了在"世风日下"的社会，一个文化人的责任意识与担当精神。在《阅微草堂笔记》中较真实地记述了当时社会生活，同样使我们看到了一个真实的清代社会的世态百相，也揭露了封建社会的黑暗现实以及底层大众的苦难。借鬼神寓言，直斥其非者，批判现实，以申斥、劝诫为主要目的，但是也不乏礼赞、明理的内容。

（作者为北京画院一级美术师、北京市文史研究馆馆员）

刘姥姥为何频频念佛

宗春启

　　《红楼梦》第三十九回，刘姥姥第二次进荣国府打秋风，正值秋天，赶上荣府里吃螃蟹；陪贾母逛园子，见识了软烟罗；在贾母的宴席上，尝到了茄鲞。要不怎么说《红楼梦》是部百科全书呢！书里面有诗，有画，有医学，有美学，还有烹调艺术。就是因为刘姥姥在酒席宴上吃到了茄鲞，北京中山公园来今雨轩的菜谱里，才有了这道红楼佳肴。

　　曾经读到一位大作家的文章，称赞贾母如何懂得美学，知道怎样搭配颜色。依据就是在第四十回，贾母等人来到潇湘馆林黛玉的住处，见窗上原来糊的翠纱颜色旧了，吩咐凤姐给换上新的；并说院子里有绿竹，所以不宜再糊绿色窗纱，应该用银红色。这就是贾母懂美学的证明。可这下面还有呢：凤姐说她见库房里有好些银红色的"蝉翼纱"，又鲜艳，又轻软，拿来做棉纱被一定不错。贾母听了笑道："呸！你连这个纱还认不得呢。那叫软烟罗！"凤姐见那纱特别薄，于是想当然，以为是蝉翼纱。殊不知那种纱比蝉翼还要薄、还要轻，若是做了帐子、糊了窗户，"远远的看着，就似烟雾一样，所以叫作'软烟罗'，那银红的又叫作'霞影纱'"。

怎样诠释《红楼梦》，那是红学家们的意愿。问题是，曹雪芹讲述这些东西，也是想卖弄一下学问，显得他既懂得烹调又懂得色彩搭配吗？如果是这样的话，他何必要拉来一个村姥姥当旁观者呢？

刘姥姥，一个小康之家的农妇。她看贾府的眼光，可以代表当时的大部分民众。她很会揣摩人的心理，善于说些人们喜欢听的话。为了讨听者之欢心，她甚至可以随口编造些生动的瞎话、假话，像什么大冬天雪地里跑出个小姑娘来抽柴火什么的，但有些时候她是讲真话的。讲真心话的时候，她总要念佛。可能她认为，佛是不能欺骗的。听说贾府一顿螃蟹吃七八十斤，刘姥姥就算了笔账："这样螃蟹，今年就值五分一斤，十斤五钱，五五二两五，三五一十五。再搭上酒菜，一共倒有二十多两银子。阿弥陀佛，这一顿的钱够我们庄家人过一年了！"刘姥姥还有没算进去的呢：吃螃蟹的时候，要就着烫热的合欢花浸的酒来喝；吃完了，要用菊花叶、桂花蕊熏的绿豆面洗手，以祛除腥气。要是知道了这两个细节她还得念几声佛。在潇湘馆，听贾母让凤姐找出几匹银红色的软烟罗来糊窗户，刘姥姥盯着凤姐拿来的那匹软烟罗，"觑着眼睛看个不了"，念佛说道："我们想他作衣裳也不能，拿着糊窗子，岂不可惜？"在酒席宴上听完凤姐说了茄鲞的做法，刘姥姥摇头吐舌说道："我的佛祖！倒得十来只鸡来配他，怪道这个味儿！"

刘姥姥还念过几次佛。一次是李纨带人去缀锦阁上搬高几，见刘姥姥在一边瞧热闹，就让她也上去瞧瞧。刘姥姥登梯上去，只见里面乌压压地堆着些围屏、桌椅、大小花灯之类，虽不大认得，却觉得五彩炫耀、各有其妙，"念了几声佛，便下来了"。再一次是贾母带着她逛了一圈大观园之后问她：这园子好不好？"刘姥姥念佛说道：'……比那画儿还强十倍！'"借助刘姥姥的眼睛，曹雪芹再一次向读者展示了前面没有介绍周全的大观园，展示了读者尚未全面了解的贾府家底。曹雪芹还借助刘姥姥的眼睛，向读者介绍了一下贾母的气派，那是贾母感到不舒服时，请太医来看病的场面描述："只见贾母穿着青皱绸一斗珠的羊皮褂子，端坐在榻上，两边四个未留头的小丫鬟都拿着蝇帚、漱盂等物，又有五六个老嬷嬷雁翅摆在两旁，碧纱橱后隐隐约约有许多穿红着绿戴宝簪珠的人，王太医便不敢抬头，忙上来请了安。"

这气派，跟皇太后有什么两样？只是跟前缺少几个太监罢了。

刘姥姥更多念佛是在离开贾府之前。

平儿给了她半炕的东西：两匹纱（其中一匹是青色的软烟罗），两匹绸子，两个茧绸，一盒子内造（给皇帝制作）的点心，一口袋干鲜果子，还有一口袋御田粳米和几件衣裳，外加一百零八两银子。"平儿说一样刘姥姥就念一声佛，已经念了几千声佛了。"这只是王夫人这边给的，贾母那边还有呢，贾母的几件衣服，"都是往年间生日节下众人孝敬的"，"老太太一次也没穿过的"；还有几种药，梅花点舌丹，催生保命丹，活络丹，紫金锭，外加两个金银小元宝锞子，还有妙玉不肯要、宝玉讨来送给刘姥姥的成窑茶盅。刘姥姥又是念了几千声佛——她没想到贾府这么大方，她这趟秋风竟是发了大财了。

刘姥姥念佛时讲的那些真话，包含着对贾府富贵的感叹，同时也包含着对贾府奢侈生活的批判。借助她的嘴，曹雪芹道出了小说叙述吃饭、糊窗户等细枝末节的用意，扣住了小说的主题。

对于《红楼梦》的主题，一直见仁见智。但小说叙述了一个大家族的衰败经过，却是没有争议的。小说一开头读者就被告知，贾府在走下坡路："外面的架子虽未甚倒，内囊却也尽上来了"；可是"日用排场费用，又不能将就省俭"。第二回，贾雨村在智通寺里看见一副对联："身后有余忘缩手，眼前无路想回头。"小说中讲述贾府如何吃茄鲞和螃蟹，如何用软烟罗糊窗子，不就是"不能将就省俭"和"身后有余忘缩手"的具体写照吗？连林黛玉都看出来了："咱们家也太花费了！我虽不管事，心里每闲了，替你们一算计，出的多，进的少，如今若不俭省，必致后手不接。"贾宝玉听了付之一笑，道："凭他怎么后手不接，也短不了咱们两人的。"（第六十二回）宝玉的这句话，真是"横行公子却无肠""皮里春秋空黑黄"两句诗的绝好注脚。

不住念佛的刘姥姥，见证了贾府任意排场、挥霍，直至彻底败落的经过。

（作者为文史学者）

卞孝萱先生的学术包容和人生智慧

朱天曙

日前，我参加了南京大学文学院和古典文献研究所主办、凤凰出版社协办的卞孝萱先生百年诞辰纪念会。卞先生晚年和我来往密切，一是因为同是扬州人，二是因为我们都喜欢艺术和文史。我在南京艺术学院读研究生时，一到两周就要到他家去一次，有幸得到先生的亲炙。回忆和先生的来往，至少给我四点启示。

以"专"求得研究的贯通

卞先生一直鼓励我，要将书画篆刻创作和文献学结合，"知其然"并"知其所以然"。卞先生在艺术史研究上主要集中在六朝至唐代、扬州画派与郑板桥、近现代学人艺术三个方面。如《兰亭序》在唐代的传播研究，《瘗鹤铭》内容、纪年、书风、署名的研究，"扬州八怪"中李方膺、汪士慎、高翔的生平研究，郑板桥的诗词、题画、印章、流派研究等，都是专题研究，非常深入。在《卞孝萱艺术史文集》前言中，我曾总结卞先生艺术史研究的三个特点：专通结合，以小见大；文史互证，以艺证史；开拓文献，拨云见日。卞先生的艺术史研究，对我有很大的启发。我在书画篆刻史研究中，强调专人专书的研究，如汉魏六朝书论、明清印论、颜真卿流派，以及宋克、周亮工、石涛、金农、齐白石等研究，力求把文献学和艺术创作研究相结合，突出专题研究，以"专"求得贯通。

研究作品注重细节

卞先生是扬州人，扬州的文化和艺术是他一生学术研究的重要内容。在研究中，他关注前人未讨论的"细节"，赋予熟悉的内容新的价值。如他在讨论鉴真东渡日本带去的物品时，注意到"二王"书迹。在第六次东渡时出现了"王右军真迹行书一帖，小王真迹三帖"，这些帖从哪里来，历来没有学者讨论。卞先生通过对《晋书·王羲之传》《高僧传》等文献的考察和分析，指出其来源于浙东、浙西一带。又如对"扬州八怪"之一汪士慎的研究，考证出其五十四岁左眼失明，六十七岁双目失明，对于书画鉴藏有着重要的参考价值。卞先生对郑板桥这位乡贤的研究更加细致，小到一首诗、一个词语、一个创作题材、一件书法作品、一方印章，都有翔实的研究，为我们的研究提供参照。

结交很多不同领域前辈

卞先生从年轻时起，就非常注重学术交往，交往的学人十分广泛。1943年他以《娱亲雅言》为题，征集书画诗文，交往了很多前辈大家，眼界开阔。从所来往的人来看，包括董玉书、夏敬观、柳亚子、夏承焘、柳怡徵、余嘉锡、陈垣、熊十力、钱基博、邓之诚、唐圭璋、宗白华、顾廷龙、王蘧常、容庚、傅增湘、杨树达、商衍鎏、张伯驹、齐白石、陈寅恪、胡小石等。这些人身份各不相同，有藏书家、金石家、哲学家、史学家、文学家、书画家等，这些人的著作和作品成为卞先生关注的内容。他收藏的文献与作品也成为他研究的对象。卞先生注重横向和纵向两个方向的打通，"横向"关注时代的政治、文化、学术与艺术的关系，做到"知人论世""知文论世"；"纵向"则注意文学艺术现象在不同时代的变迁。

卞先生曾风趣地对我说："我年轻时和黄宾虹交往，现在老了，和你们交往，我好像活了一百多岁了。"他还和日本、美国、韩国等国学者来往。这种打破年龄界限、学科界限、国籍界限的学术交往与圆融的学术路径，体现了卞先生的学术包容和人生智慧。

惜时如金，提携后学

卞先生惜时如金，不说没有意义的空话套话，强调"真"。每次我到卞先生家，说完事情就结束，约好下次再见面的时间和要做的事情。在图书馆见面，也不多聊，直接读书，从不耽误时间。写文章不说空话，不游谈，文风简练。有时请他写个推荐信之类的，就让我在客厅等几分钟，写好后直接取走，不让我再跑一趟，十分务实。

他的文章，短的才几百字。如凌霞的《扬州八怪歌》过去没人关注，卞先生写了短文介绍后，《扬州八怪歌》逐渐被广泛引用。这些短文皆真知灼见。他对年轻学人的文章，常常加以指导和鼓励，有的还推荐给合适的刊物发表。我写的讲义《中国书法史》(中华书局)、编校整理的《周亮工全集》(凤凰出版社)等,都是卞先生赐序增色的。他八十高龄,还参加了我博士论文的开题,给予具体的指导,不断给予我鼓励。他甚至在我的作品集序中说"他日当与吾乡先贤相比肩"这样鼓励后学的话,让我特别感动。卞先生为人的宽厚,深深影响了我们这些晚辈,教育了我们,也启发了我们。

(作者为北京大学美学与美育研究中心研究员、
北京语言大学中国书法篆刻研究所所长)

唐代金银器研究的集大成之作

朱利峰

 2000 年，我还在攻读硕士研究生期间，由于当时所做的硕士论文聚焦在"唐代卷草纹"，于是到地坛书市淘到了齐东方教授于 1999 年由中国社会科学出版社出版的专著《唐代金银器研究》。整本书以其深厚的学术底蕴、精湛的研究方法和丰富的图文资料，深深吸引了我，遂花费了当时一个月的伙食费将此书捧回宿舍。之后仔细研读书中的研究逻辑，模仿其考据方法，分析每一个章节的图文数据，甚至临摹书中的线描图稿。这本书一直陪伴我硕士期间的论文写作，被我视为最重要的学术文献。七年后，我报名了北大考古文博学院的访问学者。2010 年，正式成为齐东方教授的学生。

 齐东方教授第一次见我时，就根据我的艺术学基础，耐心地给我讲解考古类型学研究方法，手把手教我如何通过遗址、器物、纹样、材料、工艺等多重证据对文物进行分期、分区、分类型研究。虽然手里已经有了一本翻过无数遍的《唐代金银器研究》，我还是如愿得到了一本签名版珍藏于书架之上。经过在北大考古文博学院一年的系统学习，以及近十几年的研究，从师门所学、从事的"卷草纹""露陈座""岩画"等领域的美术考古研究，成为我毕生研究并获得学术快乐的方向。

2022 年，由上海古籍出版社再版的《唐代金银器研究》面世，作为师门弟子，我也在第一时间拿到了新书。新书从封面设计到排版风格比老版更显清新雅致，配合经重新处理替换的两千余幅精美的金银器高清图片，翻阅起来更加赏心悦目。在"再版后记"中，齐老师提到更正修改的五处，详细说明了修改原因和求证始末，他作为考古学家的严谨风格一如既往。

无论是 1999 年的第一版，还是 2022 年的再版，这本《唐代金银器研究》堪为齐东方教授在唐代金银器研究领域的集大成之作。它全面收集了地下出土、国内外博物馆及私人收藏的唐代及唐以前金银器近千件，线描图四百余幅，从考古学、历史学、美术史等多个角度进行了深入细致的研究，帮助读者了解从器物群到具体器形、纹样，以及与之关联的生产与加工技术，展现了学术研究的多元性和综合性。这种研究方法对我后来的学术道路产生了深远的影响。唐代金银器作为传统文化的重要组成部分，不仅展示了古代工匠的智慧和技艺，也反映了当时社会的风貌和审美观念。

第一版已经附有大量的线图和照片，而 2022 年的再版，在保持原有内容框架的基础上，增加、替换了更多高质量的彩色照片和线图，使得读者能够更直观地感受到唐代金银器的艺术魅力。齐东方教授的学术观点在两个版本中得到了很好的传承和发展。他首次将金银器的发展与社会历史紧密联系在一起，提出了唐代金银器发展的三个时期：飞速发展时期（唐代 8 世纪中叶以前）、成熟时期（8 世纪中叶至 8 世纪后半叶）、普及和多样化时期（9 世纪）。这一观点在再版中得到了进一步的巩固和深化，同时也吸纳了近年来新的考古发现和研究成果。

《唐代金银器研究》是一本不可多得的学术经典之作。本书跨越二十三年的再版，使齐东方教授四十年的学术积累经典重现，以其深厚的学术底蕴和精湛的研究方法，赢得了广泛赞誉和认可。

（作者为北京联合大学教授）

抵达远方

——与艾芜先生《南行记》的一份缘分

张晓磊

　　若不是《北京日报》的编辑老师问起，我几乎已经忘记了这本深入心田的书籍。从年幼至年少，再到如今，每每炫耀地说起要高质量流浪这个话题时，那个向往又有点儿忐忑的想象中的旅途，它的起点，它的滋生，它的不停召唤，都起源于艾芜先生的《南行记》。浅秋微雨，父亲单位的图书室清冷安静，故纸堆特有的味道和校园里眼保健操播放的声音很相称。因为只有八个短篇，书册很薄，挤压在一堆"不起眼"里显得更不起眼。不明白它为什么那么吸引我——一个十岁左右、认字还需要翻字典的孩子。以至于多年以后，我依然后悔当时应该采取"好借不还"的策略，把它留在身边——新买的书册，都不会有那种岁月沉淀的味道，而父亲学校的图书室已几经翻新，这本书早已不在。

　　也许是里面每一篇的名字吸引了我：《人生哲学的一课》《山峡中》《松岭上》《在茅草地》《洋官与鸡》《我诅咒你那么一笑》《我们的友人》和《我的爱人》。每一篇简单的题目下，都有精准且浪漫的文字——野蛮的山，咆哮的水，被世界抛却的人们。它们组合起来，勾勒出一幅幅画面：山中破庙里每个人在跳动火堆边的脸庞，鸡毛店里同榻的兄弟，低低垂头的傣族姑娘。每一篇都在描写苦难且充满绝望：无家可归、忍饥挨饿、穷困潦倒、饥寒交迫和生死未卜，偷窃、抢劫、行骗以及谋杀……但每一篇又充满真实、神秘和浪漫。

工作后，有一次单独去巫山出差。汽车行驶在伸手不见五指的雾气中，以六十公里的时速"蛇行"，一侧是峭壁悬崖，一侧是滔滔长江。看我神色紧张，司机说这条路他每天跑四次，这种天气在巫山本地更是常见，他闭着眼睛都能开，让我把心放在肚子里。一路上，我不时观察着司机的眼睛。转过高山，从海拔最高处下行，雾气渐消，豁然间，一个村落如"世外桃源"般展现。遍地都是巫山脆李，果实累累，绿色无边。我坐在农户的堂屋里，对着一双年轻的小夫妻。三人笑意盈盈，我吃着最新鲜的脆李，堂屋和吊脚楼之间是农户祖父母的坟冢。一个老人蹲在土墙上抽烟，腼腆又认真地审视我。回来的路上，依然翻山越岭，海拔渐高，雾气渐浓，司机要带我去摘野草莓，我却有误机的担忧。在对视一眼之后，司机果断向森林深处驶去。十分钟不到，密林深处的一小片空地上，就像开了一个天井，阳光洒下来，铺满草地，野花野草间一颗颗粉白色的草莓穿梭跳跃——这里就像艾芜先生描绘的"边地"自由自在，无拘无束，先生对荒山野岭充满了深深的挚爱之情，对其间散发出的原始蛮力心醉神迷。我也跳跃——草莓不一定好吃，但突破藩篱的欣喜，许久没有触及的自然，没有设定的随心而为，是人生最销魂的事。

所以，有人说艾芜是"流浪文豪"——悲凉、苦涩又温暖。艾芜先生南行的缘由是逃婚——真是一个浪漫的起点。那年先生二十一岁，不能算作年少无畏了。虽然是为了逃避包办婚姻——对方是屠户的女儿。若从"野猫子"这个先生书中最明媚的角色来看，屠户的女儿确实不是先生喜欢的类型。但《南行记》中不涉及爱情，却有对女性的体恤和欣赏。若先生书中描写的是一切弱小者被压迫而挣扎起来的悲剧，那里面女性的发声便是："我还怕吗？""人应该像河一样，流着，流着，不住地向前流着；像河一样，歌着、唱着、笑着、欢乐着，勇敢地走在这条坎坷不平、充满荆棘的路上。"这是《南行记》的诠释，也是先生的人生写照。

六年的南行，先生流浪到昆明，做过杂役；流浪到缅甸克钦山中，当过马店伙计；漂泊在东南亚异国山野，与赶马人、鸦片私贩、偷马贼朝夕相处；病倒在缅甸仰光街头，为万慧法师收留。以后，他当过报社校对、小学教师、报纸副刊编辑。几经生死，一身洒脱的勇敢，化为一册不羁的经典。

1990 年拍摄的电视剧《南行记》仅有六集，艾芜先生在剧中客串——饰演老年的自己，每集的开头都是他坐在书房里与饰演青年时代自己的演员展开一段对话。镜头里先生抽着烟，坐在竹椅上，窗外细雨连绵，白纱窗帘微微摆动，先生瘦削的脸庞，在镜头里更加棱角分明，满是沧桑——这就应该是他的模样。

也许让我们常含热泪、相互体谅，以及对生命产生的更广阔的悲悯尚在旅途中。我们不确定一条路要走多长才能抵达远方，可以确定的是，一本经典能给所有善良和负重的人们送去安慰和生活的芬芳。

（作者为北京建筑大学建筑设计院风景园林所所长）

细读之下，我被"惊艳"到了

费崎盛

第一次听到路翎的名字是不久前偶然在手机上刷到许子东和王德威的一次直播。其中谈到现代华语文学中哪位小说家是被严重低估的，王德威说是 Lu Ling（音）。我作为戏文系的毕业生，毕业后又从事文字工作，一直认为对现代华语小说的版图是有一些了解的，居然有一位作者的名字从来没听说过，于是赶紧在留言区问：是"鹿灵"吗？一位好心的网友回复：路翎。我立刻在网上搜索他的作品，并下单购买了这本《路翎作品新编》。

此书由人民文学出版社出版，2011年印刷，是中国现代作家作品新编丛书第三辑中的一本。这一辑还收录有巴金、老舍、沈从文、叶圣陶、林语堂、穆旦、柯灵、赵树理、孙犁、许地山、梁实秋的作品。此书除收录了路翎有代表性的短篇小说外，还有散文、话剧、评论。细读之下，我被"惊艳"到了。"被严重低估"所言非虚。

我们以全书第一篇《"要塞"退出以后》为例，开篇第一句话——

在工程处转弯到情报所的那一段沉寂的山路上，沈三宝遇到那个姓杨的炮兵连副，他走着问："怎么办了？"

这一句出现在当代某位作家的笔下，读者会觉得作家对现代汉语的使用十分到位，简洁而富有节奏。但如果你知道这句话是出自八十多年前一位十七岁青年，这篇小说是他发表的第一篇作品，你心中是否会一颤？

民国在艺术、文学领域不仅出了很多大家，关键是出了几位没师傅而"封神"的人物，比如，曹禺写话剧是没人教，他上的是清华大学英文系。石挥的表演也如是，路翎也是。路翎生于1923年，比张爱玲小三岁。1937年抗日战争全面爆发后，他举家逃亡重庆，十六岁上高二时辍学，十七岁就在胡风主编的杂志《七月》上发表了《"要塞"退出以后》。自此与胡风结下不解之缘，真是成也胡风、败也胡风，这段我们稍后再叙。

熟练地运用现代汉语肯定不足以令我"惊艳"，我们看《"要塞"退出以后》的故事。

"要塞"撤退前夜，沈三宝——沈副官本是个拥有两条货轮的二十六岁的商人，国难当头，弃商从军。虽然有一腔报效国家的热忱，可是并无机会上阵拼杀，面对的是混乱和琐碎，心中也不免寻思着该如何逃跑。他随主官金主任撤出要塞，撤退的途中，两次击毙追击的骑兵，第一次杀人让他打开了新的象限。眼看追兵逼近，他建议金主任销毁携带的重要文件，金主任找各种理由拒绝，被沈三宝视作叛徒、间谍，遂将金主任击毙。接着在撤退的路上又遇到了杨连副，杨问他金主任呢？三宝答："给我杀了……"他也不做解释，扭头就走。结果他又被杨连副毙了。最妙的是全文最后一句——

"冤枉啊，一个好人啊！"杨连副伤感地摇了摇头。

读者也不确定这里的"一个好人"是指沈三宝，还是金主任。金主任到底是不是间谍？是不是拿着重要文件要投敌？都没有再费笔墨。

在我上大学时，中国现代文学史课讲到抗战时期，文学界有三大主张——抗战文学、现实主义、抒情主义。三路人马都觉得自己最有理，逼着鲁迅站队。胡风主编的《七月》是抗战文学的高地。但我那时候实在是没有看过抗战文学的作品，脑子里显现的都是《放下你的鞭子》这类活报剧。

《退出"要塞"以后》写的是战争给人带来的改变，写的是命运的无常与荒诞。短篇小说写战争写到这个份儿的，在我的阅读范围内只有苏联作家巴别尔的《骑兵军》。

路翎的父亲在他两岁时自杀，母亲后来改嫁，姥爷家是大资本家，辍学后，家里给他安排了个在煤矿记账的工作。他接触到了矿工，写了《卸煤台下》。如果拿他和张爱玲做比较，张爱玲自称是写不好比姨娘更低的人物的，也就是说张爱玲对老妈子以降的世界是不甚了解的。路翎则不然，他能写《财主底儿女们》，也能写与工人私通的《饥饿的郭素娥》。所以新中国成立后张爱玲走了，路翎留下了，他应该也从没想过要离开，他是真的扬眉吐气要当家做主人的，于是写了改变他命运的短篇小说《洼地上的"战役"》。

这篇《洼地上的"战役"》写的是抗美援朝战争中，侦察连新战士王应洪在老班长王顺带领下与全班完成一次抓俘虏任务的故事。任务虽然完成了，但是王应洪牺牲了。为了能让读者与王应洪共情，作者用大约五分之三的篇幅铺垫了王应洪与驻地朝鲜姑娘金圣姬的爱情。小说写得很有分寸，金圣姬单恋王应洪，王应洪一面是情窦未开，一面是部队纪律的约束，他的心思全在战斗上，面对金圣姬的真挚情感有些左右为难的小甜蜜。正因为有了这份铺垫，我在看到王应洪牺牲时也不免热泪盈眶。

这篇作品发表于 1954 年 3 月号《人民文学》。路翎在自己晚年的文章中解释说，之所以这么写是受苏联文学的影响。这么说也有道理。

但无论如何，1954 年 5 月上海《文艺月报》就发表了批评《洼地上的"战役"》的文章，并且批评的文章相继发表。路翎用比《洼地》还长的篇幅写了一篇反驳的文章《为什么会有这样的批评》。

再后来就是"胡风案"发，路翎作为胡风集团的中坚人物被逮捕。

1980 年"胡风案"平反，路翎 1994 年在北京去世，离世前两年还在写作。作为"七月派"中小说成就最高的路翎，在历史的拨弄下被严重低估，希望更多的人能够读一读他的作品。

（作者为编剧、导演）

"海一样的钦仰"

——两位"九叶派"诗人对莫扎特、贝多芬的咏颂

陈子善

    莫扎特的音乐从何时起受到中国现代作家的关注？这个问题真不好回答。当贝多芬、肖邦乃至瓦格纳等已进入现代作家的视野和文字时，莫扎特似还未被提及。直到 1940 年以降，沈从文才在《烛虚》《绿魇》等作品中写到莫扎特，称莫扎特的音乐"在人间成一惊心动魄佚神荡志乐章"。刘荣恩 1945 年自费出版的《诗三集》中也收入了一首《莫扎脱某交响乐》。然而，我们长期以来忽视了陈敬容的一首与刘荣恩差不多同时创作的咏莫扎特诗。

    陈敬容（1917—1989）是"九叶派"（又被称为"《中国新诗》诗人群"）的两位女诗人之一。权威的《九叶集》（1981 年 7 月江苏人民出版社初版）所选的陈敬容诗有二十首之多，与另一位女诗人郑敏并列第二，仅次于"老大"辛笛。陈敬容早慧，1932 年春就开始学习写诗。1948 年 5 月，上海森林社出版了她的第一本新诗集《交响集》。半年之后，她的第二本新诗集《盈盈集》由上海文化生活出版社出版，列为巴金主编的"文学丛刊"第十集最后一种。

    《盈盈集》收入陈敬容 1935 年至 1945 年十年里所作的七十余

首诗，分为"哲人与猫"（1935—1939）、"横过夜"（1940—1945）和"向明天瞭望"（1945）三辑。《莫扎特之祭》收在第二辑里，照录如下：

从一切琴弦，一切键盘上／撩拨出火焰的舞踊；／掠过生命的暗夜，只有光；／你将华羽展蔽阴暗的天穹。

春之播种者，你来自何方？

老人在你的歌声里稚气地笑，／妇女和小孩狂饮你欢乐的琼浆；／盲者因你的音乐忘记黑暗，／幸福的，痛苦的，都被你呼唤。

春之播种者，你来自何方？

没有什么你曾失落，／一切都在音乐里向你归来；／没有，亲爱的圣者，你没有忧伤，／忧伤已化作一串串音符／消失在欢乐的海洋。

春之播种者，你来自何方？

当负义的人群将你背弃，／贫困侵吞你短暂的青春，／你谱给自己也谱给世界／一章最后的安魂乐，寂寞地／去了！寂寞地，永不再来。

春之播种者，你去向何方？／留给我们海一样的悲苦，／海一样的钦仰！

此诗作于 1945 年 3 月。当时，遭受失恋痛苦的陈敬容正四处漂泊，举目无亲，在邠州（今陕西省彬州市）这个历史悠久的古城里小住时，想到了莫扎特，灵感乍现，遂有此作。

尽管 20 世纪 40 年代大后方的条件很艰苦，陈敬容一定听过莫扎特的精妙音乐，当然，听过多少，已不可考。她显然为莫扎特的生平和天才创作所吸引，对莫扎特"海一样的钦仰"，尊莫扎特为"春之播种者"，拿起笔来讴歌莫扎特，赞美莫扎特的音乐，莫扎特音乐中的欢乐和光明也就自然而然地在她的笔端流淌。

另一位"九叶派"诗人郑敏曾两咏"乐圣"贝多芬。

郑敏（1920—2022）是"九叶派"的又一位女诗人，她的诗以意象丰富、充满哲理见长。她 2013 年接受记者采访，回顾自己的写诗经历时透露："我的第一本诗集《诗集（1942—1947）》，是巴金先生亲自编的，当时我正在美国留学。"郑敏在大学学的是哲学，但一生最钟情的是文学和音乐。1948 年她在纽约留学时，还曾师从一位具有世界声誉的茱莉亚学院教授学习声乐。她的第一首咏"乐圣"贝多芬的诗《献给贝多芬》，就收在她的这本《诗集》（1949 年 4 月文化生活出版社初版，也列为"文学丛刊"第十集之一）之中。

《献给贝多芬》是郑敏二十五岁时的"少作"，1945 年 11 月发表于《世界文艺季刊》第 1 卷第 2 期，为《诗两首》之一。照录如下：

人们在苦痛里哀诉，/唯有你在苦痛里生长，/在一切的冲突矛盾中从不忘 / 将充满希望的主题灿烂导出。

你的热情像天边滚来的雷响，/你的声音像海底喷出的巨浪，/你的心在黑暗里也看得见善良，/在苦痛的洪流里永不迷失方向。

随着躯体的聋黯，你乃像 / 一座幽闭在硬壳里的火山，/在不可见的深处热流旋转。

于是自辽远的朦胧，降临 / 你心中，神的宏亮的言语，/霎那间千万声音合唱圣曲。

值得注意的是，诗中除了尽情讴歌贝多芬"在苦痛里生长"，有两句应该具体有所指。一是"你的热情像天边滚来的雷响",或与贝多芬有名的第二十三钢琴奏鸣曲"热情"相关。二是诗的最后一句"霎那间千万声音合唱圣曲",显然是在礼赞第九交响曲"合唱"。这首体现贝多芬音乐最高成就的交响曲,最后一个乐章的混声合唱不但气势非凡,而且前所未有。郑敏自己大概对这首诗比较满意,以至三十六年后编《九叶集》时,也收录了这首献给贝多芬的颂歌。

过了三年,郑敏又在《诗刊》1984 年 8 月号发表新作《贝多芬的寻找》,继续她的贝多芬歌唱。此诗还有一个副题:"记贝多芬《第九交响乐——第三乐章》"(应为第四乐章,系作者笔误),而对诗的第一句"'啊,不要这些噪音!'贝多芬这样说",郑敏还加了如下一个注释:贝多芬在完全聋后写出他的最伟大的第九交响乐,当音乐进入第三乐章时,据贝多芬说他觉得任何器乐都不能表达他心中的激情。因此让一位男中音唱道:"不要这些噪音了!"并且接着用合唱唱出席勒的《欢乐颂》。在声乐开始以前,贝多芬用弦乐奏出一个充满徘徊、寻找的旋律,仿佛贝多芬在寻找一个更能表达他因为耳聋而痛苦的心灵的途径。

这就是诗题"贝多芬的寻找"的由来。

当《欢乐颂》的洪流流过每一颗聆听"贝九"的心时,郑敏这首《贝多芬的寻找》,其实也是在"寻找"贝多芬,是成熟的诗人对《献给贝多芬》的拓展和深化。

(作者为华东师范大学中文系教授、上海市文史研究馆馆员)

萧红的知音

杨传珍

　　我读小学五年级的时候，语文课本里收录了《海上日出》和《火烧云》两篇课文。学过之后，老师让我站起来说出两篇的区别。我说："我不喜欢《海上日出》，特别喜欢《火烧云》。"老师问为什么，我说："《火烧云》就像是我自己看到、自己写的，《海上日出》离我很远，是别人指给我看的，可是我不想看。"那时，我还不知道萧红的名字，却记住了《火烧云》这篇课文。直到四十多年后，我读了《呼兰河传》，才知道这篇美不胜收的文字出自萧红笔下。也是因为读了《呼兰河传》，让我改变了对萧红的简单认知，自诩为萧红的知音。前不久，读了王小妮的《萧红：人鸟低飞》(北京联合出版社，2020年)，感到诗人王小妮才是萧红的真正知音。

　　文学是天才的事业。像萧红这样的文学天才，一个世纪未必出现一个。平心而论，萧红所能占有的文学资源，与今天的我们相比，少得不能比。但是，她却写出了穿越时空、审美冲击力至今不减的作品。她的生命力在于呈现出不带装饰的生命本色，无论经历了怎样的痛苦都不卖惨；面对亲人（情人）的伤害，不显露抱怨的情绪。她把别人强加给她的污浊，蒸腾为火烧云，把泪水化为书写美文的墨水。她所揭示的生活质感和生命痛感，带给后代读者持久的新鲜感与冲击力。

萧红有着追求自由的天性，她的理想是："花开了，就像花睡醒了似的。鸟飞了，就像鸟上天了似的。虫子叫了，就像虫子在说话似的。一切都活了。要做什么，就做什么。要怎么样，就怎么样，都是自由的。"（《想开一朵花，就开一朵花——萧红散文精选》）可她不幸落入环境的、精神的、爱情的多重牢笼。命运的推搡粗暴无情，个人的奋力抗争有时却显得无力。她的悲剧在于：不愿屈从命运，却又不得不屈服，在无限抗争与有限屈服中，绽放着生命。她以青春之笔，写出老成的作品。可贵的是，在出版了成名作《名利场》之后，经历了各种折磨、几近穷途末路时，她拖着病体写出的《呼兰河传》，以才情与境界过滤了痛苦施加给她的毒素，只让唯美和希望诉诸笔端——这是时年二十九岁的女作家，对丑恶的再度抗争。

凭着诗人的敏锐感受，王小妮发觉"萧红是一个完全隐藏着内心的作家。她从来没有准备剖白。她隐藏着一个疼痛、破碎、敏感的萧红。她另外存留一个自己，拒绝别人的注视。"作者敏锐地抓取这一错位形成的人物张力，以诗人的写意本领，点睛式勾勒出这位天才作家短暂而丰满的一生。她把两个萧红同时呼唤出来，以诗、笔在时代的车辙和萧红的心灵轨迹上，用意象排列出风云际会的文学景观。她揭示出萧红在伤口处长出翅膀，在文学的天空翱翔，飞出唯美的姿势，也揭示了萧红在战乱中折断翅膀，极不甘心地跌落时的悲痛。在结构上，王小妮采用第三人称与第一人称交替的方式，从内外两个维度，呈现显性的和隐性的两个萧红。用第三人称时，以作者的广阔视野看萧红所置身的人文、人际背景，看社会变局推动的命运走向；用第一人称时，王小妮"化身"为萧红，以传主的独白方式倾诉内心世界。作者自谦地说第一人称线是"虚构"，我却感到这无限接近萧红的精神实质，这样呈现出来的萧红，才是真正的萧红。因为她留出篇幅，让萧红自己说话，字里行间只有自然呈现的萧红神韵。

许多研究萧红的文字，简单地突出她"文学洛神"的表象，却没有揭示出她承受苦难的韧力。在此，我不禁要问：谁是萧红的知音？可以说，与她有过感情纠葛的几位男士，都不是。鲁迅这位慈父般的长者，只能算萧红的半个知音。而萧红回忆鲁迅的文章（《鲁迅先生记一、二》《回忆鲁迅先生》），倒能证明她是鲁迅的知音。如果没有读萧红的这组回忆文章，鲁迅只是一个刚硬的斗士，而不是一个充满人情味的男人。这是萧红艺术感觉的迷人之处。

王小妮在 1995 年写的《人鸟低飞——萧红流离的一生》的《后记》里，道出了接手萧红传记的三条理由，其中第二条是"我能为一切悲惨和不幸动心"。她一方面化身萧红，感同身受地体验她的悲惨，理解她在走投无路时向命运低头，一方面用长时段的历史视野，审视萧红个人心性与文化环境冲突的悲剧背后的底层逻辑，进而指出"比萧红更悲惨的人和事，时刻都在发生"，得出"悲剧，才是精神的顶峰"这一沉重的结论。自此，读者领略了两位女作家的心心相印，灵魂相通，这里既有性别与地域的契合，更有诗性感受和诗性思维的一致。

英国诗人拜伦说过，只有一流诗人才有资格成为批评家。在萧红英年早逝半个世纪之后，遇到这位知音，可谓不幸之幸。

（作者为文化研究者、山东枣庄学院美学教授）

辑二　又见善本

宋版《思溪资福藏》海外回流记

彭震尧

　　我的室名叫"思溪斋"，经常有朋友问起缘故。这要从宋代雕刻的大藏经《思溪藏》与二十年前巧遇《思溪资福藏·大般若波罗蜜多经》说起。

　　北宋末年，居住在湖州路（今浙江省湖州市）的王永从、王永锡兄弟决定在自己舍财建筑的思溪圆觉禅院刊刻一部大藏经。刻经自北宋钦宗靖康元年（1126）开始，至南宋高宗绍兴二年（1132）止，历时七年方得以完成。由于经刻于湖州路归安县松亭乡思溪村（今浙江省湖州市南浔区菱湖镇思溪村），故名《思溪圆觉藏》。此部大藏经收经一千四百三十五部，千字文编号自"天"字起，至"合"字止，是我国历史上第一部由私人出资刊刻的大藏经，也是现存最早最全的大藏经。它不仅是南宋初期佛教经典的集大成者，具有承前启后的重要地位，而且也是后世刊印大藏经的蓝本。

　　如此珍贵的一部大藏经，在历史的长河中却历经坎坷。首先是由于保管不善，经版遭受风吹雨淋、虫蛀鼠咬，损毁严重。其次是在历经近百年后，至南宋嘉熙、淳祐年间（1237—1252），寺院住持见存放的经版大多有损坏，便开始整理并对残缺部分进行补刻。我们现在见到的《思溪藏》，均刊印于宋代。但是十分遗憾的是，此经刊印后，我神州大地则一部未存，反而流入日本数部。此前，我们只有依靠日本所藏，才可观此经之原貌。

直到清光绪六年（1880），杨守敬任驻日公使馆随员期间，于日本旧书肆发现并购买到一部《思溪资福藏》。1919 年，杨守敬去世四年后，杨氏后人欲将藏书转让，时任教育总长傅增湘获悉后力荐政府出资收购，最终以七万余金将杨氏藏书全部收归国有，先藏于政事堂，后移至北海公园内的松坡图书馆。1950 年，松坡图书馆并入北京图书馆，即现国家图书馆，《思溪资福藏》便也一同入藏，成为馆中所藏珍本。但是杨守敬所购此书时原缺数百卷，其中作为经首的《大般若波罗蜜多经》六百卷全部缺失，故国图所藏为不足本，这也是他们深感遗憾之处。

当历史迈进 21 世纪，时针指向 2001 年 7 月初，我时任中国书店北京海王村拍卖公司经理，无意间从客户的交谈中了解到境外发现一批中国的佛经，收藏人正欲转让。是哪部佛经？是哪个年代刊印的？国内是否有藏？数量有多少？7 月 8 日，我接到了一份境外发来的传真，上面写着"大般若"三字，十五册经卷名及千字文排序号。这些简单的文字，无法帮助我判断这是哪个年代的刻经，更不清楚这是单刻经还是大藏经中的一部分。于是我立刻回函，是否可邮寄过来一册实物。几天后，一封特快邮件送到了我的办公桌上，打开一看，果然是一册折装佛经。细细查看，佛经首行印有"大般若波罗蜜多经"及卷数、千字文排序号等字，第二行印"三藏法师玄奘奉诏译"九字，第三行为经文的品名。经文整版五个折页，每折页六行，行十七字，无行界，在每块经版相互连接处，即每版页首可见"般若"二字以及卷数、千字文排序号和刻工名。藏经纸刷印，纸质厚实坚挺，可见约一指半宽帘纹。翻看佛经的背面，发现凡偏瘦柳体字经文虽然墨色依旧浓黑，但墨不透纸；而字体肥厚的颜体字经文，则基本上均是墨色透纸。明显可看出这是刷印时由于经版新旧程度不同所造成的。佛经保存完好，丝毫没有虫蛀的残缺，也没有水湿痕迹的留存，用"触手如新"来形容丝毫不为过。

这册佛经品相如此之好，完全超出了我的意料，我甚至产生了疑问，这是刊印于宋代的佛经吗？为了尽快得到准确的鉴定结果，我立即拨通了国图善本部李际宁老师的电话，随后立即前往国图。只见李老师将佛经放在桌上，一边说着：看看这是件什么宝贝？一边用手轻轻地打开，目光一扫，便脱口而出："这是《资福藏》啊！"为了慎重起见，李老师又将佛经从头到尾一页一页地仔细翻看，中间还不时将其举起，透过灯光查看两版页相互粘贴处的刻工名及纸张的质地。经过十余分钟的仔细鉴定，他再次肯定地说："没错，这是宋版《思溪资福藏》。"

真没想到，国图苦苦等候百年的《思溪资福藏·大般若波罗蜜多经》竟然就这样突然出现在了眼前，真有些"踏破铁鞋无觅处，得来全不费工夫"的奇妙。随后，国图善本部向馆领导提交了全部购进的报告，经过馆务会研究，最终馆领导做出了全部购进、充实馆藏的决定。

受国图全权委托，我随即与境外朋友进行了沟通，很快确定了首批转让的数量、每册的转让价格以及交接时间等。

2001 年 8 月初，张志清主任代表国图，我代表北京海王村拍卖公司，签订了有关购买宋版《思溪资福藏·大般若波罗蜜多经》的正式合同。随后我通知境外朋友按照约定的时间，乘坐指定的航班，将首批佛经送至北京。8月8日，首批二十九册佛经顺利到达北京首都机场，我与同事刘建章亲自去机场接机。回到公司后，双方立刻开箱验货。经过仔细鉴定与核对后，确认与事前所谈准确无误。仅隔一天后，首批另外二十四册佛经便顺利到达北京。短短三天内，共接收到《思溪资福藏·大般若波罗蜜多经》五十三册。核实无误后，张志清主任代表国图书写确认收讫笺条交予我，我将五十三册佛经装箱打包，交付他们。至此，交接手续全部完成，首批宋版《思溪资福藏·大般若波罗蜜多经》正式进入国图善本部，成为国图馆藏珍本中的一部分。8月16日，第二批七十七册送达北京；8月23日，第三批六十四册送达北京。在不到二十天内，一百九十四册宋版《思溪资福藏·大般若波罗蜜多经》已然进入了国图的善本库房。

随后一年之内几经曲折，国家图书馆的购进已经超过半数。经有关专家评定，每册宋版《思溪资福藏·大般若波罗蜜多经》均可定为国家一级文物。作为一部大藏经，经首的《大般若波罗蜜多经》往往最重要，因为这是最早雕刻的部分，许多重要信息可能记载在这里。此批《大般若波罗蜜多经》的购入极大地提高了国图馆藏《思溪资福藏》的文物价值。

（作者为文物鉴定馆员、新中国第一代古旧书拍卖师）

流连古籍四十载，得证西峰草堂旧址

包世轩

　　读书是快乐的事情，不过，这种快乐源自持之以恒。读书最好能心有所系，或者说学以致用。我经常和年轻人讲，要在读书中发现问题，发现了问题，离解决问题就不远了。以我的人生经验来看，这也是快速进入研究状态的途径之一。

　　因工作关系，四十多年来，我对北京史迹类图书尤为留意，但凡涉及北京西山区域的古籍，可谓必欲购藏而后快。

　　《清代北京竹枝词》(北京出版社，1962 年) 一书中辑录《燕九竹枝词》的前言记载，此书系清康熙年间刊本，由陈于王、孔尚任、蒋景祁等九人撰写，每人十首，共计九十首竹枝词，由陈于王在山斋编成，记录的是白云观正月十九日庙会盛况。1972 年，我在王府井东风市场南边刻字社刻制一个名章，然后在东风市场北门里旧书部购得其铅印本，定价仅 1 角，读后留下深刻印象。此后经年，又感到书中尚存有不足之处。比如，陈于王把白云观内的"铙堂"说成是"钵堂"，这是个遗憾。诗称"锣鼓喧阗满钵堂，鸾弹花旦学边装。三弦不数江南曲，唯有啰啰独擅场"。其实"铙堂"是白云观道士举办法会时演奏道教铙钹大曲的场所，这种击奏曲牌有三十多首，以铙钹、铛子击奏，有太极韵味。而正月十九庙会"会神仙"时，有各种民间香会在此表演杂耍、乐曲。自此"陈于王""山斋"等字眼便时常萦绕心头。

持之以恒读书的快乐总在不经意间降临。1995年，我在西单图书大厦购得铅印本《玉池生稿》诗集（天津古籍出版社，1990年），此书乃康熙年间安亲王岳乐第十八子，号称"长白十八郎"的岳端所撰。此君颇有才名，虽身为宗室贵族，却引得不少汉人名士与其交朋友。前文中提及的陈于王便是其中之一。

陈于王，字健夫，是安亲王岳乐在平定"三藩"时，从南方带回北京教授宗室子弟读书的饱学之士。岳端在《玉池生稿》诗集中便有多首与陈于王的唱和诗文，其中《过西峰草堂看黄叶赋赠》诗，赞诵隆恩寺山场有黄叶盛景可观赏。诗称"门前水深八九尺，隔城山出两三峰"，西峰草堂地处隆恩寺西部幽隐沟谷中，地势高敞，人迹罕至，现有遗址院落留存。门前有泉水为潭，东望京城，有平坡山、天太山、翠微山相隔，这是西峰草堂在隆恩寺村最真实的写照。而西峰草堂即《燕九竹枝词》里言及的"山斋"。

《玉池生稿》对隆恩寺村景物多有记录，如《题小隐图》《西山道中作》《自题面山楼二首》等。康熙中叶和岳端有交往的汉族文人，也与担任康熙帝侍卫的曹寅多有联系。如孔尚任、蒋景祁、梅藕长、毛奇龄、毛际可等。蒋景祁《瑶华集》卷五载有一首《临江仙》词，即《为曹子清题唐寅美人图》。曹寅，字子清，是曹雪芹的祖父。唐寅即明代画家唐伯虎。证实蒋景祁不仅与孔尚任、陈于王交游来往，而且他与曹寅也相识熟悉。毛际可（字会侯）为曹寅《楝亭集》作序，称："荔轩先生家世通显，为天子近臣，乃被服儒素，黾勉尽职，不涉户外一事。"毛际可还为曹寅作《萱瑞堂记》，岳端与他们也多有诗文唱和。

2014 年，在国图查阅到陈于王著《西峰草堂杂诗》，为清抄本。据抄本序言称："西峰草堂杂诗，宛平陈于王健夫氏著，同学孙勷峩山、王芊秋史合较（校）。"陈于王的这部诗集记录他在西峰草堂居住期间的交往与感受，存诗百余首，诗风清丽劲健。国家图书馆古籍部（北海老馆）存有抄本。王芊（字秋史）也参加过此书的校订。康熙中期岳端《过西峰草堂看黄叶赋赠》诗有其具体指向，而西峰草堂看黄叶胜景之举，正是其后乾隆时期敦诚、敦敏诗中四个黄叶村的来源，所指即隆恩寺旗民村落。曹雪芹挚友张宜泉的《春柳堂诗稿》内有三首诗，分别提到"高斋""春斋""书斋"，记录曹雪芹在隆恩寺著书之事。红学大家周汝昌先生认为"高斋"指的便是曹雪芹的家，老先生曾专门撰写释文，张宜泉《春夜止友家即席分赋》中"友家"即指曹雪芹家（见《中华辞赋》2008 年第 5 期）。这与敦敏《西郊同人游眺兼有所吊》诗中"小园忍泪重回首"的"小园"，指的似乎是同一个地方。

余愚钝，四十多年里经由多部古籍接力襄助，方才对西峰草堂有了全面认知。幸甚至哉！

（作者为北京民间文艺家协会荣誉副主席、
北京市古代建筑研究所原副所长）

这一函二本为什么不为人所知

李宏震

　　在研究过程中，我们偶然发现鲁迅先生在1931年的书账中曾提到，"《百花诗笺谱》一函二本。振铎赠。七月二十三日"。郑振铎先生喜欢四处搜集笺纸，偶然间得到《百花诗笺谱》后，转赠给了鲁迅先生，之后1933年编辑出版的《北平笺谱》也是受其启发而来。

　　这本《百花诗笺谱》究竟长什么模样？为何人所绘制？为什么并不为人所知？几经找寻，一次偶然的机会，我们终于从一位古籍善本拍卖师的手里找到了一套品相不错的《百花诗笺谱》。

　　翻开这套历经百年辗转，已经有些泛黄的《百花诗笺谱》，宛如电影般翻开了一段尘封已久的历史故事。光绪十八年（1892），天津文美斋主人焦书卿邀请津派著名画家张兆祥绘制了《百花诗笺谱》。张兆祥，字和庵，被誉为清末"叶花卉之宗匠"。他自幼学画，工花鸟，曾受聘于清代宫廷如意馆，兼采郎世宁等宫廷画师的西画方法。张兆祥所绘百花，将国画中的没骨画法和西洋画法中的光影技法、照相术相结合，构图更加巧妙，色彩工致清丽，所绘花卉立体自然，又彰显富贵祥和之气。

　　宣统三年（1911），焦书卿不惜成本，以加料宣纸，采用传统木版水印套色技法，才将《百花诗笺谱》一函二册刊行完成，可惜当时张兆祥已经去世三年了。

整套《百花诗笺谱》，雕刻线条细腻，套色精准，将张兆祥所绘花瓣的晕染以及叶片的茎络线条都表现得淋漓尽致。卷首还邀请了桐城派名士张祖翼题写"文美斋诗笺谱"并亲自撰写序文。《百花诗笺谱》一经刊行就被各界公认为绘、刻、印俱佳之作，开创了一代新风。

与古笺谱辉煌时代的作品——明代吴发祥的《萝轩变古笺谱》和胡正言的《十竹斋笺谱》相比，《百花诗笺谱》并不及它们精巧雅致。但其百花题材与现代人的距离更为亲近，一幅幅美丽的图画犹如照片下鲜活的花卉，生机盎然。可惜受时代的影响，清末制笺渐呈衰颓之势，战乱之间文美斋也不复存在。《百花诗笺谱》遗落在历史长河中，成为中国古笺谱最后的吟唱。

所以我们拿到这本古籍后萌生出两个想法：一方面，我们想以新的表现形式展示《百花诗笺谱》，不让这颗沧海遗珠继续蒙尘。另一方面，《百花诗笺谱》有花而无诗，也没有指明每朵花的名字和含义，我们希望帮这些花卉找到归属，重新寻找属于它们的文化故事。这正是我们创作《你好，中国花语》这本书的初衷。

在对这些花考证的过程中，我们发现一个问题。如今对于花的理解，多来自西方花语，比如情人节要送玫瑰，母亲节要送康乃馨。但这些都是不折不扣的西方舶来品，并且多数是近代商业营销的推动结果。用这些含义代入情景去理解中国人关于花的认知，会发现非常奇怪，甚至是荒谬的。

早在几千年前，我们的祖先就已经对花有深刻的解读，他们对花的鉴赏力和想象力远远比现代人更加丰富细腻。所以我们从《百花诗笺谱》中选取了 90 朵花卉作为插图，按照春华、夏炽、秋实、冬雪四季划分来介绍它们所代表的花语。历时两年多的时间，翻阅了大量古代文献资料，寻找关于花的名字来历、典故传说和民间故事的记载，并加入关于花的诗词，从而了解古人的花语评定。

中国花语所传递的是从古至今沿袭下来中国人的精神品质。就像射干象征志存高远，蜀葵代表赤胆忠心，紫荆预示兄弟和睦。做人要学凌霄花，坚韧勇敢，迎着太阳不停向上攀爬。种花要种扁豆花，不起眼却有烟火气，有扁豆花就有篱笆院落，有了篱笆院落也便有了家。

在中国花语中，玫瑰并不代表爱情。因其茎上布满刺，耐寒又抗旱，性格坚韧，生命力顽强，所以古人以刺客称之，形容玫瑰是有侠客之风的豪者。而真正象征爱情的是牵牛花，因其在七夕前后开得最盛，牵牛花又是牵牛星的化身，多以牵牛花比喻七夕牛郎织女相会。中国的母亲花也不是康乃馨，而是萱草花。古代萱草一定要种在母亲住的北堂前，母亲看到萱草花，便会减轻对远行儿子的思念，忘却烦忧。

作为一本跨越百年的古籍，《百花诗笺谱》其美不止于张兆祥所绘的花色激滟，不止于木版水印的精湛绝伦。它是一段历史的见证，是传统文化的流转传承。

鲁迅先生曾说："镂像于木，印于素纸，以行远而及众，盖实始于中国。"无论是木版水印的精美笺纸，还是底蕴深厚的中国花语，一切本源于中国传统文化的智慧和美，都不该被遗忘。

（作者为文化学者）

"鬼市"淘宝《十三经注疏》

纪从周

高温酷暑，再学习儒家经典，倏然想起刘建业老师曾在北京潘家园旧货市场（民间俗称"鬼市"）淘宝，并喜获明万历年刊印的《十三经注疏》的往事。

《十三经注疏》是《周易》《尚书》《毛诗》《周礼》《仪礼》《礼记》《春秋左传》《春秋公羊传》《春秋穀梁传》《论语》《孝经》《尔雅》《孟子》等十三部儒家经典的注疏（即十三部经典的注解和解释注解的文字合称）。

刘建业老师介绍说，《十三经注疏》最早出现在唐代，但版本早就不见了。现在中国国家博物馆仅存有一部宋、元、明的递修本。而文献上称为"北监本"的《十三经注疏》，就是明万历年精刻的三百三十三卷本的古籍善本，究竟流传于民间何处，无人知晓。

那天清晨，天还没亮，刘建业就照例奔向了潘家园旧货市场。那时，他有双休日逛"鬼市"的习惯。虽然清晨之际许多人还在睡梦中，但"鬼市"上已是人影晃动了。古玩、字画、旧书，真真假假，珍品赝品混杂其中，吸引着不同肤色、不同地位、不同职业、不同年龄的收藏爱好者。

刘建业是这人群中的一个。收藏圈的不少人都认识他，知道他鉴赏文物独具慧眼。所以大凡他驻足的地方，都有人悄悄地跟在后面。他说，那天他逛了个把小时，就要失望而归的时候，一个摊位上两摞发黄的线装书映进了他的眼帘。俯身一看，书皮上那浅蓝色的版签使他怦然心动——这不是明代古籍特有的版签吗？外粗里细的黑线框住以标准仿宋字体写的书名——《十三经注疏》。

如果这两摞书没有造假，那可是稀世珍宝！他发现每一页的书口（专业术语称书页的边端为"书口"）都醒目地印着"万历十四年刊"。而每一册书的第一页，都盖着"礼部之印"的方形印记。其中一册书的卷首，还用朱笔工整地书写着"乾隆四十三年，岁在著雍阉茂六月十六日，用汲古阁本校起"字样。刘建业明白，"著雍阉茂"是乾隆四十三年（1778）的干支纪年，是"戊戌"的又一称法。他心花怒放：这是清朝初期礼部的藏书，存世极少，能流传至今至此，是幸运之神光顾了他。翻点一番，共十九册六十五卷。

农民装束的货主要价 8000 元。他清楚，这十九本线装书的身价远非 8000 元，可见货主并不识货，不过"漫天要价"罢了。但他一工薪阶层，如此巨额委实掏不出来。但机不可失，遂坦诚地与货主商量，他是文人，特别喜欢这套书，说着将身上一千多元甚至连一两毛的零票都倾囊掏出。货主见他诚心诚意地买，并非那种二道贩子，也就同意了。刘建业长吁一口气，这才掏出手帕擦额头上的汗珠——料峭寒风中他居然激动得全身冒汗。

就在他付完钱准备离去的时候，有人非要出高价让他转卖，被他婉言谢绝。抱着两摞发黄的线装书，刘建业这才想起兜里一分钱都不剩了。别说打车，就连公共汽车都不能坐了，只好抱书步行回家。抱着沉甸甸的两摞书走了十公里，累得满头大汗！但得到无价之宝《十三经注疏》，再累也值！

当时我闻讯而至，看到十九册书中多册都夹着若干小纸条。见我满脸疑色，他解释道，《十三经注疏》曾是他熟读的古籍之一，但这种明万历版，当时就印数不多，后在清嘉庆年之前书版就毁绝了。其珍贵之处还在于，这十九册书曾是清代礼部的藏书，不但有与明汲古阁本对照的朱记，同时还有当时校对人的年代（乾隆四十三年）的记载。所以一拿回家，他就迫不及待地翻阅起来，阅到感触深的地方就夹一纸条。

两摞旧书的价值知多少？刘建业说，当然它远远超过货主开始的要价8000元，但他眼里看到的并不是它能倒卖多少钱，而是看重它的文物价值和学术价值。万历版的《十三经注疏》也许还有在民间流传的，但这部经过朱笔校对又钤着"礼部之印"的藏本，恐怕是世间唯此一部了。

如今，二十多年过去了，刘建业老师还收藏着这套宝贝吗？对方不仅马上回复，而且拍照传给我看，并再次说明："此书始刊于万历十六年，到二十一年刊成。清礼部藏书，乾隆间校对。凡校对须改动处均用红笔描出。"

（作者为作家）

古书上的"九鼎图"

徐永清

　　夏、商、周三代，人类的生产活动空间迅速扩大，人们不但要熟悉周围的自然环境，还要了解遥远地域的地理状况。《左传》《史记》《汉书》等大量古代书籍记载，夏代的大禹，划天下为九州岛，令九州岛牧贡献青铜铸造九鼎，九鼎即冀州鼎、兖州鼎、青州鼎、徐州鼎、扬州鼎、荆州鼎、豫州鼎、梁州鼎、雍州鼎。其中豫州鼎为中央大鼎，象征中枢。大禹"铸九鼎，象九州"，将各州名山大川、形胜之地、奇异之物，图绘铸刻于鼎上，这也标志着反映九州岛地理状况的《九鼎图》应运而生。

　　历史上夏禹所铸九鼎实物失传而不得见，但当时的采、冶、铸铜技术，已被考古学家证实，与夏代时间相符的二里头考古遗址出土的青铜鼎相似。两千多年来，很多古代文献记载铸于九鼎之上的《九鼎图》，并非子虚乌有的传说，而可能是接近真实的史实。

　　九鼎上无疑铸有图形，即《九鼎图》，这些图形到底是什么样的？九鼎早就消失不见，已经无法用实物求证。幸运的是，我们还能从古代书籍上的图文窥其端倪。

　　公元前 403 年至公元前 386 年间的编年体史书《左传》，最早记载九鼎之图。《左传·襄公四年》记载，西周初年的太史辛甲，称大禹绘制的九州之图绘有山川、地形、怪兽、植物、神鬼等形象，用于标定国界，指导农牧人、远行者、狩猎者了解各州的自然环境、道路、野兽。战国时期的《吕氏春秋》一书中，吕不韦及其门下宾客，对九鼎"神灵奇怪之所际"的部分图像做过具体描述。明代文学家杨慎的《升庵集》刊有《山海经后序》，认为《九鼎图》是《山海经》的古图，《山海经》是禹铸九鼎遗传的地图。杨慎描述了《九鼎图》的内容："鼎之象则取远方之图，山之奇、水之奇、草之奇、木之奇、禽之奇、兽之奇……盖其经而可守者具在《禹贡》，奇而不法者则备在九鼎。"清代乾隆嘉庆时期的封疆大吏、学者毕沅在其所撰《山海经新校正序》中指出：《九鼎图》的内容为土地山川、神灵奇怪，观其图，可以周知九州的地域，土地面积的范围多少，山川、丘陵、沼泽、平原的物产。

明代嘉靖十九年（1540），礼部郎中王希旦撰《大禹九鼎图述》一书。王希旦在书中说，正德年间（1510 年前后），他宦游过楚，在遇到的一位异人那里，见到了上古器物图像《夏鼎九图》，手摹之后，秘藏三十多年才出之示人。《大禹九鼎图述》的制图年代已无从可考，从图中所绘图象及图说来看，很多地理信息与《尚书·禹贡》的文字相仿。《禹贡》著书时间有周初、战国、汉初几种说法。所以，这一套《大禹九鼎图述》，可推测为汉代至明初之间的地图作品。

《大禹九鼎图述》绘九幅鼎图，即《洛书鼎图》(绘洛书河图),《乾象鼎图》(绘天文分野二十八星宿),《九河鼎图》(绘徒骇河、太史河、马颊河、覆釜河、胡苏河、简河、锜磐河、絜河、鬲津河),《九州鼎图》(绘雍州、冀州、梁州、豫州、兖州、青州、荆州、扬州、徐州)，

《五岳四渎鼎图》(绘恒山、嵩山、泰山、华山、衡山、黄河、济水、长江、淮河),《九穀鼎图》(绘"九穀"即九谷)、《天乔汇祥鼎图》(绘出六种花卉),《异物灵汇鼎图》(绘出六个灵异怪物),《飞走肇瑞鼎图》(绘出七个祥瑞图像),每一幅图上,都有王希旦所撰图说即"榜题"。

总之,我们从古代旧籍描述和著录的《九鼎图》,可以发现先秦时代的地理思想、舆图制作,地图上的茫茫禹迹、浩浩九州,留下千百年来中国舆图的发展轨迹。

（作者为中国测绘学会边海地图工作委员会副主任委员、

《地图研究》集刊主编）

用"版刻""古文""读本"串起古文

陈平原

　　比起品鉴诗、词、曲及小说来，"文"的研习更为基本，难度也更大。一百多年前，白话文的提倡者喜欢批评传统中国言文分离，可正是中国文字的这个特点，使得大一统的局面得以长期存在，也使得中国读书人经过一定的训练，就能壁立千仞、思接千载，直接阅读秦汉唐宋文章。这在人类文明史上是很特殊的。

　　面对你不熟悉的古人文章，需要的不是知识，而是趣味与能力。换句话说，关键不在"背"，而在"读"——这里的"读"，包括诵读与品鉴，也包括句读。拿起一篇不太艰涩的古文，能读得断（至于是句是读，可不计较），就能大致理解。这种能力，对于读古书的人来说是必需的。据说黄侃先生传授自家读书经验以及训练弟子，圈点书籍是第一步，也是最为关键的。今日中国学界，即使是中文系教授，也没几个人像黄侃要求的圈读过全部"十三经"。但作为一种训练方式，圈点白文古书，依旧非常有效。

　　学习传统中国文化，阅读专家的整理本及注释本，当然是必要的。很多艰深的著作，普通读者根本读不进去，这个时候，确实需要有人引路。可如果连《唐诗三百首》《古文观止》也都做成白话译本，我以为是不必要的。对中国文史有兴趣的读者，应努力养成直面古书的习惯。没错，最初时障碍如山，但凭借已有的知识积累硬闯进去，读懂多少算多少，那样会很有收获。一旦拿得起古书，你就会发现，白话翻译不解决问题，因为很多时候，表达方式本身就意味无穷。

在一般读者视野中，与古文退场相一致的，是版刻及线装书的日渐消失。对于中国人来说，版刻（及线装书）的美，值得永远缅怀，且并非遥不可及。书籍作为一种出版形式，兼及物质文化与精神文化，而让今天中国非专业的读者也能接触某些版刻书籍——尽管只是片段，我以为是有意义的。宋元明清的版刻，各有其独特美感，本书尽可能兼及内容与形式，让初学者能尝鼎一脔。

与其大谈博大精深或玄而又玄的"国学"，不如学会读古书。看教育部推荐课外阅读篇目，第一类"文化经典著作，如《论语》《孟子》《老子》《庄子》《史记》等"，我实在有点担心。不知道有几个中学生通读过《庄子》或《史记》，甚至就连文史专业的大学生、研究生，也都未必能达到此标准。而细读好的古文选本，领略其中滋味，并借此掌握阅读古书的基本知识，这就够了。

我承认自己深受五四新文化影响，对古文的理解与姚鼐不同，编起"古文读本"来，也与吴汝纶有异。简要地说，本书的选文趣味如下：少替先贤立论，多讲自家感受；少经天纬地，多日用人生；少独尊儒术，多百科知识。基于此立场，本书选文二十则，大力压缩先秦至六朝文，凸显历来不被看好的明清之文；至于唐宋文章，略有拓展，只是重点有所转移。

虽然写过《中国散文小说史》《从文人之文到学者之文——明清

散文研究》，编过《中国散文选》，也在北京大学中文系开设过相关课程，但用"版刻""古文""读本"，串联起我所理解的亲近中国书籍及古代文章的途径，还只是初步尝试。

（作者为北京大学教授）

古人笔下"声律"诗意之美

黄红英

　　《声律启蒙》是清代康熙年间进士车万育所编的一本启蒙读物，蕴含无尽宝藏，不愧是国学经典之作。这本书看上去薄薄的一百多页，却韵味无穷，我读了很久，一直到现在，仍觉着尚未读完。

　　翻开这本书，读着读着，便感觉到一种无法言喻的美。若山泉般流淌的文字之美，似天籁般回响的音韵之美，深深地触动着我的心弦。联中所选的景物如国画般美不胜收，所呈现的意境之美，让人浮想联翩。全文通过工整的对仗，引领着我们走进文字的音韵世界，感受对仗之绝妙。扉页上的简介写到，这本书是"古代让孩童学习作诗对句、掌握声韵格律的启蒙读物"。对于我们这些从小未曾接受声韵启蒙的人而言，若想了解一些有关古诗对句之类的基础知识，这本《声律启蒙》倒是不错的选择。至少，从中我们可以了解一些关于平水韵的"上平"与"下平"的知识，学习古人在寻常生活中撷取一片诗意。书中即使是最简单的对仗，从物象的选择上也十分讲究，让人读了便能感受到其中的意境之美。

　　本书分为上下两卷。上卷从上平的"一东"开篇，至"十五删"收尾；下卷从下平的"一先"开始，至"十五咸"结束。其内容着实丰富，从中可了解古代名人，包括一些帝王的故事；能认识一些常见的动植物，甚至还有一些中草药；还可认识自然天气，感受四季的轮回。认识世界，学习声韵，感悟生活之美，正如扉页上所介绍的那样："从单字到双字，从三、五、七字到十一字对，诗词声调和谐、朗朗上口，读来如同唱歌。内容包罗天文地理，花木鸟兽，还融入大量神话传说和历史故事。"

翻开正文内容，第一部分便是上平"一东"声韵的对子。"云对雨，雪对风，晚照对晴空。来鸿对去燕，宿鸟对鸣虫。"不过是一个字或两个字的对子，选取了自然物象，孩子们通过这些对子，就能了解到自然界中的一些现象，感悟这些物象在文字中的对应关系。读着"晚照"这个词语，夕阳即将西沉的壮丽美景，夕阳的余晖洒落在江上、海上或山林中的情景便会浮现于我的脑海中。读过的诗句，如"半江瑟瑟半江红""山山唯落晖""长河落日圆"等句子也纷纷涌上心头，这些诗句向我们展现出晚照的极致之美。读着"来鸿""去燕"，我总会想着，是春日从北方归来的微雨双飞燕，还是秋风中往南飞的鸿雁？无论怎样的季节，都能让人想象出一种诗意之美。而"宿鸟""鸣虫"，让我感受到的则是宁静的夜晚，无论是夏夜或是秋夜，无论是蒙蒙细雨之夜，还是皓月当空的夜晚，都充满着一种静谧之美。

"两岸晓烟杨柳绿，一园春雨杏花红。""半溪流水绿，千树落花红。"这些对句只寥寥几个字，却细致地描绘出春天的蓬勃景象，充满着诗情画意。在这本书中，像这样的佳句比比皆是，不禁再次感叹古人的智慧和中华经典著作的美妙。遥想古代那些文人墨客，他们从小就在这种美的熏陶下成长，难怪他们的心思是那般细腻，从生活中所见的一草一木、一花一叶中都能捕捉到最美的诗意。在他们的眼中，世间万物皆是美景，皆有值得他们吟咏的诗情。

"颜巷陋，阮途穷。""梁帝讲经同泰寺，汉皇置酒未央宫。"这些对句中，有普通人颜回、阮籍的故事，也有梁帝、汉皇等顶层人物的生活写照。"冀北对辽东"亦能让人了解到地理方位。从"女子眉纤，额下现一弯新月；男儿气壮，胸中吐万丈长虹"这些对句中，既能体会到女儿的柔情缠绵，又能品味男儿的壮志豪情。

以上仅仅是"一东"的一部分内容，便足以让人展开想象，体会古人的诗意生活。虽然后面的对句大体类似，但所选的物象各异，所绘的美景不同，所讲的故事也各有特色。只要有时间去翻阅，细细品读，每次都会有不一样的收获。

在我看来，《声律启蒙》不仅是一本启蒙读物，更是一部传承中华传统文化的经典之作。生活的诗意并不一定都在远方，其实也在书中，在我们的身边。我们不妨停下生活中的匆匆脚步，翻开经典，去感受古人的智慧，感受他们笔下的诗意之美。

（作者为藏书爱好者）

半部《老残游记》的传奇

喻 军

晚清四大谴责小说中，个人尤喜《老残游记》，不足十八万字的篇幅（残缺不全），比之动辄四十余万字乃至百万字上下的另三部小说，不啻为最精简的一本。当然字数少只是一方面，更为重要的是，刘鹗非职业作家出身，而且一辈子也仅此半部小说，却被公认为创作水平迥出同时代诸多作家，在四大谴责小说中亦属成就突出。当年的刘鹗，是实打实的水利专家、数学家、收藏家和实业家，后以小说家名世，实属无心插柳柳成荫。

刘鹗写这部小说纯属偶然：1903年，刘鹗有位密友落难逃往上海，此人生性耿介，要面子，不肯受人财货资助。刘鹗一心帮其纾困解难，遂写《老残游记》，所得稿酬悉数馈赠。刘鹗虽忙，却每晚写上数页，于次日一早誊录后送去报刊连载。写作过程中，不乏中断、续写的曲折过程。由于曾在不同报刊连载，未出单行本，部分稿件遗佚难寻，这便是前文所提"残缺不全"的由来。

这是一部怎样的小说呢？个人以为系借老残之游历为线索，通过小说中的人物（均有生活原型）如高绍殷、姚云松、刘仁甫、王子谨等，对晚清时局、政经、民生诸命题逆世斯吐，发为心声。主人公"老残"含"抱残守缺"之意，是此时刘鹗事业受挫、悲鸣自况的心理折射。此稿充满对社会人生的思考，文字力透纸背、异常老辣，而且语言独特，令人耳目一新。胡适认为《老残游记》"无论写人写景，作者都不肯用套语滥调，总想熔铸新词，作实地的描写，在这一点上，这部书可算是前无古人了"。

基于此，每当我们评析《老残游记》的内在经纬，便不能不略费些笔墨，与刘鹗的现实人生做一观照。由于刘鹗的遭际太过跌宕，经历太过丰富，本文只以"经世""济世"和"传世"作为话题的切入点。

先谈"经世"。刘鹗父亲刘成忠与李鸿章同科进士，在河南为官数十年，主要干了一件事：治黄。刘鹗受其影响，科举落第后始攻河工之术。1887年，郑州、开封黄河决堤，各县受灾严重，清廷遂派广东巡抚吴大澂前往救急。此时，三十一岁的刘鹗赴河南拜见吴大澂，提出"筑堤、束水、攻沙"之策，被吴大澂留置处理河务。刘鹗不仅能干，还勤于著述，写了《勾股天元草》《弧角三术》《治河七说》《历代黄河变迁图考》等著作。中年刘鹗受洋务运动影响，热衷于"实业救国"，所创办的企业跨公用、矿业、筑路、烟草、肥料、食盐、商埠、新闻、书局等行业，成为当年首屈一指的大实业家。虽然他有鸟瞰全局的眼光和一腔古厚的家国情怀，希图通过办实业"以养天下之困"，但由于摊子铺得太开，布局还有些超前，在企业管理方面所用非人，更兼内外挤压、不察大环境确然之变数，最终以失败告终。

再说"济世"。刘鹗一生浓墨重彩的一节，无疑是"京城赈灾"。庚子年（1900）七月，八国联军攻陷北京，慈禧太后携光绪帝仓皇出逃。京城一时粮米断绝，饿殍满地。刘鹗时在上海，但他心忧黎元，变卖家产凑银五千两、筹借七千两呈送救济部门。考虑到各国分兵驻防，运输多有不便，刘鹗遂改穿洋装，亲率二十余人北上赈灾。他用捐款购买大量粮米运抵京城，不发国难财，只按平价售卖，平抑了京城的米价……可谁曾想，他的善举非但没有得到褒奖，却因所谓"私购、盗卖仓米""垄断矿利"等莫须有罪名遭捕。事件背后的操纵者，即曾与刘鹗共事而结下梁子的袁世凯。刘鹗一生积累，尽数充公，还被流放新疆。次年脑出血突发，死于乌鲁木齐戍所。

刘鹗作为商人，其行事风格或有乘时取便的一面，这里，我们不依于传闻而拟其是非，但遭此构陷以至身死，不免令人瞠目。

倘对上述内容作一时间梳理，则不难发现其中的经纬：洋务运动发生在 19 世纪 60 年代至 90 年代，刘鹗经商由盛而衰也处此区间；刘鹗去京城赈灾发生在 1900 年、1901 年，1908 年获罪遭流放，而《老残游记》写于 1903 年至 1906 年，这便构成小说创作的大体背景。刘鹗虽非职业作家，但他波澜壮阔的人生阅历，非一般作家能望其项背，故其运意状物、描摹世态均入木三分；加之创作思路较少羁绊，一下笔即带有强烈的个性特征，正可谓出手不凡，"无意于佳乃佳"。

鲁迅评价《老残游记》说："历记其言论闻见，叙景状物，时有可观。作者信仰，并见于内"；"揭发伏藏，显其弊恶……严加纠弹"（《中国小说史略》）。个人以为，这部小说也是刘鹗"经世""济世"理想破灭后，感时悲世，于不经意间写出的"传世"之作，成为近代文学史令人惊鸿一瞥的传奇。

（作者为作家、文化研究者）

"戏曲遗珠"的来源和出版

马文大

首都图书馆馆藏的戏曲抄本总集《清蒙古车王府藏曲本》（以下简称《曲本》），是清代北京车王府收藏的戏曲、曲艺手抄本的总称，卷帙浩繁，内容宏富。戏曲包括昆曲、乱弹、弋阳腔、吹腔、西腔、秦腔及木偶戏、皮影戏等；曲艺包括鼓词、子弟书、杂曲三大类，内含说唱鼓词、子弟书、快书、牌子曲、岔曲、莲花落、时调小曲等曲艺形式，时调小曲中又有马头调、叹十声、湖广调、南园调、鲜花调、乐亭调等曲调。曲本中作品取材广泛，有商周以来的历史故事和传说，也有根据古典文学名著改编、敷演的剧本，不少曲艺作品对当时的社会生活、风土人情有大量描绘，内容极其丰富。已故著名戏曲艺术家欧阳予倩誉之为"中国近代旧剧的结晶，于艺术上极有价值"。

顾颉刚先生整理分类

这部戏曲曲艺宝藏的发现是在 1925 年的夏天。据琉璃厂的雷梦水先生在《学林漫步》第九辑中讲道，当时孔德学校的图书馆馆长马隅卿先生和著名学者刘半农先生，致力于收藏小说戏曲方面的旧籍，而琉璃厂东口宏远堂赵氏向他们推荐，"西晓市"有售卖自北京一个蒙古车姓王爷的府内流散出来的大宗戏曲小说。崇文门外"西晓市"就相当于现在的北京古玩城潘家园市场的"晓市"，都是贩卖者在拂晓时分进行古旧文物与书籍交易的场所。马隅卿先生在《孔德月刊》上说："这一批曲本，是十四年的暑假之前，买蒙古车王府大宗小说戏曲时附带得来的，通体虽是俗手抄录，然而几百几千种聚在一起，一时亦不易搜罗；并且有许多种，据说现在已经失传了。十五年暑假中，承顾颉刚先生整理，编成分类目录。最近因各方索问者众，爰在本月刊分两期发表。"（《孔德月刊》1927 年 1 月）

孔德学校是北京大学蔡元培先生为安置北大教工子弟而倡议成立的学校，马隅卿先生主持教务期间购买了大批小说戏曲方面的珍贵旧籍，后来都转入首都图书馆收藏。《曲本》购买了两批，第一批入北京大学收藏，第二批入藏孔德学校图书馆，后来转入首都图书馆收藏。

车王府曲本第一批一百五十二函二千一百五十四册，其中戏曲七百八十三种，曲艺六百六十二种，共一千四百四十五种，大部分是原抄本，仅有刻本数种，署京都泰山堂、宝文堂刻本，现藏于北京大学图书馆，顾颉刚先生曾整理目录发表在 1927 年 1 月的《孔德月刊》上；第二批二百三十种二千三百六十册，与孔德学校的其他藏书一起归入首都图书馆。同一来源的戏曲曲本宝藏无意间被拆分两处，不利于研究和利用，首都图书馆和北京大学图书馆都希望曲本成为全璧。首都图书馆历来以收藏戏曲文献著称，所以对补全曲本尤其重视。20 世纪 60 年代初首都图书馆与北大图书馆达成协议，安排人员互相抄补缺少的部分。经过这次抄补，首都图书馆成为车王府曲本收藏最多的单位。

第一批曲本在中山大学还有一份抄录本。顾颉刚先生在整理目录后不久离开北京大学，转而南下厦门、广州，任教于中山大学。他派人将第一批曲本录得全份，这就是后来中山大学所藏《曲本》的由来。

《民俗月刊》第 45 期（1929 年 4 月）曾记载此事，也刊登了简目。但是后来我们核对中山大学、北京大学和首都图书馆的曲本目录，却发现中山大学比北京大学、首都图书馆的曲本还要多出些许，尤其是同名剧，北京大学、首都图书馆只有一种，而中山大学是两种，不知当时的抄录情况如何，时隔几十年已很难考证。

除了这两批大宗曲本藏本之外，间有少量曲本流散于它处，如"碧蕖馆""双红室文库"以及台湾"中研院历史语言研究所"等处所藏曲本中，曾偶见原车王府藏本，但为数不多。傅惜华先生"碧蕖馆"所藏二十种曲本，我们经过比对，发现与北京大学、首都图书馆的藏本存在差异，是否即是车王府故物，尚有争议。

"沧海遗珠光照眼"

20 世纪 90 年代初，北京市民委的马熙运先生经常到馆查阅《曲本》中的子弟书，馆里安排对曲本做了调研，当时的馆长冯秉文先生建议整理出版《曲本》，于是成立四人小组，开始整理编辑出版工作。我们的整理工作包括分类排序，编辑目录、索引，咨询专家，联系印制，校对修订，下厂监制，出版发布等。

戏曲文献的编辑工作专业性很强，我们组建了专家团队作为编辑顾问，当时邀请了著名戏曲作家、理论家翁偶虹先生，故宫博物院的朱家溍先生，中山大学的王季思先生，山东大学的关德栋先生，中国社会科学院的吴晓铃先生、吴祖光先生等老一辈专家学者，以及北方昆曲剧院的老艺术家侯玉山、中国艺术研究院的李翔仲先生、戏曲研究所的马少波所长等。这些老专家和老艺术家听说我们要整理出版《曲本》都非常支持，认为是功德无量的大好事。

我们多次上门请教几位专家。朱家溍先生因为离首都图书馆比较近，经常自己骑车来和我们一起给《曲本》的剧曲种做鉴定。这套《曲本》整理出版时的书名，就是翁偶虹和朱家溍等先生提出的。在馆藏卡片目录著录里这套曲本就叫《车王府曲本》，他们认为没有体现出时代特征。最后和专家协商，一致同意定名为《清蒙古车王府藏曲本》，既表明了曲本的时代特征，也揭示了收藏者蒙古王爷的身份。

1988 年我们到中山大学向王季思先生请教。王季思先生热情赞扬了我们的整理工作，说南方人搞京剧研究不如北方人，并欣然承诺为这套书作序。序是他的弟子王建执笔写的草稿，后来王先生在稿子上加上了"比之安阳甲骨、敦煌文书，它发现较迟，受人注意较少。但也正因为如此，它有点像初露矿苗的矿藏、未被开垦的处女地，开发前景必将更为可观"等语，高度肯定了这部《曲本》的价值和地位。

翁偶虹先生家里我们也去过多次，每次拿着大摞的《曲本》去请教，哪些是高腔唱本，哪些是昆曲唱本。很多戏曲唱本中既有京腔，也有高腔，有的还有昆曲曲牌，朱家溍先生将之定义为清中晚期出现的"昆乱不挡"时期的"乱弹"。我们决定遵循朱老的建议，不用京剧的名称，改称此类为"乱弹"，以反映京剧在北京的发展与演变过程。

书即将出版的时候，我们请翁偶虹先生题词，翁先生欣然作诗一首："车王嗜曲广搜求，铁网珊瑚历历收。沧海遗珠光照眼，灿然骇嘱溯源头。"

成为首图古籍书库镇库宝藏

此书由我们首都图书馆与北京古籍出版社联合出版，在上海古籍印刷厂印刷。我们要把整理成册的稿件发往上海，经印刷厂制片打样出来后，我们再派人到厂校对稿件。因为稿件数量庞大，工作时间很长。当时是按两个人一组，轮流在上海古籍印刷厂校对，一个月轮换一次，年节都在上海住，这样前后持续了近一年，终于完成。

《清蒙古车王府藏曲本》影印本每套共三百一十五函一千六百六十一册。为了便于检索，我们编制了剧曲目目录和笔画索引、音序索引，与专家学者的题词合为第一函。写来题词的名人包括王任重、刘澜涛、王光英、耿飚、程思远等，溥杰先生为本书题写了书名、书签。著名篆刻家骆芃芃女士为曲本的出版篆刻了"首都图书馆珍藏"的印章，原石尺寸为 5 厘米×5 厘米。该印章钤于 1990 年首都图书馆和北京古籍出版社联合出版的《清蒙古车王府藏曲本》的函套书签上。

1990 年《清蒙古车王府藏曲本》影印出版后在人民大会堂举办了隆重的首发式，由北京出版社和首都图书馆联合主办。为本书题词的名人和专家学者基本参加了首发式，盛况空前。当时首都图书馆并没有图书出版的费用，是委托中国图书进出口公司外文部赵旸主任等帮助预售，中图公司预先支付了三套图书的书款，此书才得以顺利印制出版。后来中图公司又委托日本丸善图书公司在日本独家发行。此书的出版给首都图书馆创造了巨大的经济效益和社会效益，从此，首都图书馆在国内外图书馆界率先走出了一条文献整理、开发的新路。

《清蒙古车王府藏曲本》出版后，相关学者对于此书的研究逐渐多了起来，学界基本确定车王爷是蒙古的车林巴步，住北京东四三条，后来家道衰落，变卖了家中的《曲本》。此书的成书大约在清代道光至光绪年间，产生于中国昆曲艺术逐渐衰落、各地方戏曲兴起的演变时期，是研究近百年中国戏曲与说唱艺术的珍贵史料，也是研究清代王朝由盛转衰时期的民情、风俗、民族关系、宗教信仰等方面的珍贵资料。就京剧而言，早期形成过程中的剧目已大多失传；就弋阳腔而言，国内能演唱者屈指可数。当时我们采访请教侯玉山先生，老先生已经九十八岁高龄了，仍然可以拿着我们带去的曲本把高腔唱出来，并且告诉我们哪些已经失传了。此书收录的剧目，体现了"昆乱不挡"时期的演变过程，并保留着几十种已失传的弋阳腔剧目。《清蒙古车王府藏曲本》作品语言丰富，保留了很多当时流行的方言，文学艺术价值很高。

1913 年建馆之初，秉持鲁迅先生"启迪民智"的宗旨，馆藏以收录大量通俗小说、戏曲为特色，逐步形成颇具规模的特藏。如今，《清蒙古车王府藏曲本》影印本入藏海内外各大学术机构，成为研究中国戏曲曲艺的文献宝库，越来越多地得到广大专家学者的重视和研究利用。这批丰富的藏书，也成为首都图书馆古籍书库的镇库宝藏！

（作者为首都图书馆北京地方文献中心原主任、研究馆员）

在京都书店寻得半部《杜诗详注》

李小龙

  日本紫阳书院是早就闻知大名且一直想去拜访的一家书店，只是其地理位置远而且偏，便总没有被提上日程。趁着京都召开夏季古本祭（旧书节），加之从网上看到一位京都大学的中国女留学生记录去年夏季书市情况的博文，说此书店的主人很懂行，收藏有不少中国古籍，我便心向往之。

  那天，正是京都最闷热难熬的时候。我骑车一路狂奔，一个多小时才到达书市。放下车进到园内就已经汗如雨下了。由于走得急，身上既没有手帕也没有纸巾，实在狼狈，只好用衣服来擦汗。就这样撩着衣襟擦着汗找到了紫阳书院的摊位，却大失所望——紫阳书院虽然参加了这次书市，但一本线装书也没带来。

  过了一个多月，我终于下了决心，还是到紫阳书院的店里去一趟吧。于是按照古书店的示意图认路而行，迂回曲折，终于找到了。

  如日本大多数旧书店一样，虽然店面不大，但书很多，而且绝大部分书与中国有关，凡是中文书基本都是大陆出版的，其中有一些在国内绝版了，还有一些港台出版的，但价格都翻了数倍。

  我看到书店的一角堆着一些线装古籍，便把压在上面的书一本本挪开，想看看究竟。没想到一位女店员忙来阻止，她不会英文，我不会日语，两人实在无法交流，只好鸡同鸭讲地乱比画。虽然我不是很明白，但大体知道她的意思是这些书不卖，却不知为何不卖。我又在另一个角落看到唐本，她依然表示不卖，我问了好几处的书都是如此。办书店却不卖书，这是什么道理，真有些气闷。我想表明我的想法，便拿出纸来写给她看，因为她认识一些汉字，也找了张纸，给我写了几个字"主人不在"。我这才明白她不卖的原因，原来这些古籍都没写定价，而她作为一名店员，是不知道店主要卖多少钱的。我问她店主何时能回来，她说半小时，我觉得时间在可接受范围内，便决定等他。所幸半小时之内，店主回来了。

店主人也不太会说英语，但我们倒是可以交流。我要求看看那些线装书，他同意了。先看一小摞书，打开后是《杜诗详注》，扉页上写着"进呈原本"，似乎是康熙年间的原刻本，但书名后有"大文堂藏板"的字样，应是道光年间江西大文堂的后印本。书有八册，品相挺好。店主用手比画说缺了些页数。我问了下价格，确实颇高。

《杜诗详注》下压了另一套书，看上去也是开本阔大，品相不错，打开后原来是一套《左传》，上面还有不少批注，很可能是京都大学教授的藏书。不过，应当缺了不少页。店主翻了翻书，竟写出这套书所缺的鲁国国君的谥号，确实令人佩服！

我又请店主把角落那一堆书帮我腾挪了出来，翻开一看，扁扁的字体和密密的版式，是汲古阁刻十七史中的几种，真是意外。以前，汲古阁本不过是俗本、坊本、通行本，可现在也变得稀如星凤了。此前只在图书馆里看过，所以还是很想买一套。我清点了一下，大概有

《旧五代史》《南史》《北史》等数种，而且都是全的。

这时，店主又拿来纸笔写字，写的竟然是"明刻，毛晋汲古阁本……"并且还指着印章给我看。当问到这几部书的价格时，店主嘟囔着却并不报价，看来他不想出售。

我又翻开了很多的线装书堆，都没找到想要的《唐诗别裁集》，只好写下书名给店主看，店主摇摇头。

从紫阳书院出来，在骑车回家的路上，我心里美滋滋的，虽然没有找到《唐诗别裁集》，但还是收获了半部《杜诗详注》，或许以后可以在某个秋天的雨夜，抛开电脑照排版本的某本唐诗或杜诗选本，打开数百年前这些泛黄的书卷，慢慢"品读"了。

最后补充一点：我本来对紫阳书院的店主一无所知，但是后来看到辛德勇先生《未亥斋读书记》的记载，才知道他名叫镰仓敬三，喜藏书，家中藏有中国宋元之本。不过这些珍品多为非卖品，他曾因发现赵孟频手书墨卷而受到日本文部省的表彰，据说奖状就挂在书店里，下次去一定要仔细看看。

（作者为北京师范大学教授）

荟萃经史百家，传记方外之说
——《事类赋注》里的多彩世界

王秋海

  上大学时同学搬家，剩下几本古旧书籍，觉得太旧，就送给了我。当时不甚懂古书，没当回事。后来发现其中有《事类赋注》，随意翻阅，竟是一部非常有意思的宝书。在浩如烟海的古代文献中，将《事类赋注》比喻为一颗璀璨的明珠，并不为过。这部著作由宋代文学家吴淑编撰，以赋体的形式分类编排，对各种事物进行了详细的注释，为后人展现了一个丰富多彩的知识世界。

  此书将众多事物分为天、地、岁时、宝货等十四部，每部之下又分若干小类，如"天部"包括日、月、星、云等。这种分类方式便于检索，使读者能够快速找到自己感兴趣的主题。同时，作者以赋体行文，语言优美，富有韵律感，读起来朗朗上口。例如在描述自然景观时，"山之峻伟，嵯峨崔嵬。峰峦叠翠，云雾萦回。林泉秀美，花鸟争辉"。这样的语句生动地展现了山川的壮丽之美，可谓"读之如见武库之富，玩之如探沧海之珍"，实在是"词科之丽泽"。再举关于"雪"的例子。该条说："凡草木，花多五出，雪花独六出。"勾勒出了雪花独特的结构美。另一则典故引自《世说新语》："太傅谢安因雪骤降，欣然曰：'白雪纷纷何所似？'兄子胡儿曰：'撒盐空中差可拟。'兄女道蕴曰：'未若柳絮因风起。'"寥寥几笔便活脱脱描摹出才女谢道蕴的聪颖形象。关于雪的故事还有王子猷。"王子猷居山阴，大雪，夜开室命酌，四望皎然，因咏《招隐》诗。忽忆戴安道，安道时在剡，乘兴棹舟，经宿方至，既造门而返。或问之，对曰：'乘兴而来，兴尽而返，何必见戴！'"魏晋风度率性而为，何等倜傥！

书中有些典故则颇有道德意义，譬如同样写雪："大雪丈余，洛阳令身出案行，见民家皆除雪出。至袁安门，无有行路，谓安已死，令人除雪入户，见安僵卧。问何不出，安曰：'大雪，人皆饿，不宜干人。'"写出了袁安宁肯自己挨饿，也不愿为他人带去困扰的高贵品质。

舞蹈本是一件美事，舞者迅如飞燕，翩若惊鸿，为观者带来美感。但也有小人因舞蹈而害人的。《事类赋注》中记载："蔡邕坐事徙边，及归，五原太守王智饯之，酒酣，智起舞属邕。邕不为报，智衔之，密告邕怨于囚放，谤讪朝廷，邕乃亡命江湖。"汉朝末年，"以舞相属"是文人宴集时的一种交谊舞的形式。一般由主人先舞，舞罢，以舞相邀客人，客人起舞为"报"（酬答）。如果被邀之人不起舞，便被视为失礼不敬。王智因蔡邕未回敬他的舞蹈，怀恨在心，奏本弹劾，葬送了蔡邕的仕途之路。这些典故不仅增加了文章的趣味性，还让读者了解到古代的历史文化和价值观。

《事类赋注》中还有不少科学内容。在书中，作者对自然现象、动植物、矿物等进行了详细的描述和注释，反映了当时人们对自然科学的认识水平。例如在"虫部"中，作者介绍了各种昆虫的形态、习性和用途："蝉，居高饮露，声清韵远。蜕壳入药，可疗风疾。"这些描述为我们研究古代生物学提供了宝贵的资料。此外，《事类赋注》中的一些例子也让人忍俊不禁。在"兽部"中，作者描写了猴子的机灵调皮："猴性敏捷，善攀缘树木。嬉戏林间，弄姿作态。或摘果而食，或捉虱而戏。"生动展现了猴子的可爱形象。还有关于狐狸的描述："狐，性狡黠，多智计。能变化人形，迷惑众人。"让人联想到许多神话传说中的狐仙故事。

总之，《事类赋注》是一部集文学、历史、科学于一体的经典之作。它以独特的编排方式、优美的语言和丰富的内容，荟萃经史百家，传记方外之说，无所不有。作者吴淑"词学典雅，学问优博"，考核精密，叙述优美。我每读此书，都三叹其用心之劳。在当今快节奏的社会中，我们不妨放慢脚步，翻开《事类赋注》，沉浸在这个充满诗意和智慧的世界里，汲取古人的智慧，丰富我们的心灵。

（作者为首都师范大学教授）

一代才子朱熹的求学轶闻

张培胜

    在历史长河里，写秋天的诗词较多，信手拈来就有，如唐代李商隐写的"君问归期未有期，巴山夜雨涨秋池"，再如南宋辛弃疾写的"楚天千里清秋，水随天去秋无际"。这些写秋天的诗词，大多饱含萧瑟与悲情。偶然读到朱熹写的秋，眼前一亮，剥离秋天身上的离伤，多了几分柔情，几分向往，如大海有咆哮时的汹涌，也有平静时的辽阔。

    "清溪流过碧山头，空水澄鲜一色秋。隔断红尘三十里，白云红叶两悠悠。"这是朱熹写的《秋月》。在诗中，作者采用小溪、碧山、秋月等典型的空明秋景抒发超脱尘世、闲适自在之情，流露出光明磊落的情怀。由此可见，朱熹驾驭文字和领悟观察的水平，要问他如何做到这种地步，可从他写的诗句中找到答案："问渠那得清如许，为有源头活水来。"这正是他孜孜不倦求学的写照。

    朱熹，谥文，世称朱文公。其祖籍徽州府婺源县（今江西省婺源县），出生于南剑州尤溪（今属福建省尤溪县）。翻开朱熹的成长经历记载，窥探一代才子的求学过程，能给我们启迪与思考。据与朱熹有关的史书记载："早岁孤露，提携教育，实赖母慈。"朱熹十四岁那年，他的父亲病重离开人世，母亲祝氏担当起照顾朱熹的责任。有一段流传下来的故事为证，在闽北时，朱熹的母亲"煮莲教子"，这则故事表明祝氏从小就注重培养教育朱熹。

在奉母治学的教导下，朱熹找到了治学方向，也懂得了感恩。他曾经写诗为母亲祝寿，诗里尽是对母亲的感恩和祝愿。朱熹潜心学问，为理学整合出完整的体系。有一年秋天的一个晚上，他挥笔写下"秋堂天气清，坐久寒露滴。幽独不自怜，兹心竟谁识。读书久已懒，理郡更无术。独有忧世心，寒灯共萧瑟。"以此表达他对未能整合理学的担忧。他深知时光有限，而读书之路又漫长，理学之心在前方，唯有苦苦挣扎与坚持，方能行稳致远。夜深时，他常对着秋窗冥思，对着孤灯苦想，世间有太多的苦难，一个读书人唯有把书读到极致，拿出治国富民的策略，才是读书人的使命所在。

走上仕途的朱熹，深知官场险恶，可是，壮志未酬，心有不甘呀！多少个秋天，他走在黄叶落地的乡间，寻找心灵的出口。寻来找去，他才明白秋天是收获的季节，努力了终会有收成，有效果。于是，他坚定了为国效力的想法，心中有民，脚下便有路。此后，在每个官职上，他都尽力为百姓做好事，为民分担忧愁。人生能有几回搏？不思路，勇向前，何惧坎坷路？任黑发变白，任脊背变弯，只因他深爱脚下的这片土地。

有一年秋天，他写下："出山今几时，忽忽岁再秋。江湖岂不永，我兴终悠悠。"他放下以前的纠结之心，在麻阳溪畔筑室定居，设立"考亭书院"，后来的"考亭学派"便由此诞生。

对朱熹而言，最令人称道的无疑是他创立、整理了"程朱理学"。

他是"二程"（程颢、程颐）的三传弟子李侗的学生，与"二程"合称"程朱学派"。朱熹的理学思想对元、明、清三朝影响很大，成为三朝的官方哲学，是中国教育史上继孔子后的又一人。史书上常说的"程朱理学"中的"朱"即指朱熹。他是宋朝著名的理学家、思想家、哲学家、教育家、诗人，闽学派的代表人物，儒学集大成者，后世尊称为"朱子"。朱熹著述甚多，其所辑的《四书章句集注》被后来的封建统治者奉为至典，成为钦定的教科书和科举考试的标准。

朱熹的一生都是带着苦难的，特别是他经历的秋天并不全是美好的，但他能在苦难中凝聚力量，能够在艰难中战胜懒惰，步步向前，专心治学，终于完成自己的夙愿。

（作者为藏书爱好者）

透过《帝京景物略》追忆北京风物

王一川

　　记得刚上初中那年，我跟随父亲去南新华街的中国书店买了几本书，其中就有《帝京景物略》(集历史地理、文化和文学著作三者于一体的游记散文佳作，详细记载了明代北京城的风景名胜、风俗民情)，当时只知道它是写明末北京景点的，具体内容看不大懂。待后来念大学，阅读过书中部分内容，我还在朝阳公园书市买到一本不同版本的同名书。说来也巧，一年前于地坛书市上居然又淘到一本。缘分不可谓不深。

治学严谨，不写一句空

　　工作数年，笔者如今重读《帝京景物略》依然颇受震撼，不仅为其精妙的文学语言所感染，更被作者严谨治学的写作精神所感动。作者遵循古人"事莫明于有效，论莫定于有证"写作传统，秉承墨子"士虽有学，而行为本焉"创作理念，践行朱熹"知之愈明，则行之愈笃。行之愈笃，则知之益明"理学思想，真乃文脉赓续，弦歌不辍，不写空文，值得我们后人学习。

书作者刘侗（约 1593－约 1636），崇祯七年（1634）进士，明末散文学家，他认为北京最具有首都文化地理优势，明确表达了对北京的眷恋之情。另一作者于奕正（1597－1636），崇祯初年秀才，所撰《天下金石志》《钓鱼台记》堪称明代游记上乘之作。其熟悉北京风土人情，二十年间遍游京城名山胜迹。

《帝京景物略》写作极其认真，于奕正感慨地说："成斯编也良苦。景一未详，裹粮宿春；事一未详，发箧细括；语一未详，逢襟捉问；字一未详，动色执争。历春徂冬，铢铢繝繝而帙成。"写作过程中刘侗、于奕正分工明确，于奕正搜集资料，刘侗执笔书写。五年间，他们筚路蓝缕，跋山涉水，实地考察需要写作的每一处景点，反复讨论核准后才确定。刘侗讲道："事有不典不经，侗不敢笔；辞有不达，奕正未尝辄许也。"作者为此花费五年多时间，扑下身子认真调研，亲临实地耳闻目睹，沉到现场心领神会，深入生活贴近民众，表现出实事求是的创作态度和知行合一的务实精神。

筛选一百二十九处，一景一文

笔者多次参加北京民俗调研和三山五园历史文化研讨会，仔细阅读《帝京景物略》后，能够深刻体会到该书作者对北京的热爱，特别是对每一处名胜古迹如数家珍，对老北京人的风俗习惯娓娓道来，处处体现北京的悠久历史和人文底蕴。

《帝京景物略》具有很高的北京景物风俗资料价值，全书共计八卷，按照城北、城东、城南、西城、西山、畿辅名迹依次铺开，所记景物在实地调查基础上，经过精挑细选、反复考证，筛选出具有历史文化价值、文物价值、建筑艺术价值的景观，涉及山川园林、庙庵寺观、桥台泉潭、岁时风俗、花鸟虫鱼等景物一百二十九处，一景一文，撰写文章一百二十九篇。

其中，从北京众多寺观宫庵、庙堂祠坟中，甄别出寺观三十五座，祠堂七所，庵堂、庙坛、坟墓各五处。它们中不少如今都已成为国家重点保护文物，比如：太学石鼓、东岳庙、报国寺、悯忠寺、白云观、天宁寺、白塔寺、真觉寺、帝王庙、万寿寺、大佛寺（大慧寺）、摩诃庵、慈寿寺（今慈寿寺塔）、碧云寺、卧佛寺、利玛窦坟、潭柘寺、戒坛（戒坛寺）、燃灯佛塔、卢沟桥、泡子河（通惠河一段）、石经山（今云居寺）等，以及香山寺（香山静宜园）、玉泉山（玉泉山静明园）、瓮山（颐和园万寿山）等北京三山五园景区。这些记载对于研究北京历史地理参考价值较高，对于保护和利用国家级重点保护文物、修缮复原明代文物景观参考借鉴意义重大，长远来看更显弥足珍贵。

《帝京景物略》富有鲜明的文学艺术特色，描写北京民间风俗生动准确。作者强调，民间风俗关乎社会风气，语言要尽可能详细，贴近人民生活。前后呼应、互相补充的写作手法，使得春场部分的岁时习俗和具体景观中的节俗活动很好结合，读来耳目一新。例如，《高梁桥》以清明踏青习俗为主展开，《弘仁桥》侧重碧霞元君诞辰活动和进香描写，《胡家村》突出老北京人嬉戏蜻蜓、蛐蛐、蝈蝈习俗，《东岳庙》着重记述东岳庙会盛况和东岳仁圣帝诞辰巡游活动，把民俗活动渗透在景物描写之中，使得各种人物形象活灵活现。再如，

《泡子河》《三忠祠》《燃灯佛塔》等文详略得当、构思巧妙，以讲故事的形式娓娓道来，堪称散文经典。类似例子不胜枚举，多处景物描写可谓鬼斧神工、妙笔生花，品读起来荡气回肠、如诗如画。读者不仅可以感知明代北京景物民俗，还可以领悟古汉语文学之美。

虽有瑕疵，功莫大焉

因所从事专业之故，笔者需要了解部分寺庙建筑遗址情况，查阅有关历史书籍，比如《燕史》《长安客话》《宛署杂记》《日下旧闻考》《帝京景物略》等，在学习中发现《帝京景物略》部分文章往往避开元代理学人物，回避元代寺庙建筑，是"无意失误"还是"有意作伪"暂且不论，略举两例说明之。

该书《略例》说晏公祠乃学圣尊儒之所，应该大书特书之。《晏公祠》文中讲到正殿所奉石像，其上像为三皇、五帝、三王，左像为周、召、孔、孟诸圣贤，右像为周、程、张、朱诸大儒。实际上右像中还有元代理学大儒许衡（号鲁斋）、吴澄（草庐先生），文中却只字未提。这也验证了生活在明朝的两位书作者，行文时确在回避元朝人物。成书于万历年间的史料笔记《长安客话》写到晏公祠时说："自吾师宣尼而下及宋朱紫阳、李延平，元许鲁斋、吴草庐诸公。"《帝京景物略》作者理应看过这一记载。清康熙年间王源《居业堂文集》，讲述康熙四年（1665）晏公祠改建为地藏庵后，"鲁斋、草庐石龛"还在。作者实地查看时，应当是看见过许衡、吴澄石像。

该书《功德寺》一文，并没有直接介绍其始建于何时，而是引用他人描述:"李西涯记云:寺故金护圣寺。"《宛署杂记》记载:"功德寺,元朝敕建,曰大承天护圣寺。"作者查阅资料理当看过。清初《宸垣识略》在记述功德寺时,寺前两通石碑还在,文中说:"(功德)寺极壮丽。立穹碑二,其一宣庙御制,其一元旧物,蒙古字。"作者游览功德寺时可能见过,但书中还是引用李西涯的说法,将错就错。

《帝京景物略》虽有瑕疵,但又瑕不掩瑜。该书讲到《长安可游记》《燕史》《长安客话》《宛署杂记》,认为它们或漫、或俚、或讹、或漏,缺少条理或有纰漏。通过对比阅读,这些书籍各有侧重,只是并没有把北京地区寺庙宫观、民间风俗作为重点而已。比如:《燕史》很少涉及北京寺观、岁时风俗;《长安客话》记载一般都很简略,编辑体例不太严谨,如"功德寺,旧名护圣寺,建自金时",明显有误;《宛署杂记》是宛平县令沈榜所写,侧重宛平社会经济和民众生活状况,对于宛平境内寺庙宫观只是进行统计,并没有展开介绍,也没有统计晏公祠。

《帝京景物略》填补了明代北京景物风俗记述之空白,内容客观全面,文字行云流水,论述出神入化,不但能够丰富完善相关书籍之内容,更能让读者体会北京景物风俗之精彩,功莫大焉。

(作者为北京市海淀区三山五园文化艺术中心助理馆员)

积十余年之功，集《唐才子传》日传足本

李小龙

一直很喜欢《唐才子传》。它是元代文学家辛文房记载唐与五代诗人的评传，既有诗人的生平资料，亦有对诗人艺术得失的品评，不乏精辟之见。它从侧面反映了唐代的社会风貌和文化氛围，为繁星灿烂的唐代诗坛留下千古不灭的剪影。

笔者第一次在大学图书馆里见到的此书，是傅璇琮先生主编的《唐才子传校笺》，素雅的装帧设计与启功先生的秀美题签让我十分心动——后来我一直搜求那套书，可惜只在某旧书摊买到第五册；此书多年后再版，封面设计已失去了独特的韵致，虽然也购入一套，却提不起细读的兴趣了。当然，二印本至今二十多年亦未重印，在旧书市场也已炒至高价，此是后话。

从孙映逵先生为此校笺本所作《校勘说明》可知，此书最佳版本是流入日本的元刊十卷本，元本后来佚失，清修《四库全书》时，馆臣从《永乐大典》中辑出八卷，自然不全。又据孙先生文，知此"元刊本"为杨守敬（清末历史地理学家、藏书家）携归，并由黎庶昌（晚清外交家）以珂罗版影印出版，孙先生即以之为底本来整理。

两次"得"而复失

此书元刊本传入日本，日人据以覆刻，所以日本传本均为十卷足本。因此，我当年在日本工作时，即非常留意。知道有日本古本屋，便立刻上网检索，只东京诚心堂有一套日本正保四年（1647）刊本，虽然孙映逵指出正保本"错字甚多，系属天瀑所云'坊刻颇多舛讹'者之一种"，但也认为其"因刊印较早，仍然有其价值"。所以，便很想购藏一套。不过，那时对于在日本网上购书的流程不太了解，加上对昂贵的价格也有些犹豫，一来二去，某天再上网查，就发现书不见了！人的心理很奇怪，本来搜购此书是一个随缘的事，但这次"得"而复失却让我更加执着起来，有段时间天天在网上搜罗，希望能把前边的遗憾补上。

紧接着，新村堂古书店的书目快要到了。那些天，我每天下楼无数次，就想第一时间拿到书目，依以往的经验，如果迟了，好书便被人抢了。但新村堂那个月的书目偏偏姗姗来迟。有一天快吃午饭的时候，听到外面有汽车声，便想是不是邮局送信的来了。试着下去看一下，果然！于是，立刻翻开目录，边上楼边挑书，忽然就看到了正保本《唐才子传》！而且，价格竟只是此前在诚心堂看到的四分之一！这下顾不上再看别的了，迅速上网给新村堂发信下订单。接下来便是提心吊胆地等待结果，第二天，宣判出来了，《唐才子传》已售出。这已经成为事实，再痛苦也无法挽回了。

纠偏版本认知误区

我只好继续上网搜索，希望还能再有发现。这时，从搜索框跳出来的又是东城书店（位于东京）我曾见过的一本，我心里还苦笑，觉得它又来捣乱。不过，打开页面后才发现，这并不是我原以为的日本汲古书院影印本，而是大有来历，虽然要价高昂，但更值得收藏，便迅速下单。一方面得到珍本，另一方面也算终于弥补了此前两次与《唐才子传》失之交臂的缺憾。

依学界认知，原以为这便是前述孙先生所言黎庶昌珂罗版影印本（19 世纪 80 年代，黎庶昌两次出使日本期间，留心自唐、宋、元、明以来，在中国失传而流失到日本的旧籍。凡在国内失传的，或不惜以重金求购，或付资影印），事后发现并非如此。

买到此本后，我自己也很好奇，便做了一点研究，才发现，孙先生文章多有疏误，比如他认为杨守敬携归者为元刊本，其实那就是日本五山本（学界将在日本翻刻、排印、影印的中国汉文古籍统称为"和刻本"，其中的五山本是日本南北朝时期的刻本），现今世上已无元刊本《唐才子传》存世。当然，五山本翻雕极精，亦可当元刊本之化身，也就是说，存世最好的便属五山本了；不过，五山本存世亦极罕见，而此影印本则又可当作五山本之化身，但此本也并非黎庶昌影印，而是董康（中国近代著名藏书家）主持的珂罗版印本（相关论述参见拙作《〈唐才子传〉散佚及日本传本考》,《北京社会科学》2021 年第 7 期）。

淘到罕见的正保薄纸本

虽有斩获，不过，对正保本（系据活字本翻刻，印量较大，成为很长一段时间《唐才子传》流传的主要版本）《唐才子传》，我仍未忘情。因为日本流传的十卷本分别有五山本、古活字本、正保本、《佚存丛书》本四种，除正保本外，其他三种要么极其罕见，要么价格动辄数千万日元。

念念不忘，必有回响。前些年在孔夫子旧书网上，终于淘到了一套正保本。而且特别幸运的是，这套不但品相尚可，毕竟存世370多年了，最难得的是，此本纸张较薄（从纸张属性看，要用最少的物理体积承载更多信息，自然是越薄越好），而且在坚实方面未受影响。大约在江户后期到明治期间，便有书坊将同一种书以两种不同的纸印制，正如笔者在《书舶录：日本访书诗纪》第四十篇《大闲堂——常用书，普通本》中所述，薄纸本较普通本定价贵百分之三十以上，可见其难得。此书为日本正保（1644—1647）时所刊，竟亦有薄纸本，较为罕见。

得陇望蜀，人之常情。《唐才子传》在日本其实还有元和、宽永间活字本，但连日本著名藏书家森立之都说"最为罕见"，今可考知者，除杨守敬舶归之本外，日本亦仅静嘉堂文库及东洋文库各藏一部而已，所以也就存而不论。日本享和二年（1802）又有林衡的《佚存丛书》本，此本较早回传中国，影响亦大，虽然杨守敬批评说"天瀑印本即系其臆改，不尽因活字排板多谬误也"，但毕竟也是重要的版本，我很想搜罗，不过市面上已极难遇到。好在天无绝人之路，我后来得知上海涵芬楼于 1924 年曾据林衡原本影印，只是版面稍有缩小。后来，我趁在东京东城书店购书的机会，拿下了一套。其书首册后有中国书店的标签，标价 300 元，可知从国内流入日本时间并不长，便被我又买了回来。

就这样，十几年过去，也算是搜集到了在日本流传的十卷版本，至于五山本与古活字本，或许只能期待在梦境里遇见了。

（作者为北京师范大学教授）

与古书佳作为伴，适情是也

韦　力

　　在流行至今的古书之中，若论尺幅，《坐隐图》(系晚明棋谱《坐隐先生精订捷径奕谱》中的木刻插图，由于绘刻精美绝伦，历来为世人瞩目)毫无疑问是居于前列的。虽然此图像古书的线装一样，有着几折，但展开看来，却是一幅完整的图案。也只有完整地看到这幅图的全貌，才感知得到难以言表的视觉冲击力。

　　2003 年春，嘉德公司的拍场中，第一次出现了《坐隐先生精订捷径奕谱》。此次上拍的这一部，并非全本，估价四万元到五万元。若以残本来论，这价格不便宜。但此书的价值，其实主要就在那幅图上。虽然是残本，我觉得那幅图的价值也不止四万元。于是，跟他人一通争抢，争到十万元就超过了我的心理价位。后面还有识见更高的人，继续将价格争抢到十九万元。

　　我对版画插图类的古籍关注得较晚，总以正统的藏书观自居，后来渐渐放松了这种门户之见，也开始留意这类文献。此后又读到郑振铎的《中国古代木刻画史略》一书，其中有一段文字，对此书中的《坐隐图》评价极高。他在文中说：(《坐隐图》)乃是一处精致绝伦的长的绘卷，亦是汪耕绘、黄应组刻，这个卷子可称是木刻画里的奇作。

画家汪耕固然倾其全力，绘写了这么一卷细针密缝的大手笔，木刻画家黄应组也施展出了全副身手，刻成了那么令人赞叹的巧、密、精、丽的长及寻丈的木刻画卷子。这是旷古未有之作。郑先生从技法上给该画卷做了专业的分析，认为此版画"没有一刀败笔"。

以上这段文字，出自《中国古代木刻画史略》的第六章。此章的名称是"光芒万丈的万历时代"。明代万历一朝，所刻的版画插图，是中国古代版画史上的最高峰。而此幅《坐隐图》又是万历时期该类作品的代表作。《中国美术全集》《古版画通史》等书中，所有研究中国美术史和版画史的著作，几乎都收录此图。而我却囿于完缺之见，真让人痛恨自己的目光短浅。此后不久，国家图书馆举办中国印刷史展览，从自己的馆藏中选择出一些具有代表性的书籍，其中就有《坐隐图》。我在展柜前细细看过此图的每个细节，注意到此图前的书牌子印成了水红色。而此前上拍的那部是怎样的颜色，却记不起来了。

2009年秋，嘉德公司第二次上拍该书。此部跟上一部不同，此次是一函八册的全本。这次我仔细地留意查看该书，书牌子跟国图藏本不同，刷色是海蓝色的，这种颜色的牌记未见记载。这也是值得将其买下的重要原因之一。该书的估价是十五万到二十万元。就古籍善本的市场价位来说，这个价格仅是该书市场价格的十分之一。我决定把它拿下，不能再像上次那样，惊鸿一瞥之后不见了踪迹。那天我没有去现场参拍，省得遇到熟人不好意思出价。我请翁连溪先生帮忙，他帮我举到五十万元之后，现场还有一个人在跟着竞价，此人名曰袁立章。

这位袁立章我早闻其名。圈内人告诉我，说此人只要有钱了，就来店里买书。他买书不分品种，只要是稀见善本都要。后来竟拜在我的启蒙老师杨老先生门下。我比他拜师至少早十年，论辈分，我是他的大师兄。但这位袁先生从不顾同门之谊，时常跟我在拍场上火拼，搞得我很不开心。我觉得不应当一味谦让这位师弟，但我知道翁兄心软，连着几年帮我举牌，有好几部重要的书，最终都没能拍到手。于是我让翁兄帮我一直争下去，举到一百三十四万元才停了手。总算到手了，这让我很开心。后来细想，就是因为这位师弟，让我白白多掏了近一百万元。

此后有一段时间，这位袁师弟在拍场上不见了身影。我向书友打听是怎么回事。有人告诉我，袁立章是搞影视剧的，曾投资《三国演义》挣了钱。前些年很火的电视剧《甄嬛传》，据说投资里也有他的股份，且从中挣了一大笔。有一阵子听说又投入了一部什么剧，还没挣到钱，所以没钱买书了。这倒让我盼望着他投资回收的周期长一些。至少在拍场中，又少了一位对手。

后来，我跟着李致忠先生搞《中华民藏善本再造》，又把袁立章请来开会。会后，因为一些细节，我们接触多了起来，由此也渐渐了解到他的一些情况。知道他毕业于山东大学文学系，搞古书收藏与研究，也算科班。他的研究生阶段是搞先秦文学，后来进入了影视圈。而他对藏书的喜爱，也是家学所传。袁立章的父亲本是马寅初和冯农的同学。冯农是清政府第一批官派到国外系统学习邮政管理的留学生。待他们学成归来，已是民国。后来，冯农回到了家乡浙江嵊县，建立了阳山中学。再后来，冯农把自己的珍藏除留下几套给了儿子，剩下的全部送给了袁立章的父亲。袁立章兄从小就翻看这些书，自然比旁人多出几分亲近、喜爱。

有一次，我跟袁兄聊到了他的工作。他告诉我，自己不是拍电视剧的，但与之相关，是经营演员。他代理的演员有张丰毅、陈建斌、孙淳、鲍国安、宋春丽等。他跟我讲，这些演员都有很大的名气。可惜我拙于此道，完全没有感觉。

聊到他的藏书时，袁兄告诉我，现在收有三千多部线装书。因为自己藏书的原因，我知道这是怎样的一个大体量。他跟我说，自己收藏线装书，始于 1995 年。但知道古籍拍卖会这件事，却较晚，直到 2007 年才走入拍场。刚开始，对怎样买书并不了解，重点在争稀见本。曾经在拍场上跟宋平生先生争《美人图》，举到十万元才拍到了手。他认为这是一部古本，所以要花力气拿下，但没过多久，就又发现了一部。这件事让他觉得，若得不到名师指导，在藏书路上很可能要走很大的弯路，于是就拜杨老师为师。因为杨老师的藏书偏好是词集。因此，袁也把藏书重点转移到了词集上面来。后来又收藏些玩赏类的书，比如制作香的书，或者制香的模子，等等。再加上自己工作太忙，平时也没时间看书，所以就尽量收藏一些有趣的古书。这种玩物的收藏心态，让杨老师有些不满意。

袁兄又提到，近些年他开始从日本买古书，因为国内的善本价格太贵了。他还告诉我，我拍到的那部《坐隐先生精订捷径奕谱》也是从日本征集回来的。他这句话提醒了我，我注意到，这部书的函套做法，果真是日本制式。近几年，国内有不少的藏家都到日本入札会去买古书。比如说胡关妙先生花了一千七百多万元买回了一部宋版的《钜宋广韵》，为此胡先生将自己的堂号起名为"广韵斋"。

袁兄告诉我，他自己也从日本买回来一部难得之书——明嘉靖楚潘刻的《适情录》。他说这部书以前由人民体育出版社影印出版过，但那部书的底本不全，缺了三分之一。用残本来影印，说明国内此书没有全本。而他自己买到的这部却是完整无缺的。他跟我讲此话的时候，仍然很是抑制不住喜悦。我问他会不会也是用此部书给自己起个堂号，他不好意思地笑了，说我还真猜着了。就是得到此书之后，他把自己的堂号起名"适情居"。

（作者为藏书家、故宫博物院兼职研究员、

复旦大学古籍保护研究院特聘研究员）

执前人之谱　炼今人之心

郑　蕊

　　《忘忧清乐集》书名取自宋徽宗"忘忧清乐在枰棋"诗句，是南宋棋手李逸民收集整理的中国现存最早的围棋刻本。该书兼收并蓄，保存了大量宋及以前的理论著作和棋局史料，收录了《棋经十三篇》《棋诀》《论棋诀要杂说》等理论著作，汇集了北宋和北宋以前的棋谱、棋势一百多局。《忘忧清乐集》流传神秘，为后世棋谱的编纂格局树立了典范，被读者评价为"古棋谱大约此谱为最，是以不可不读也"，是围棋典籍中集大成之作。

几度失传，珍本重现

　　《忘忧清乐集》成书之后流传不广，世所罕见，后世一度认为此书流传之中已经散佚。宋元目录中仅有南宋陈振孙《直斋书录解题》、元朝马端临《文献通考》中有所记载。清初钱曾喜获此书，著录在他的《读书敏求记》中。但是由于版本出入，或者误记，钱曾记此书为《棋谱》，书名、卷数都略有出入。嘉庆年间著名藏书家黄丕烈读了钱曾所记，对此书产生了极大的兴趣，希望能够收藏到此书。清嘉庆七年

（1802），黄丕烈的心愿在一次访友中实现了，他在华阳桥顾氏试饮堂观赏友人藏书时见到了宋本《忘忧清乐集》，翻检内容确认，这部书就是他心心念念的钱曾所记《棋谱》。其后几番求购，都未能如愿。后来，书主人念及黄丕烈"为书着魔"，终于将书转让给他了。从心心念念到收藏成功，黄丕烈自己都觉得缘分奇妙："余所遇之奇与巧，无过于是者 。"顺利收藏之后，黄丕烈还曾与好友钱大昕分享此书，故钱大昕《十驾斋养新录》对此书亦有记载。这段收藏，也成为藏书史中的一段佳话。

黄丕烈之后，此书又有汪士钟、常熟瞿氏铁琴铜剑楼等藏家收藏，清末南陵徐乃昌更是将宋本影摹刊刻，让此书化身千百，在民间流传。如今宋本《忘忧清乐集》在国家图书馆就有收藏。从宋元偶有流传，到清初钱曾藏其残本，再到一百多年后，黄丕烈收藏到此书宋椠，直至今日宋本归公，棋魂赓续，绵延不断。《忘忧清乐集》几度失传又重新出现，终于使宋及以前棋手的心血得以保留。

兼收并蓄，以备精研

珍本稀见，足以让藏者重视。但是稀见只是《忘忧清乐集》众多特点之一 。《忘忧清乐集》兼收围棋理论和实战棋谱，堪称后世围棋棋谱的范型奠基之作，元明棋谱大都根据此书模式加以衍变。此外，书中保留的大量古谱犹如传世秘籍，让读者穿越时空，与先贤棋手博弈，在棋局变化之中，凝心神、谋远虑、识大局、忍心性。

围棋理论，鞭辟入里。书中收录了不少棋艺理论方面的著名文章，如张靖的《棋经十三篇》《论棋诀要杂说》，刘仲甫的《棋诀》。这些博弈之道，都是古人长期积累总结出来的下棋心得。进退取舍方寸间，心态非常重要。《忘忧清乐集》的棋理部分，对于棋手下棋中应该具备的修养和德行、应该有的心态和格局做了介绍。书中很多观点无论是下棋练心，还是为人处世，都值得品味琢磨。如下棋应善于面临"日日新"的局面和挑战，减少得失胜负心，要目光长远，深思熟虑。"博弈之道，贵乎谨严"，应步步深思熟虑，少下随手棋。再如，下棋如用兵，应知道变通，出其不意，"宜勿执一"；下棋时既要有良好的棋德修养，也要考虑到人性的特点。棋手应"语默有常，使敌难量"；观察对手则须知"持重而廉者多得，轻易而贪者多丧。不争而自保者多胜，务杀而不顾者多败"。另外，另一部围棋理论《棋诀》则是北宋哲宗、徽宗时期独步棋坛的国手刘仲甫所作，他在书中第一次把布局问题提到了战略的高度，还提出了准确把握作战时机的重要性。《忘忧清乐集》在棋手应该保持心态和修养，以及局势把控等方面做了细致的论述，具有极高的理论价值。

弈棋之道，洞微度情

围棋入门极简，所藏甚深。围棋之道，虽为小数，实用心之事。《忘忧清乐集》作为棋谱，详加参悟，可在细致入微处体味人性人情，于人生诸事之虚实、人心向背的认知亦大有补益。其中蕴含的围棋文化精髓，值得细品。

在棋艺上，初学者得之，可窥门径而览高品，正心诚意，参悟下棋之乐，感受古人所想；棋中熟手，则在棋局细节中较大小于毫厘，决存亡于窗冥，感受时时变化带来的一片灵机。读此书，也会感受到费尽通盘打算，胜负仍需顾及趋势人心。更进一步，还能品味到执前人之谱，可炼今人之心。古谱的趣味也正在于常读常新，奇正相生，虚实互用，炼化于行，进而于棋盘方寸中和人生博弈里愈出愈奇。

在心性试炼方面，《忘忧清乐集》堪称方寸中见广阔天地，将下棋应有的心态、格局、谋略等尽展卷中，富有启发性，意蕴深远。"局中局外两沉吟，犹是人间胜负心"，书中告诫棋手要破除执念和胜败之心，破而后立，谋定而后动。在格局方面，《棋经十三篇》告诫读者要胸怀全局，目光长远，不能迂直愚蠢固守棋谱，要独立思考，不为外界所动，"一流棋手谋定棋局，围攻取胜；二流棋手阻断对手棋势，以期得到好处；三流棋手拘泥边角胜负，用心盘活的只是一小片格局"。

每每品读《忘忧清乐集》，书中蕴含的攻守得失、动静虚实、生死奇正仍旧能给人启发。少时读之识人通势；中年读之历练内心；晚年读来感受阴阳之道，动静之权衡。无论何时，深入品味，都能剥啄展阅，欣喜竟日，于身于心大有进益。

（作者为中央民族大学图书馆副研究馆员）

幸得旧画谱，引我识书家

李忠义

《北京志·明十三陵志》（北京出版社，2017年）记曰："长陵神功圣德碑，碑首正面刻有篆额'大明长陵神功圣德碑'。碑身正面刻有明仁宗朱高炽撰文，翰林学士程南云书丹的神功圣德碑文……"胡汉生先生著《明十三陵大观》（中国青年出版社，1992年），将洪熙元年（1425）四月十七日明仁宗为其父明成祖朱棣撰"大明长陵神功圣德碑"三千余字碑文原文录入书中，并云"碑文书丹者，系明初著名书法家太常寺卿兼翰林侍书程南云"。古人刻碑之前，先用朱笔把字写在碑石上，叫书丹。

程南云，曾附录于《明史》卷二百八十六《陈登传》："陈登，字思孝。初仕罗田县丞，改兰溪，再改浮梁。选入翰林，仍给县丞禄，历十年始授中书舍人。登于六书本原，博考详究，用力甚勤。自周、秦以来，残碑断碣，必穷搜摩拓，审度而辨定之。得其传者，太常卿南城程南云也。"

明陶宗仪著《书史会要》称"南云篆法得陈思孝之传，隶、真、草俱有古则，得力于赵孟頫，善大字"。为查阅此段出处，我特意购进了1984年上海书店影印版《书史会要》。1997年团结出版社版《四库全书精品文存》第二十九卷中元代夏文彦著《图绘宝鉴》后人补遗卷六记载："程南云，号清轩，大儒之后。字备篆隶楷草，诗文奇古。官至太常寺卿。喜作雪梅雪竹，极妙。"

为深入读识书法家程南云，猛然间想到了二十年前在中国书店灯市口店购得王原祁等纂辑，康熙四十七年（1708）二月御制序的《佩文斋书画谱》（1984 年中国书店影印，全五册。附书影照片 1 幅）。《佩文斋书画谱》卷四十一记载："程南云，詹氏小辨云：字清轩，号远斋，南城人，永乐初以能书征，授中书舍人。精篆隶，为时所尚。正统中为南京太常卿（引《列卿纪》）。"又云："长陵碑正统初程南云奉命书（引《英宗实录》）。"卷五十六又记："程南云，字清轩，号远斋（见书家传）。正统中为南京太常卿（《列卿纪》）。南云作雪梅雪竹极佳（《书史会要》）。"

2008 年上海书画出版社出版《书法文库——名篇佳作》刊登了 1999 年第 5 期《书法》杂志于成龙撰《明程南云行书千字文册赏析》一文。

北京地区现存程南云石刻书法作品约二十石（石刻拓片单位）。主要载录于 1994 年书目文献出版社出版的《北京图书馆藏北京石刻拓片目录》。

其中"墓碑"有：明宣德十年（1435）杨荣撰，程南云篆额，首题"融妙慧净觉弘济辅国光范衍教灌顶广善西天佛子大国师塔铭(有序)"。额篆书题"西天佛子大国师塔铭"。此碑位于海淀区大觉寺旁西竺寺塔下；正统二年（1437）高谷撰，夏衡正书，程南云篆额"明故骠骑将军都指挥使卢公神道碑"，原位于丰台区木樨园；正统三年（1438）程南云撰并正书篆额"故禅师底哇答思塔铭"，位于门头沟区潭柘寺。"墓志"中有：正统十四年（1449）胡濙撰，夏衡正书，程南云篆盖"内官监钱太监瘗衣冠圹志"。盖篆书题"太监钱公圹志"，海淀区上庄东小营出土，现藏首都博物馆。

在《馆藏目录》"庙宇"中有：正统二年（1437）杨溥撰，夏昶正书，程南云篆额"敕赐法华寺记"碑，位于昌平区上庄乡银山；正统二年（1437）杨溥撰，夏昶正书，程南云篆额"敕赐崇化寺记"碑，位于门头沟区城子；正统三年（1438）胡濙撰，程南云正书，吴中篆额"敕赐净明禅寺记"碑，位于门头沟区圈门；正统八年（1443）倪谦撰，程南云正书，张益篆额"敕赐崇化禅寺记藏殿记"碑，位于门头沟区城子；正统十二年（1447）胡濙撰，黄养正正书，程南云篆额"敕赐太清观记"碑，位于门头沟区上岸村；正统十四年（1449）张益撰，程南云正书，沐昕篆额"敕赐弘庆禅寺碑"，位于西城区秀洁胡同；景泰元年（1450）萧镃撰，程南云正书"敕赐崇福寺之碑"，位于西城区法源寺；景泰三年（1452）胡濙撰，赵荣正书，程南云篆额"敕赐妙缘观记"碑，位于西城区旧鼓楼大街大石桥胡同；景泰五年（1454）胡濙撰，李淳正书，程南云篆额"敕赐清虚观记"碑，位于西城区旧鼓楼大街。

在《馆藏目录》"教育"中有：宣德十年（1435）杨荣撰，程南云正书并篆额"顺天府庙学记"碑，位于东城区府学胡同；在"题名碑"中有宣德二年（1427）杨士奇撰，程南云正书并篆额"宣德二年进士题名记"碑，位于东城区国子监街孔庙；正统四年（1439）钱习礼撰，程南云正书并篆额"正统四年进士题名记"碑，位于东城区国子监街孔庙；正统七年（1442）陈循撰，程南云正书并篆额"正统七年进士题名记"碑，位于东城区国子监街孔庙。在"杂刻"中有成化九年（1473）胡濙撰，程南云正书，张宁篆额"敕建万寿大戒坛僧录司左讲经知幻大师行实碑"，位于门头沟区戒台寺。

目前，若欲欣赏程南云的书法作品，最佳的选择是游览明十三陵神道长陵神功圣德碑亭内的"大明长陵神功圣德碑"，或到国子监街孔庙欣赏程南云正书并篆额的三座"进士题名记"碑。

（作者为北京工业志鉴专家委员会专家委员、编审）

古籍记载的《郑和航海图》

徐永清

2025 年是郑和船队下西洋六百二十周年。郑和，世界级大航海家，从明朝永乐三年（1405）到宣德八年（1433），奉命率领有史以来最为庞大的船队七次远航西洋，前后长达二十八年，到访三十七个国家。郑和船队从中国东南的海港起航，经过南中国海，穿越马六甲海峡，进入浩瀚的印度洋，所历"大小凡三十余国，涉沧溟十万余里"。参加七次远航的官员、水手、军卒、医官、买办等达两万七千多人，大小船只二百多艘。

郑和下西洋船队持续近三十年的海上实践，为 15 世纪末开始的大航海时代奏响了序曲。郑和船队下西洋，航路之遥远繁复，航海技术之先进成熟，在世界航海史上是划时代的。

准备阶段曾编绘航海地图册

在 15 世纪之前，人们的地理视野还局限在"已知世界"。古代中国人知道有"天下"，而不知有"世界"。郑和下西洋船队，在大航海时代的初期，开拓了人类历史上第一次有记录的大规模国家级洲际远航。

郑和船队下西洋，必备航海地图。目前一般所知的《郑和航海图》，就是载于明代茅元仪编撰《武备志》中的一种。其实，翻检明清时期的古籍，还有记载表明，早在率领船队下西洋之前，郑和等人除了收集有大量旧存的海洋地理资料外，还对南海一带的海岸、海岛地形等做了普遍调查，并整理、编绘出一本东西洋航海地图册。

"更路簿"是指渔民在历时数百年远航南海诸岛捕鱼、航运等活动中，记载南海航海路线、岛礁名称、海流等航海知识的手抄本小册子。在福建泉州发现的一种手抄本《海底簿》记载：

永乐元年，奉旨差官郑和、李兴、杨敏等，出使异域，前往东西洋等处。一开谕后，下文索图，星槎、山峡、海屿与水势，图为一书。务要选取山形水势，日夜不致误也。

福建集美航海学校收集的《宁波温州平阳石矿流水表》记载：

明永乐元年，奉旨差官郑和、李恺、杨敏等出使异域……校正牵星图样，海岛、山屿水势图画一本，务要选取能识山形水势，日夜无歧误也。

2015年，福建一位藏家蔡先生，从晋江一户行船人家中收藏到一本世代流传的手抄本《针路簿》，其中记载：

永乐元年，奉旨差官郑和、李敏（注：原抄本写的是李敏）等出使异域川往东西二洋等处，开输系政，牵图星样，山屿海岛及水势图存一本，务要能选取山形水势，日夜不致有误也。

《顺风相送》是明代的一部海道针经，原本藏在英国牛津大学鲍德林图书馆。1935 年，北京图书馆研究员向达先生在鲍德林图书馆整理中文史籍，抄录《顺风相送》等中国古籍。《顺风相送》记载："天朝南京直隶至太仓并夷邦巫里洋等处，更数针路、山形水势、澳屿浅深攒写于后，以此传好游者云尔。""又以牵星为准，保得宝舟安稳。永乐元年，奉差前往西洋等国诏。累次较正针路、牵星图样、海屿、水势、山形，图画一本。""宝舟"一词，专指郑和下西洋的船只，"牵星"指过洋牵星术，是《郑和航海图》中使用的术语。《顺风相送》原序说，永乐元年（1403）："奉差前往西洋等国开诏。累次较正针路，牵星图样，海屿水势山形图画一本为微簿。"这清晰说明在永乐元年已有人奉诏根据已有的针路图，多次较正针路，图画牵星图、水势山形。这份海图的绘制者，极可能就是郑和及其船队成员。

上述古籍记载说明，在郑和船队下西洋的准备阶段永乐元年（1403），朝廷下谕收集海图资料，郑和等人曾短期前往东西洋测量绘图，根据搜集和测绘的海洋地理资料，编绘了一本东西洋航海地图册，可惜这本地图已经散佚。

郑和下西洋航路绘制成图

明代军事家、文学家茅元仪编纂的大型军事类书《武备志》，成书于天启元年（1621），书中有一组名为《航海图：自宝船厂开船从龙江关出水直抵外国诸番国》的地图，即著名的《郑和航海图》，图上署"自宝船厂开船从龙江关出水直抵外国诸番图",是对郑和下西洋航路的图绘。据学者研究,这些航海图约绘于洪熙元年(1425)至宣德五年(1430)之间,是15世纪中叶以前中国记载亚非两洲内容最丰富的地理图籍,也是世界上现存较早的航海图集。

崇祯元年(1628)春,茅元仪向朝廷呈送《武备志》,明思宗朱由检阅后赞该书"该博",却因朝廷内部派系纠纷,招致兵部尚书王在晋的忌恨。是年夏天,茅元仪离京,待罪河北定兴县江村"缄口思过"。这期间,茅元仪在江村埋头著述,其时所作《掌记》卷三的一则笔记,叙及郑和下西洋和航海图:

> 成祖声教远被,太监郑和出使海外,凡数万里,历涉诸国,或降或夷,或虏或覆,其道里之详,尝载之《武备志》矣。此外有《星槎胜览》,太仓戍卒费信撰;《瀛涯胜览集》,张昇所撰其序曰:永乐中,有人随太监郑和出使西洋,循历诸国,随所至辄记其乡土风俗、冠服、物产。日久成卷,题曰《瀛涯胜览》。余得之,翻阅数过,喜其详瞻,足以广异闻。第其文鄙朴不文,亦牵强难辨,读之数叶,觉厌而思睡。暇日乃为易之,词亦敷浅,贵易晓也。此张昇不知即论内阁刘吉之翰林张昇否。三书大同小异,余尝欲冠其地图于首而总核三书,删繁补阙,作《大明西使志》,均未暇也。

茅元仪在这则笔记中高度评价郑和下西洋,"其道里之详,尝载之《武备志》矣",而且他"欲冠其地图于首而总核三书,删繁补阙,作《大明西使志》"。可惜的是,这部《大明西使志》,史上未见记载,大概是没有写成。但是从茅元仪这则笔记来看，结合茅元仪在《武备志》中为《郑和航海图》所作短序，更可以肯定《武备志》所载那套航海地图，无疑出自郑和下西洋船队的手笔。

茅元仪所辑《武备志》（1621 年刊刻）中郑和航海图的序言云：

> 明起于东，故文皇帝航海之使不知其几十万里，天实启之，不可强业。当是时，臣为内监郑和，亦不辱命焉，其图列道里国土，详而不诬，载以昭来世，志武功也。

茅元仪非常明确地说明这套地图就是郑和下西洋所使用的海图。

"南枢"比"武备"所载海图更精美

明朝南京兵部尚书范景文编撰的《南枢志》，成书于崇祯八年（1635）到十一年（1638）之间。《南枢志》卷一百十一序云：

> 是以溯洪、永中外国来朝诸事详纪之，至于西域一志、西洋一图，皆永乐中武功也，掌于我职方举朝贡礼仪而合志焉，爰志朝贡第十四共六卷。

这里提到的"西洋一图"，即指《郑和航海图》。

《南枢志》卷一百十三《朝贡部》之《西洋海道考》序云：

> 南京城西北有宝船厂焉，创于永乐三年。其年三月，命太监郑和等行赏赐古里、满喇诸国。通计官较、旗军、勇士、士民、买办、书

手共二万七千八百七十余员名；宝船共六十三号，大船长四十四丈四尺。丈所经国，曰占城、曰爪哇、曰旧港、曰暹罗、曰满剌伽、曰阿枝、曰古俚、曰黎伐、曰南渤里、曰锡兰、曰裸形、曰溜山、曰忽鲁谟斯、曰哑鲁、曰苏门答剌、曰那孤儿、曰小葛兰、曰天方、曰阿丹。和等归建二寺，一曰静海，一曰宁海。视汉之张骞、常惠等凿空西域尤为险远矣。……或曰宝船之役时，有谓建文帝入海上诸国者，此踪迹之不可测也。今列当日航海图于后，其西洋诸国志另有定编，不具载志。《西洋海道图》。

这部官方编修的兵部志《南枢志》所言之"当日航海图""西洋海道图"，也是指《郑和航海图》。《南枢志》所载海图，与《武备志》所载航海图，为同源的不同版本，所画之山川、建筑、林木，均比《武备志》中的"航海图"精美，且字体饱满。

《南枢志》中的《郑和航海图》，也采用"对景图"的画法，绘制山川的形象与有方位意义的地物，可把地图与实地一一对景，尽快判断出自己所处的位置。

针路，中国古代用罗盘针所指示的航道。《郑和航海图》绘有针路航线一百零九条。明清时期，航海指南中的短时段计程、铅锤测深和印度洋海域的过洋牵星三种方法，分别来自古代印度、地中海和阿拉伯地区。其中，短时段计程法和印度洋海域的过洋牵星术，很可能是由郑和船队直接引进。在记录印度洋海域航线时，《郑和航海图》使用"过洋牵星术"的等纬度航行法，牵星记载约八十处，利用北辰星定位的有三十八处，经去极度修正后，基本上与所到达的地点纬度相符。

通过《郑和航海图》，我们可以看到，明初郑和船队七下西洋的大规模航海活动，不但勘定了通往西太平洋和印度洋的各条航路数据，还促进了航海技术及其计量单位的传播与普及，大幅度提高了中国定量航海技术的准确度和安全性能，也形成了此后几个世纪里中国实用航海指南和航行技术的基本形态。

（作者为中国测绘学会边海地图工作委员会副主任委员、

《地图研究》集刊主编）

辑三　淘书偶记

横二条，我的琅嬛福地

谢其章

　　横二条胡同，位于西单牌楼东侧，南北向。20 世纪 80 年代我上班的单位离横二条很近，横二条路西有家书店（中国书店下辖的门店），当时我分不清"中国书店"与新华书店有啥不一样。在这家店见到了《语丝》影印本，定价 50 元，超过我一个月的工资，每次去都会翻翻，始终没下决心买。不买的原因还有一个，我不喜欢《语丝》的开本大小不一，别人也许无所谓，我却非常在乎。还记得在这家书店花两元钱买的《丰子恺漫画选》，觉得真贵，那时候一个月吃食堂才 10 元。

　　横二条，成了我淘书的宝地，已经是二十年后的事情。二十年间，我于琉璃厂、隆福寺、潘家园各处豕突狼奔，以求一逞，没料到中国书店期刊门市部悄无声息地挪到了横二条。我早先知道期刊门市部在广安门外太平桥西里，隐匿在居民小区内，不显山不显水。"庙小神灵大"，不起眼的门脸，里面的宝贝多得眼晕，尤其是民国杂志目不暇接、美不胜收。存放民国杂志的地下室原来是防空洞，与我以前挖过的防空洞很相似，主干道两边一个一个小窑洞，码放的全是一捆捆的古旧杂志。我在地下室买到过《文饭小品》《文艺画报》《良友》

画报等零册。洋杂志买的是英国老牌幽默杂志《笨拙》，老店员王永志推荐我买，我也乐意，读过恺蒂的"《笨拙》之死"，精彩极了。这些"防空洞货"也许全部随着门市迁移到了横二条。我在横二条见到了熟悉的店员，老店员王永志，第二代"杂志大王"刘广振的高徒韩宝玲，他们给了我很大的帮助，至今心存感念。

还要感谢的当然还有马经理，只有他掌握"打折权"和"卖谁不卖谁权"。马经理待我不薄，他觉得我是读书人，而不是书贩子，他觉得卖给我的老杂志，我能研究、能写出文章来。马经理的看法没错，我写的书在中国书店门市常年有售，单篇文章刊发的报纸，店员们也经常传阅，这些原因也许就形成了所谓的"口碑"。

横二条期刊门市的古旧杂志，似乎无穷无尽，买不胜买。上海是期刊出版中心，期刊史上的名牌杂志大多出于上海，期刊目录记载上海图书馆所藏期刊一万八千种，北京图书馆只有七千余种。横二条的库存不能与上海书店相比，但是若有足够的钱，当个杂志藏书家富富有余，可是欲当超级杂志藏书家，还是得向上海买。

横二条举办"民国期刊创刊号展销"的前两天，马经理对我说，你就准备钱吧，东西有的是。那真是个"老鼠掉进米缸"的淘书盛会，更幸福的是，开幕当天只有我一个淘书者对创刊号有兴趣。马经理一捆一捆拿出来创刊号让我尽情地挑。

第一天，我从数百种创刊号里精挑细选出四十种文学类创刊号，马经理按一百块一册算的。这四十种里，文学史、期刊史上赫赫有名的有《甲寅》《小说丛报》《作家》《清明》《大江》《苦竹》《文学时代》。隔了一天再去，马经理仍热情款待，不厌其烦地一捆捆给我拿来创刊号，我一挑就是几小时，中饭也省了。我感觉这批创刊号是中国书店"底本"，仿佛触到了文学期刊史的主动脉。挑完结账之时，才发现袖口都蹭黑了。

第二趟有个意外收获，挑了许多本"鸳鸯蝴蝶派文学"创刊号，有《滑稽时报》《快活世界》《橄榄》《万岁》《情杂志》等。过去从未接触过这派杂志，却一见如故，并开立项专集。二十年下来，郑逸梅《民国旧派期刊丛话》里面的一百四十余种，寒舍泰半有存，完全颠覆了对鸳鸯蝴蝶派的以往印象。

（作者为作家、藏书家）

名"册"集萃　云霞满纸

朱航满

　　关于京城买书，之前，我写过短文称赞地坛书市的恢复，也写过文章略记琉璃厂的中国书店，其中一个原因，乃是缘于地坛的幽静古雅，以及琉璃厂的流风遗韵，与读书人的淘书清趣，真是颇为契合。这回到朝阳公园古旧书市，虽不能与地坛和琉璃厂的清幽古雅相比，但湖水绿地，以及成片的郁金香，倒是给淘书买书的读者增添了浓浓春意。

　　这次北京古旧书展销年会，齐聚了上海、天津、西安、广州、苏州等地的古旧书店，都是国内素有影响的几家特色店铺，可一睹风采。在一家古籍书店，听到店员介绍，此次他们专程带来了一批医学古籍，甚至有几册珍本。

　　由几家古籍书店出来，发现不远处竟是早已熟悉的布衣书局。未见到老板胡同，只有几位店员在招呼读者。布衣书局的书摊上，有几册《古籍版本十讲》，系杨成凯先生的签名本，倒是很应景。胡同戏称这是他们的一周"布衣快闪店"，而布衣书局旁边，便是一排孔夫子旧书网的"快闪"店铺。其中有家书摊在展销民国旧刊，我让店员拿出了几本《万象》杂志，才算一睹此民国名刊的风采；另一家书店则在展销民国信札，不乏梁启超、胡适之、钱锺书等现代名流书信。

转身才发现，对面的数个摊位，竟全是中国书店。走近一看，原来此回是集中了中国书店的各个店面，亦是一个很有创意的做法。我曾有过一日走遍京城所有中国书店的想法，但筹划了几回，终于没能实施，这回在朝阳公园竟实现了。尽管这种体验自然不能与到真正的店面一样，但也算是聊以慰藉了。在中国书店中关村店的摊位上，发现一册1958年人民美术出版社出版的《傅抱石画集》，精装，大八开，仅印一千二百册，郭沫若题签并用毛笔写短序。此画册印制十分讲究，不但纸张很好，且每页只一面印画作，彩印效果不输当下一些知名公司，其中的《丽人图（1944年）》《擘阮图（1945年）》《兰亭图（1947—1956年）》，真是云霞满纸。

在孔网的书摊上买到一册《俞平伯研究资料》，天津人民出版社1986年版，品相颇佳。此书由天津社会科学院的孙玉蓉女士编选，后来亦曾增订印制，我却甚喜此版印制的古朴，询问价格，也才二十余元，于是便购下了。后来翻阅，扉页上还有孙玉蓉女士1986年11月签赠给一位学界前辈的题款，蓝墨钢笔字迹，写得清秀而又质朴，更增了几许时间的印痕，想来书店也未想着这是名家题签罢了。倒是孙玉蓉女士专门研究俞平伯，做了很多资料整理和研究的工作，也是功绩甚大。除去这册《俞平伯研究资料》，此前我还曾买过百花文艺出版社的《俞平伯散文选集》，天津人民出版社的《俞平伯年谱》，以及上海译文出版社的《周作人俞平伯往来通信集》，故而对于专门研究俞平伯的孙玉蓉女士，印象殊深。我本无意专门搜购各种签名本，但偶得一册学人签赠本，也颇为高兴。

在中国书店的摊位还买到《语丝》影印本的第一册，为杂志的第一期到第八十期合订本，带函套，品相亦好。近些年，零零散散收藏周作人的一些版本，但民国初版本，真是无力搜购，而那些刊发其文章的民国报刊，也多是拍卖场上的竞品了。倒是现在出版机构陆续影印一些较有影响的民国报刊，也是值得称赞的善举。此前就曾购得《古今》和《骆驼草》两种期刊的影印本，周氏刊发集中的《新青年》《语丝》《晨报副刊》《宇宙风》《青年界》《论语》等，也都已影印出版，虽然整理翻印良莠不齐，但也比被作为珍奇深藏要高明了。关于这套上海文艺出版社的《语丝》影印本，共计十一册，其中前三册为周作人主编，风格最为特别。我购得第一册虽是零本，也是值得一记。

（作者为青年作家）

为书找人　为人找书

崔岱远

对于爱书者而言，淘书的过程是一种莫大的享受。所谓"淘书"并不是简单地买书。淘书的乐趣在于，像淘米一样以平和舒缓的心态从浩如烟海的旧书黄卷堆里遴选出自己得意的珍品，甚至只是那几片发黄的残页。

淘书者有时是众里寻他千百度的苦觅，可有时又是并无直接目标的邂逅。或欣慰、或惊艳、或惋惜、或怅然，千般情感就产生于手指与微黄纸张那轻轻碰触之间。

要想在京城里找到老书铺的影子，那就得从和平门奔南，沿着南新华街路东走上不远，您就能钻进号称是京城最长的书店——由一连串书铺组成的"中国书店"了。这些店铺门脸儿都不太大，说不上华贵，可也并不寒碜，带着那么点儿旧皇城的老气派。别看这溜儿店铺进深不深，而且宽宽窄窄，可您沿着那一眼望不到头的书架子往前走，足可以走上一两里地远，一直走到琉璃厂口的海王村，这简直就是一条书籍的长廊。

我上中学的三十一中离此不远，那时候最大的乐趣就是下学之后到这儿来逛书店、淘旧书，欣赏那些木头书架子上各个时代的诸多版本，享受那静静的书香雅韵。从黄昏到傍晚，直到书店关门上板儿，才依依不舍地坐上公交车回家。

"淘书"之乐

对于爱书者而言，淘书的过程是一种莫大的享受，其间体味到的那种不期而遇的快感简直让人上瘾，而提供了这种独特享受的古旧书店自然也就成了书迷的精神憩园。记得有一回我在书架子上偶然翻到了一本讲解《诗经》的旧书，把生涩的文字讲得无比通俗，读得我如醉如痴、爱不释手，看了看价钱，咬咬牙决定买下来。可一摸兜儿，发现竟然没带那么些钱。怎么办？灵机一动，把它卷起来偷偷塞在大书柜的角落缝隙后面。过了两天，带够了钱特意再来买，伸手一掏，那本书安静地躲在那儿……直到今天，它还藏在我的书柜里。

很多人以为中国书店是家百十来年的老字号，不仅因为这淳雅的名号，更因为一走进中国书店就仿佛穿越回古代的书肆，整个人也一下子舒缓下来，不由得慢条斯理翻弄起那些夹着纸签的蓝布函套。可若论真了说，中国书店的历史并不太久，正式挂牌不过是 20 世纪 50年代的事。然而，它又的确与老北京的古旧书行一脉相承，并把这一行当独有的经营文化像化石一样保存下来。因为，中国书店实际上正是老北京几乎所有古旧书铺公私合营的产物。

老书铺

历史上京城并没有综合性的大书店，有的只是两三间门脸儿的小书铺，而且数量也不太多，连书摊儿都算上，全市也就百十来家。能雇上两三个伙计的书肆算是大户，更多的是根本没有伙计的连家铺子——前面一间房摆上两架子旧书，再摆上一桌二椅供顾客歇脚，一掀门帘子，后面就是他们家了。别看数量少、店面小，可整个书业在京城的生意场上那是数得着的行当。一来是因为这些书铺都扎堆儿在京城最繁华的商业区，像东安市场、隆福寺、西单。更重要的是，小书铺的顾客却常常是社会上的大人物，要么是有头有脸的文化名流，要么是宦游回归的显贵达官。这一特色已然传承了几百年，特别是南新华街到琉璃厂一带的老书铺，那得说是连接着京城的久远文脉。

明代的书肆原本都在内城。到了清代旗民分城而居，内城住的是尚武好玩儿的八旗子弟，舞文弄墨的汉族文人大多住在宣南，专门接待各地举子的会馆也在这附近。渐渐地，琉璃厂一带形成了京城最大的文化市场，字画店、南纸店、刻字铺、古玩行等一应俱全，而其中数量最多的就要数一家家大大小小的书肆了。

对于读书人，逛书铺是一桩充满情调的雅事，这家走走，那家串串，一天下来绝不会烦。因为这几十家店的藏书风格不尽相同，有的偏重音韵、训诂，有的专收金石拓片，还有的是从外省购进的珂罗版典籍。尽管大多数老书铺并没有气派的门面，也缺少奢华的摆设，却都充盈着浓浓的文化气息。

书友与文人

这路买卖的独到之处，表面上是对作为衣食父母的读书人的尊重，骨子里却是对学问的景仰之情。书铺的伙计别看并没有太深的学问，但他们可以做到顾客来上一两趟就知道您是研究哪路学问的，您可能需要些什么书。等到您再来的时候，他已经把您喜欢的书和想找的书全都预备好了，有时甚至比您想得还要全。因为他们背熟了张之洞的《书目答问》，再加上十几年在书堆里的历练，对于各种版本乃至行款特征已经了然于心了。读书人对这么用心的伙计自然也多了几分敬重，所以并不喊他们伙计或店员，而是亲切地称为"书友"。

书友与文人之间因书而结缘，最终发展成为几十年交情的故事比比皆是，这也就让古旧书行一直延续了送书上门的传统。当他们搜罗到一套某位学者感兴趣的善本时，会赶紧用包袱皮一裹送到人家府上。

这种充满着书香的人情味儿一直保持到我上中学时候的中国书店，那时几位老师傅依然会蹬着自行车从琉璃厂跑到西郊的高校去送书，然后带着书单回来为他的教授朋友四处寻书。其实，也没谁要求老师傅们这么干，只不过是这几十年来"为书找人，为人找书"已然成了他们的生活习惯。

说到找书那可是件有意思的事儿。等着送货上门的坐收要算是最基本的方式，看似简单，也还就真等来过明版古书。走街串巷是这一行的传统，直到 20 世纪 80 年代，收购员还能一年中两百多天在各地搜罗淘换散失于民间的古籍。从废品收购站、郊区的灶膛前，甚至从造纸厂的化浆池边抢救下珍贵版本的例子不在少数。

有意思的是，老书铺改造成中国书店之后，那一间间小书铺子的格局被打通串联起来，形成了一个堪称是京城最长的书店，足有公交车一站地那么远。那条摆满了各种书籍的长廊曾经令多少读书人流连忘返！直到 20 世纪末，徜徉于此淘书依然是北京书迷的一大乐事，这个习惯感染过我，直到今天。

而今，爱好古旧书的人尽管没那么多了，但那一缕悠远的书香依然萦绕着离高楼大厦咫尺之遥的那一排小书店。在那儿，依然有一群爱书的老师傅们传承着我们民族智慧古老的牌记，默默地守望着那块读书人心目中的圣地。

（作者为中国作家协会会员，作家、文化学者）

《红楼》得书记

丁雅仑

取这个文题，倒也不是抄袭前辈买书之趣，也非效仿郑西谛先生写一部《劫中得书记》，乃是自我的一个猎书回顾。从幼年九岁起，受教语文的母亲影响，常常浸淫此道，乐此不疲。用母亲的话说，是生了一个书蠹。我童年生于巴蜀，地处西南，儿时人贩众多。无奈，父母上班就会将我锁在家中。孩童正是爱玩的年纪，终日磨皮擦痒无所事事。于是偷偷跑进父母书房，见架上各种珍籍，拿得第一本竟是湖南文艺那册西蒙娜·波伏娃的《第二性·女人》，囫囵吞枣一遍后，拿出的第二本便是人文社那套被翻得泛黄的《红楼梦》(以下简称《红楼》)，终究是入了迷。《第二性·女人》并非全本，乃是波伏娃关于女性一生的描述，这个选本是 20 世纪 80 年代的普及本，与日后郑克鲁先生的译本不可同日而语。《红楼》亦如此，母亲惜书，纵然翻得泛黄，品相仍是触目如新。儿时家中多是曹雪芹、高鹗作为著者的百二十回本《红楼》。

接下来的数日，我便跟父母打起了"游击"。每当听到钥匙插入防盗锁内的声音，便拿起一旁的凳子以迅雷不及掩耳之势将书重新插回架上——那时《红楼》被父母束之高阁，周围的书皆是不可触碰的领域。无奈彼时尚小，能看得懵懂的就是宝黛之情。

待到初中，母亲把我带去她的学校，我仍是终日抱着一本《红楼》昼夜勤读。从内里学到了许多哲理……那时为了避嫌，不在母亲的班里，教我语文的老师刚从大学毕业，见我作文早慧之句频出，时常将之作为范文让全班浏览。学校附近颇多书肆，每到课间我就在校园周边流连。往往用省吃俭用的钱买上一两部"盗版"《红楼》，不为别的，只因封面好看。

高中学业繁重，闲书自不消说是看不了的。等到大学，蹉跎了几年光阴后参加工作，才重新拾起对《红楼》的兴趣。后来辞去编制，南下深圳，在深圳的一家书店里打工，为的就是能有时间看些闲书。也就是从那时起，开始注意收集各种版本，日积月累之下庋藏中的《红楼》遂初具规模。

我读《红楼》只是读原著，至于众多"红学"专著则兴趣不大，但作为资料却也极力搜检。这些年因为天南海北的出差，每到一地，虽有繁务，然逛旧书肆兴味难减。哪怕时间再紧，也要去当地颇有名望的旧书市场乃至二手书店逛逛，总是希冀在其中能捡到宝贝，但很多时候，即便去了，看到架上所售之书皆是大路货，不免失望而归。《红楼》版本无数，书蠹书痴们猎书颇有一番心得：若是旧时版本，奇货可居，店家价昂，囊中羞涩者不敢出手；若是普通版本，品相唯佳，书况较好而索价亦廉者，卖家读者皆有雅兴。念及这些年买读《红楼》花了重金，最为有趣且值得记录的，唯有京中淘书二事。

不识京城潘家园，都不敢妄称自己为书蠹。周末清晨到此聚集的，大多也是常年熟谙此道之人。每每出差至此，周末必来这里晃荡一圈。

有主动吆喝的老太，翻检一过，用一句话总结即是："价昂而品弱。"有正版盗版掺杂5元一本的，此中亦是人群聚集地，但很难买到精品。于是我只能另辟蹊径，去隔壁淘宝楼中的店面里一逛。早晨开门的倒也没有几个，印象最深则是其中一家没有门头的店面，店主姓刘，我在他店中买了不少好书，"苦茶寒斋""逸梅起潜"（注：周作人、郑逸梅、顾廷龙）应有尽有。印象最深的，则是淘了三册《红楼》残本，应为民国有正书局小字本。自此打开了我版本收藏之初衷。现在想来，也是六七年前的淘书旧闻了，但情景仍历历在目。此京中第一件趣事。

第二件趣事，是前岁专程前往北京曹雪芹纪念馆。该馆坐落于西山植物园中，去时正是一片生机盎然。当时小巷深处有邓云乡先生所题"薜萝门巷"，在四周闲逛一圈便去了内里的"芹圃学坊"，应是纪念馆中单辟的一间书店。进门一看，架上诸多《红楼》早已收入囊中，唯有一套平装三册的《红楼梦脂评汇校本》，放至前台结账时，店员见后有"溢价书"三字，跟店长反复确认，店长才无奈卖给了我（可能当时此书标价尚低，店家语气仍有不愿出售之意）。店中一个熟人在此抽金陵十二钗盲盒，指定了"黛玉"，这黛玉自己跑了出来。眼前景象，活脱脱似"大观园"呢。

读书人往往有寻书、藏书之好。自十二岁伊始，经历了二十年的猎书生涯，见到书如狼似虎的劲头仍然未减。而寻访《红楼梦》，恰是其中兴味盎然的一环，每每令人回想。

（作者为藏书爱好者）

鲁迅"宝剑赠英雄"

金 川

2024 年 6 月，中国书店春季拍卖会有一个特殊的专场，名为"以文化为津梁——鲁迅挚友内山兄弟旧藏"，集中呈现了由内山兄弟所藏的名家书简、中国木刻家持赠版画、贺年卡、书画作品等一百九十九品。其中一本珍贵的旧书——签赠本《Masereel（麦绥莱勒）木刻画选》，见证着一代文豪鲁迅与内山书店老板的一段难忘的友谊。

这是一本 1929 年在德国慕尼黑出版的木刻集，由六十幅比利时著名版画家麦绥莱勒创作的木刻版画插图串连而成，通篇没有文字，是一部以版画写就的关于风景和情绪的"无字小说"。

展卷翻阅，书前扉页上有鲁迅墨笔所题"转赠／内山嘉吉兄／鲁迅／一九三二年五月七日／上海"。遂知此书系 1932 年 5 月 7 日鲁迅先生持赠日本友人内山嘉吉之物。鲁迅将赠书之事记在当天的日记中："1932 年 5 月 7 日 雨，午后霁。下午……又《Masereel 木刻画选》一本寄赠内山嘉吉君。"

内山嘉吉是谁？许多人都会有此一问。事实上，这位内山先生拥有许多身份，他是内山完造的胞弟，是东京内山书店的创立者，是中国新兴木刻运动的"第一位"讲师，更是鲁迅的挚友和同道。

鲁迅的生前挚友内山完造，曾长期在上海经营内山书店。他的胞弟内山嘉吉与鲁迅于 1928 年上海内山书店初见，随后二人交往日益密切。从那时起，在《鲁迅日记》中时常能看见关于内山嘉吉的记述，包括参加嘉吉婚礼、分享添丁之喜、互赠书籍和礼物，等等。

鲁迅曾言"当革命之时，版画之用最广"，他于 1931 年 8 月 17 日至 22 日，在上海举办木刻讲习会，邀请内山嘉吉主讲，并自任翻译，参加讲习的江丰、黄山定、乐以钧、陈卓坤等十三名学员均为进步美术青年。《鲁迅日记》亦有记载："1931 年 8 月 17 日　晴。请内山嘉吉君教学生木刻术，为作翻译，自九至十一时。"

木刻讲习会，是中国版画专业教育的开篇蒙学，也是鲁迅倡导的新兴木刻运动的发轫之始，亦对中国新兴版画事业做过可贵的贡献。

鲁迅将自藏的《Masereel（麦绥莱勒）木刻画选》赠与内山嘉吉，是一段"宝剑赠英雄，持赠结交亲"的佳话。弗朗士·麦绥莱勒（Frans Masereel，1889－1972），比利时版画家，为鲁迅推展新兴木刻运动时期推崇备至的西方版画家。1931 年，在德国攻读艺术史专业的徐诗荃（徐梵澄），代鲁迅购买了此本版画集，并自柏林寄回上海。1931 年 12 月 2 日，鲁迅收到此书，纳入自藏。

在内山完造的影响和推动下，内山嘉吉 1935 年在东京也创立了内山书店，向日本知识界介绍中国的新文化。如今，内山书店由内山嘉吉的后人经营，继续为中日的文化交流搭建桥梁。

（作者为中国书店北京海王村拍卖公司副经理）

浮生半日　闹市寻书

冀永义

　　北京淘旧书旧画，最有感觉的还是琉璃厂。我在长椿街住着的时候，有一年夏天没事，从宣武门外椿树街社区进来，自西向东在琉璃厂闲逛，看一回街巷两旁笔墨纸砚、古董文玩，最后到中国书店买书。大半天下来，行处则行，止处则止，怡然自得。

　　琉璃厂西口路南第一家店卖扇子，招牌叫作"京华扇苑"，名字虽然宏大，店面却只有七八平方米，小如片毡，里里外外堆满了扇骨扇面，有空白的，也有写了字、画了画的。店主是个年轻人，正在画一幅小条幅。那条幅宽只二寸，长不盈尺，那样小的地方，他却走笔从容，小羊毫轻轻抖动，一朵荷花不经意间跃然纸上。一旁有个闲人，聚精会神看他创作，如松下观棋。二人觉到我进店，抬眼一瞄，见并不像有意买东西，也不招揽，只管继续，画的画，看的看。环顾四壁，挂着不少已经装裱起来的这种小条幅：有横的秋行图，只画了一个人，旁边大留白，远远翻飞着两三只雁，空旷寥落。有纵的垂钓图，长长的渔线灌满了几乎整个画面，两端的蓑笠翁和北冥鱼反而成了陪衬。孟子说"域民不以封疆之界"，艺术想象的开阔，更不是尺寸可以局限的。这种小而精巧的画儿我还是第一次见，觉得新鲜。本要买一幅，因想寓处狭窄杂乱，无处张悬，束之高阁又太可惜，于是就算了。

街上治印的不少，因暑热，都把摊子摆出来在路旁树下做工。印章比起条幅来，面积更小，方寸之间，大千世界，做得精巧殊为不易。我有一枚闲章，阳文铁线篆书"归于朴"，侧款题"丁敬刻"。丁敬是清康乾年间的金石大家，擅长以切刀法刻印，苍劲质朴，风格独具，但我这方印章，只花了两百元，以此知乃托名仿制。但我爱其线条精巧轻盈，边框损痕自然，所以拿来当作藏书章。那天我在琉璃厂看了几处做好的印章，出于各种考量，最终没能买成。

逛琉璃厂印象最深的，是荣宝斋之财大气粗。好几处大门店，都挂着他家的招牌。东口路北那一家叫作"荣宝斋大厦"，楼上楼下两三层，门厅开阔，尽头装了电动扶梯。上来一看，居然在二楼又造了一个小小的四合院，被大理石和玻璃主体建筑围着，典型的"中学为体，西学为用"，于观感上略显不伦不类。四合院西侧，是荣宝斋美术馆，那一日正在展出海上画派的作品。海派画家影响之巨，艺术界自有公论；戴敦邦、施大畏等人笔下人物，是我最喜欢和推崇的，可惜财力不济，买不起真迹——便是高仿的也买不起，只好看看他们画的小人书。我有一套20世纪出版《水浒》连环画，一套30册，其中就有戴敦邦画的《狮子楼》、施大畏画的《清风寨》和《闹江州》。那天荣宝斋的展览，展出的是晚清画作，吴昌硕、"四任"，总共二三十件，走马观花看下来，只记得好像是虚谷画的一个扇面，赫然两个螃蟹，颜色却是赭红，且八只爪都束着，分明是煮熟了正待上桌的样子，了无生气。疑惑为何不将青蟹作图，"看公子今夜横行"，岂不活泼有趣！楼下还有个小小的展厅，展着傅抱石、刘海粟的作品，看了一下。《虎溪三笑图》印象最深，明的溪水、暗的石头，生动流畅；然而陶渊明、陆修静和慧远这三位主人公，却无特色。

荣宝斋大厦对面就是中国书店，旧书不少，逛琉璃厂，必要在这里消磨大半天的时光。偷得浮生半日闲，宜从闹市看旧书。我不懂版本学，所以不敢看那些古书，只看20世纪以来的出版物；然而就20世纪的出版物，稍稍看上眼的，也不便宜，算起来，总比新书还贵。披沙拣金，总算淘了两套书。一本是余冠英先生的《诗经选》。余冠英先生是研究古诗的大家，他的《乐府诗选》《三曹诗选》都是同类书的上品。然而，余先生注解的《诗经》，文风却很不稳定，比如这本书《采薇》里的"不遑启处"，余先生居然释成"腚不着凳"，虽生动，却不雅，好像有意开玩笑。而《采薇》作为小雅名篇，里面有"昔我往矣，杨柳依依。今我来思，雨雪霏霏"千年的空谷清音，所以窃以为"不遑启处"释为"坐不安席"，似比"腚不着凳"更符合原诗风格意蕴——余先生地下有知，以为然否？

还有一套《西游记》，是人民文学出版社1980年二版三卷黄皮本，古干先生插图。古干先生的画，特点是外师造化，中得心源，意象形象俱佳。更可贵的是他常在那神佛妖怪虚拟的时空场里，隐约掺杂一些儿童画的笔触，为本书增添了亦真亦幻的元素。所谓"如何是佛祖西来意"，原可以用童稚视角明白畅晓地予以表达，因此我觉得古干先生的插图，深得西游真谛。当然，二版三卷绿皮本也不错，李少文先生插图，比古干先生的画，多了一分立体和怪诞，可惜绿皮本书店只有一卷，凑不满全套，所以就只买了黄皮本。

书店出来，日已偏西，展腰伸颈之际，恍然有王质烂柯之感。看看手里刚淘的书，心满意足，"为之四顾，为之踌躇满志"。于是打道回府，想以后有暇再来看。没想到不久搬家，住得远了，七八年来，竟没再去过。"老僧已死成新塔，坏壁无由见旧题"，幸而这《诗经选》和《西游记》还摆在书架上，否则那天的游历，还真就无从纪念了！

[作者为中共北京市委宣传部研究室（政策法规处）主任]

得之固喜　失之不忧

秦承勇

　　一册书有一册书的价值，收藏旧书与新书相比较，更有它特殊的意义。尤其是藏在旧书中用过的痕迹、留存的片言、扉页的题字等，都可能引起后来拥有者的兴趣，借此以探究竟，以寻迷情，发现字迹背后蕴藏的秘密。正如著名学者陈子善所言："每本签名本，从保存、流传到散佚，都有一个故事，当中可能包含深刻的社会历史背景，就是所谓的以小见大。"

　　在我的藏书中就有部分这样的书籍，打开扉页，看到上面或正或草的字体，或方或圆的印章，自己就像福尔摩斯发现案件的蛛丝马迹一样，沿着这个线索，做一番深入的探究，追寻书内曾经的故事。当经过一番辛苦，找到答案，摸得真情，其过程如陶渊明在《桃花源记》中所言："缘溪行，忘路之远近。忽逢桃花林，夹岸数百步，中无杂树，芳草鲜美，落英缤纷。"得到的快乐"不足为外人道也"。

　　张守义是著名的装帧家，他为许多名著设计装帧和插图，风格独特，别具匠心。我藏有他的《张守义的笑》一书，该书是作者生活的漫画随笔，用老油灯、老酒具、石头、啤酒等组成了其形而下物化的存在，真诚、热情及欢笑和适度的幽默，构成了其形而上的精神空间。

打开扉页，映入眼帘的是作者的插图和潇洒随意的笔记留言："熙坤老弟，一笑年少，酒仙——守义（下钤红印），乙酉初夏。"看到题词，感觉一股暖意迎面扑来。"老弟"这称呼，亲切自然，非外人也；"一笑年少"对友人的祈愿，与本书的宗旨相吻合；"酒仙"二字既能体现作者本人的生活特性，也富个人谐趣。这样的话语，令人心旷神怡，不禁哈哈一笑，书之乐趣，尽现眼底。

前些年我购有一册韦力先生的《古书收藏》。2018 年去北京参加孔夫子网举办的韦力的讲座，听完讲座之后，请他在带去的此书上签字。韦力先生翻开书后，略一沉思，在扉页写下了："得失随缘，某某先生雅正。"

韦力先生著有两本书《得书记》和《失书记》，记述其几十年来的拍场见闻，谈了自己得书的喜悦和失书的遗憾。"曾经沧海难为水"，作为书界久经沙场的老将，没有古书拍场"血雨腥风"的拼杀与醒悟，怎能写出"得失随缘"这样富有佛性的哲理言语。古书收藏要有得失随缘的心态，人生何尝不是如此。"不以物喜，不以己悲。"得之固喜，失之不忧，才是收藏的最高境界。人生况味，了然于言。

著名藏书家谢其章说过"最理想的藏书是有作者的签名或题词，或者经名流占用、使用并留有印迹的书籍""一经品题，身价十倍"。韦力先生是古书藏界翘楚，能得到其签字之书，甚是有幸，岂不乐哉？

藏书人读书是深入骨髓的，其情之炽，爱之深，思之丰，远超常人，可谓"一字一页总关情"。

朋友分别、同事结婚，现在一般赠送物品或送钱表达心意。在特定的年代，为好友制作一本书赠送，这是多么深厚的友谊啊！我藏有一本《毛主席诗词》，是两个同志之间的友情见证，内页写到"书赠陈锦琛同志结婚前夕，练亚纯，一九六七年七月十五日"。作者书写《毛主席诗词》，制作了一册精致的手抄小书。其用功之精、书法之妙尽呈书中。友人新婚燕尔，赠书远比送钱物意义深刻得多。君子之交淡如水，非至交不以如此，高山流水，知音难求，赠君一书，情义永存。

阅读书内前人的字句，别有韵味。"苔花如米小，也学牡丹开"，自己买了书，也在扉页写上几行，或记购书过程，或述心得体会，过后翻阅，回想以前，饶有情趣。

旧书收藏，其乐无穷，扉页留言，风景各异。套用伟人的一句词："风景这边独好。"

（作者为藏书爱好者）

小人书大学问

肖　飞

　　我自小就喜欢看连环画，也喜欢收藏连环画。连环画在我们老家叫"图书"，在我工作的地方珠三角叫"公仔书"，还有很多地方称之为"小人书"。

　　近几年来，我的微信里多了几个连环画交流群，这些群好热闹，既有拍卖转让藏品的，又有交流收藏体会的。"连友"们来自五湖四海，其中不乏一些久负盛名的"大家"。通过交流，我了解了全国各地连环画的收藏动态，也感悟到了连环画里有大学问，集中体现在两个方面，一个是连环画自身的内容，一个是连环画的收藏。

　　我国的连环画兴起于 20 世纪初，曾是大众喜闻乐见的文化娱乐方式，与文学作品的长期结缘，也使得这种绘画形式充满了浓郁的艺术人文气息。连环画是许多国人的启蒙读物，尤其现实题材的连环画，还具有传播知识、育人向上的强大社会作用，像《林家铺子》《施洋的故事》《抗日小学》《过草地》《劳动妇女的好榜样》《珊瑚岛上的死光》《两个侦察兵》《永不消逝的电波》《硬骨头六连》《箭杆河边》《和平歌》等都曾家喻户晓。

　　连环画涉及对文字脚本的构思、对社会生活的观察、对历史知识的读解、对表现内容的理解和准确表达，因其少则数十、多则数百幅数量的图画创作，要求创作者具备相应的生活底子，掌握相应的创作素材，由此展开充分的想象，进而付诸画面去构思创作。这和电影导演一样，需要在文字脚本、分镜头设计、人物造型、肢体语言、表情演绎、环境道具设置、摄影构图布光等诸方面构思，才能组合出一台可看的"戏"。

连环画幅面虽小，但其思想内容、艺术意涵寓大于小，见功力、见创造力、见技术，丝毫不逊于任何单幅大画艺术创作，甚至是一般画家难以胜任的，是一种小中见大、俗中有雅的艺术。同一个题材，在不同的艺术家笔下，可以画出不一样的风格和情调。

20 世纪三四十年代，彼时中国当数上海的通俗市民文化最为活跃，各类画报、书刊杂陈，成就了一批画路较宽的多面手画家，如丰子恺、张光宇、叶浅予、张乐平。到 20 世纪五六十年代，许多在中国美术史上非常重要的艺术家，如程十发、陆俨少、李可染等都从事过连环画创作。沪上四大名角沈曼云、钱笑呆、赵宏本和陈光镒是早期连环画的画家代表。之后又陆续出现王叔晖、刘继卣、贺友直、顾炳鑫、王弘力、华三川、刘旦宅等多位杰出的连环画家。他们创作的《渡江侦察记》《鸡毛信》《李时珍》《西厢记》《山乡巨变》《白毛女》《十五贯》等，作为具有鲜明时代特征和艺术特色的一流作品，成为中国美术史上无可复制的艺术丰碑。

连环画艺术出大师。他们的艺术成就，不仅将连环画艺术水准推向极致，还深深影响了几代连环画从艺者。一流文学大师的文学作品，配上一流美术大师绘制的连环画作品，可谓双绝，如《西厢记》（王叔晖画），《渡江侦察记》（顾炳鑫画），《鸡毛信》（刘继卣画），《白毛女》（华三川画），《孙悟空三打白骨精》（赵宏本、钱笑呆画）等。

连环画的收藏有学问，主要体现在以下几点：即连环画的价值，连环画的使用价值，连环画的真伪鉴定。

连环画与其他商品一样，具有使用价值和价值的两重性。连环画价值的货币表现形式就是价格，影响其价格高低有几个方面的因素：一是稀缺性，物以稀为贵的道理适合任何的收藏领域；二是版本，透过不同的版本可以窥测创作者，尤其是编辑出版者的改动，由此折射出时代、社会的某些变化；三是品相，同种连环画，品相好的价格自然要高。

至于连环画的使用价值，连环画集绘画、文学、装帧等艺术于一身，涵盖了几乎所有的绘画形式，荟萃了难以计数的历史画卷，展现了各个时期的社会生活，再现了种类繁多的经典名著，浏览连环画佳作，如同置身于艺术的花圃之中。连环画是时代的产物。从它的内容上说，各个不同时期的政治、经济、文化生活和风土人情，都会在连环画这一普及、通俗的大众艺术中得到反映。如《南泥湾》等。早期的连环画现已成为历史文物，十分罕见。新中国成立初期的连环画也已成为收藏界的新宠。

连环画真伪的鉴定，首先要看封面色彩是否均匀，一般时间长的书封面颜色较淡，而特别白或者封面有白点很可能是做旧的。其次是闻，一般时间长的书有淡淡的油墨味道，味道特别浓或者没有味道，那么藏友们要谨慎了，有些商家会用蚊香来做旧。再次是摸，摸书纸张的厚度，真书纸张比假书厚，而且1985年之前印制的小人书多有铁钉，铁钉上多有锈迹，做假的小人书一般只用胶粘住书页。

连环画里有大学问，通过收藏连环画，我们能够学到很多知识。收藏之乐在于过程，在浩如烟海的连环画中，能发现几本让自己心仪的宝贝，其欣悦简直不亚于哥伦布发现新大陆。连环画是时代的产物，将不同时期的这些连环画串起来，就是时代的见证。

（作者为广东省作家协会会员、广东省收藏家协会会员）

一册苦雨斋旧藏

方韶毅

读周运《知堂藏书聚散考》，想起书架上也有一册苦雨斋旧藏，乃《青照堂丛书》三编之一种《谭误》。这是十多年前江慎兄推荐从孔夫子旧书网买的，正文首页钤有朱文"苦雨斋藏书印"。大概还有前买家退订后再为我所得的插曲，现在想来颇感幸运。

《青照堂丛书》是清陕西朝邑人刘学宠、李元春于道光年间辑刻，总有八十多种。《谭误》系明代马敦若读书笔记，共四卷。李元春阅之喜曰："是可以教小学矣。"但我没有找到周作人购买此书的记录，也没有寻到周作人有关阅读此书的文章。倒是《野草的俗名》一文提到《青照堂丛书》中的《毛诗陆疏广要》，并引用了李元春的批注。

《谭误》何时散出？最令人产生联想的线索是郑炳纯的回忆。郑炳纯是中国书店的老店员，他在《周作人与书》一文回忆：1959 年，东安市场旧书店曾派人收来周作人藏书三十五种，他做了记录，计有《小尔雅》一册、抄本《家语正讹》三册、《史记》二十册、抄本《酌中志》四册、《出蜀记》一册、《台湾郑氏始末》一册、《虎口日记》一册、《二十一史识余》二十册、《颜氏家训》二册、《群书斠识》三册、《颍上风物记》二册、抄本《大瓢偶笔》四册、《青照堂丛书》四册、《东坡事类》十册、《霞外攟屑》十二册……《谭误》极有可能在这四册《青照堂丛书》之中。

郑炳纯记录的周作人藏书书单，在周运《知堂藏书聚散考》文中未见提及。周文主要考察了国家图书馆藏周作人外文书旧藏，至于周作人线装书旧藏，仅从《国家图书馆古籍藏书印选编》等处罗列出四十多种。他说，调查国图古籍阅览室收藏的周作人线装书旧藏，"这个工作量很大，只有留诸日后了"。

其实，除了国家图书馆工作人员披露馆藏周作人旧藏线装书三十来种外，陈文辉十年前也做过类似的工作，编有《周作人早期所读传统典籍书目简编（1890－1906）》，共三百七十多种，附录于博士论文《传统文化的影响与周作人的道路》。

陈文辉是书《绪论》有言："近年来国内外学者非常关注作家个人藏书的研究。与周作人研究关系密切的鲁迅藏书研究有了较大的进展，出版了《鲁迅藏书研究》《世纪之交的文化选择——鲁迅藏书研究》和《鲁迅古籍藏书漫谈》等书，试图'寻找出鲁迅的人生观所受到的影响''从而使读者通过另一个侧面来探求传统典籍对鲁迅思想形成的影响'。周作人藏书问题虽一直受研究者关注，相应的研究却不多。舒芜曾设想，在周作人作品索引的基础上，'编一部周作人平生引用过评论过（以及提到过涉及过）的书目提要，必定是一部分量不小的书，有益于读者的书'。周作人本人也曾有过整理自己藏书的计划，其《桑下丛谈小引》说：'偶见越人著作，随时买得一二，亦未能恣意收罗，但以山阴会稽两邑为限，得清朝人所著书才三百五十部，欲编书目提要，尚未成功。'近年有人对周作人自编文集做过初步统计，总计涉及书籍总量为二千二百六十种，其中古书一千三百五十一种，外国书籍九百零九种。2009年，《周作人散文全集》出版，同时发行了全集'索引'。这些都还只是初步的资料整理，而且并不全面，如周作人日记所载的阅读书目还没有涉及。"我在中华书局工作时，曾向陈文辉约稿，希望他将《周作人早期所读传统典籍书目简编（1890—1906）》扩充成一本书，可惜选题未能通过，此事就不了了之了。

尽管周运《知堂藏书聚散考》极尽"动手动脚"之能，用旧时新闻报道还原了周作人书房、藏书、流散前后的情形，并以周作人文章和日记为饵，勾勒出国家图书馆现存周作人外文藏书面目，堪称周作人别传。但周作人所读所藏包罗古今，脚踏中西，尤其他对中华传统典籍的"文抄公"亦为经典。缺失周作人中文旧藏面目，难以实现袁一丹所谓"文本内证与实物搜讨相结合的'二重证据法'"，终究是个遗憾。

目前，这项工作仅仅是开始。周运文中说他找到的周作人外文藏书不过其全部外文藏书的六分之一，而陈文辉所列也只是周作人早期不到二十年的购阅书目。拼凑一张周作人的阅读地图还在路上。

（作者为温州大学人文学院教师）

淘书见性格

童凯思

　　看过许多书友写自己淘旧书的经历，都好像是无师自通，形同本能。在我则不然，如果没有认识老故，我想我不可能步入这条"歧"路。

　　高中毕业那年的暑假，我第一次去老故家，就被他的房间和杂物间内两壁书墙给惊呆了，尤其是最上面肃然整齐码放着的那套汉译世界学术名著。天可怜见，我们虽然看似同类，都在各自的学校里以舞文弄墨、不蹈常规而小有名气，但以我当时的眼界，万万想不到一个中学生的书架上居然已经摆满《罗马史》《伯罗奔尼撒战争史》这样的皇皇巨著。在我们生活的那个偏僻的西北小城，平时就是想见这些只在历史课本里听说过的书目也不容易呀！

　　后来我才知道，他早就摸到了访书的门道。据他讲，金陵河口有家很小的新华书店，门面破旧，却长年半价销售滞销书。每隔几日，他就蹬着自行车去踅摸一番，像商务印书馆的很多书都是从那里淘来的。学生哪有钱呢！只能买半价书，都是用他不吃早餐攒下来的钱。毛病养成了，直到今天他也不爱吃早餐。

　　顺便说一句，老故是他的绰号，因为班上有同学认为他肚子里的学问像故宫展品一样又老又多，故得此名。另外，他又比我们多复读了几年，形貌与行文颇有几分老成、老派的样子——其实也只是样子而已，这就足以在小城活成一个"传奇"。

命运使然，后来我们竟一同去西安，混在同一座学府念书，课业之余，也就开启了一同淘旧书的日子。记得出了大学校门向西一拐是太白北路，那里每晚都有夜市，数十家摊位沿街铺开，有卖烧烤、小吃和扎啤的，亦有卖饰品、皮带、小电器、钥匙扣之类的，此外就是随处可见的旧书摊。每逢周日，旧书摊下午三点多钟就开张了，我随老故在一堆堆的大中学教辅书、新旧工具书、期刊、小说和文史哲艺书籍当中扒来扒去，主要目标是后二者，往往一扎进去就忘了时间，直到地摊上的电石灯依次点亮。我们在确信不会有更多的发现之后，这才两手乌黑，挟着几本旧书施施然回学校去。

自从随老故一起淘书，我才晓得买书要挑版本，挑出版社，外国小说更要挑译者。经常是我才抽出一本书，旁边的老故用余光一扫，就轻声下了判语："《雪国》不要买叶渭渠这个译本，要买就买韩侍桁的译本。""《爱的荒漠》，桂裕芳的译本啊，拿下拿下，一定拿下！"有一次，老故忽然找到一本丹尼尔·笛福的《摩尔·弗兰德斯》，如获至宝地说："这可是梁遇春的译本啊，才华横溢，英年早逝啊！比他译的《鲁滨逊漂流记》还好，如果笛福用中文写作，也不能比它更好了！"

淘旧书其实很能见出人的性格。像我看上某本书，大多是因为正对自己的"脾胃"，于我想写的东西有帮助，且信奉老子的"多闻数穷，不如守中"，买书读书，只宜量力而行，量入为出。老故的做派则是"率性之谓道"，而他的本性又特为驳杂，凡遇到自认为有价值，或者经权威钦定的必读书目，无论眼下能否消化，一律收下，这就不能不与现实发生冲突，当时学生一个月的生活费也就百十来元钱，他还要抽烟，买的书太多，饭费就不够，转而向我来告借。我买一本书要掂量再三，他老兄一旦相中了一本书，是谁也拦不住的。书摊上除了中文书籍，间或还有一些德文、日本的小说，大多数是看不懂的，但他能从个别词汇猜出是哪位名家的作品，就执意要据为己有。我说："你买它有什么用？回去又看不了！"他说："你看这装帧多么精致，扔在这里是多么可惜！"于是，他拣起来又让我劈手夺了丢回去，拣起来又丢回去，如是者再三，两人都生气，最终还是让他遂了心意。

在认识老故之前，我常喜欢买些诗集，他发现了我的偏嗜，现出不以为然的神态："我就很少买诗集，诗又不长，你可以借回来抄嘛！"这倒是我以前没有想过的事情。后来看施蛰存先生回忆，他在之江大学念书的时候也有抄书的习惯，曾在图书馆抄完了一部《英国诗选》，并一直为此得意。所谓"贫儿暴富喜难说"，大概就近乎这种心情吧！忽一日，我从旧书摊上捡回一本《台湾女诗人五十家》（湖南文艺出版社，1991 年），老故见了两眼灼灼放光，只恨自己错失"佳人"。那年头引进的台湾诗集很有限，他对才女，特别是对彼岸的才女又心存旁人无法想象的追慕，于是连午饭也不吃了，直接借过去抄。印象中他趴在宿舍桌子上抄了总有一周吧，一本作业本几乎都用完了。那本《台湾女诗人五十家》跟着我几经辗转，至今还插在我的书架上，鹅黄色的封面上似乎还留有宿舍餐桌上的油渍。

（作者为纪录片导演、文艺评论人）

给焦晃送过的一册旧书

杨思思

　　焦晃先生爱书，家里有许多书，密密麻麻地摆满了两面墙。其中，莎士比亚、果戈理、契诃夫、斯坦尼斯拉夫斯基的书籍自不多言，还有琳琅满目的历史文化，乃至佛教、禅宗、道教、基督教等形而上的著述；而有些书则与他过去饰演的角色相勾连——这边厢摆着雍正皇帝记录康熙教诲的《帝范观止》，那边厢就放着古罗马皇帝马可·奥勒留写的《沉思录》。套用老舍先生在《茶馆》里的话就是："几大帝王伺候着他一人，这福气还小吗？"书籍让焦晃成了精神上的富翁，广涉博取，遨游在一片自由的时空，如果说功夫在诗外，这实在是令他表演高妙的灵丹之一了。

　　十一年前，他过生日时，我送给他的正是一本书，那是一册岁数大过了焦晃本人的旧书，意义特殊，以致焦晃先生在看到它时有些意外和惊讶。

　　故事要从 2013 年夏天说起，当时他正在北京郊区拍戏，拍摄的是那部名噪一时的民国大戏《北平无战事》。剧中，他饰演燕大教授、国民政府经济顾问何其沧。相识多年，我从未见过焦晃先生拍戏，便打了招呼，前去叨扰。公交车转出租车赶到那里时，他正在准备下一场戏，只见他穿一件白色衬衫，鹤发凛凛，即之温然，依旧是深沉浑厚的嗓音，他很高兴地叫着我的名字，领我在"他家"楼上楼下参观了一番，最后请制片拿给我一瓶水，让我坐在旁边看他拍戏。

那是一场与"女儿"沈佳妮的对手戏，情节大约是父亲为疏解女儿的心事，为她读起秦观的《鹊桥仙》。这首词曾是焦晃《唐宋诗词吟诵》里的佳篇，我早已听得屡屡泫然，那是诗人对人间可贵之情深沉与超越的理解，而此刻隔着不远再度听去，心底竟涌出更多真切的感动。

午饭时，焦晃先生和我聊起何其沧这个角色，那是一个刚正不阿的知识分子，一个博学勤谨的经济学家，一个护佑学生的教授，一个严慈相济的父亲。尔后，他忽然缓缓说起了自己的父亲：新中国成立前，父亲是中央银行总行的襄理，新中国成立后在对外经贸学院担任英语教授，他毕业于燕京大学经济系，曾是司徒雷登的门生……只言片语，点点滴滴，竟让人觉得何其沧与他的父亲有某种程度上的相通。恍惚间，我甚至在想，此刻坐在对面的不是焦晃，而是他与父亲、何其沧三人精神交汇的镜像。

探望归来，心情久久不能平静，总觉得这部戏对焦晃先生来说，有着回望与追思的意味。焦晃演戏时，总善于用一种意象去高度概括人物的精神品格。譬如，《雍正王朝》中的康熙，在他看来就是挂着"正大光明"匾额的乾清宫；而《乾隆王朝》中的乾隆，则是富贵华丽的颐和园；外国戏中，如《钦差大臣》里"骗吃骗喝"的小青年赫利斯达克夫，就像是街边橱窗里那件华而不实的燕尾服。

那么，属于何其沧的意象会是什么呢？是焦晃先生的父亲吗？我没有问。

那之后，我仍像以往一样，偶尔在孔夫子旧书网上搜索焦晃先生的名字，期冀找到一些关于他的老戏单和老剧本。次年，记得是 3 月的末尾，一天晚上，我睡不着觉，竟鬼使神差地从床上爬起来在孔夫子旧书网敲下焦晃先生父亲的名字，令人意外的是，一本旧书映入眼帘，商品名称一行大字赫然在目：焦树藩旧藏。

什么？我诧异地几乎就要揉眼睛了，点开详情页反复查看，才确认那书曾经的主人就是焦晃先生的父亲。封面上，是繁体书法写的"《实用银行算术》庄蕴宽署签"几字，旁边钤有两枚朱印，分别是"焦树藩印""焦尾琴"（焦父字尾琴），左上角有漂亮流利的英文钢笔字二行，虽有残缺，但仍可判断是"jiao shu fan yen ching university（焦树藩燕京大学）"。

需要多说几句的是，封面上的庄蕴宽先生是清末民初著名的政治家、书法家，亦担任过故宫博物院成立初期的主席。他的经历颇丰，其所开创的广西桂林陆军干部学堂培养出了李济深、陈铭枢、蒋光鼐等人，李宗仁、白崇禧也是他亲招的学生。此人有不畏强权的风骨，袁世凯称帝时，六十位约法会议员中，五十九人纷纷倒戈，唯有庄蕴宽一人拍案而起，慷慨陈词。后来他被轰出京去，直到袁世凯死后，才回到北京，出任民国政府审计院院长一职。

这本书，正是他在担任审计院院长期间签发的。值得一提的是，"庄蕴宽署签"几个字与他本人的签名别无二致，笔致圆浑，点画古拙，即便是印刷，亦来自他本人的笔迹。这位大政治家、大书法家的沧桑痕迹，就这样巧合地借着另一种因缘与后人相逢了。

而该书的序为清末进士、民国政府财务顾问、财务部部长赵椿年所写，仍是古文章法写就，寄予着对青年后辈的希望。

　　拍下此书后，我用藏蓝色的宣纸包裹起它，外系皮绳，又簪一朵小花，像跨越时空的邮差一样，将书送给了焦晃先生。当时正值上海书展，他应邀参加朗诵活动，我们便约在了后台见面。他拆开层层包装，不明所以，直到我说明缘由，他才瞪大了眼睛，一边婆娑着封面一边惊讶地问我："哪里弄的？"

　　那天，他朗诵的是普希金的诗歌《纪念碑》：

　　我为自己建立了一座非人工的纪念碑，在人们走向那儿的路径上，青草不再生长，它抬起那颗不肯屈服的头颅高耸在亚历山大的纪念石柱上。

　　再往后的日子，焦晃先生陆续和我谈起许多关于父亲的故事：他如何带着十岁小儿坐飞机来到了上海；他的刚正不阿，严肃古板；他在新中国成立前夕，种种去留的选择；甚至，他反对儿子学习表演。

　　因为工作调动，焦晃先生的父亲后来常住北京，而焦晃毕业后留在了上海。南北之隔，父亲一直没有看过他的演出，直到 1999 年，才在《雍正王朝》中看到他演的康熙，一时间，这部戏和这个角色万人空巷。邻居见了焦父对他说："您儿子演得可真好！他演皇帝，您现在是太上皇喽！"焦晃的父亲依旧没说什么，可脸上露出了自豪的笑容。

　　2005 年，焦树藩先生去世，享年一百零三岁。

　　再去焦晃先生家时，看到那本书已经摆在了书架上。我想，或许应该建议焦先生在封面上再钤上自己的印章。虽然那是一本与他的情趣志向殊途迥异的书，但它是父亲的遗物，代表着父亲当初的志向与幽灯下的苦读。我不知焦晃先生是否曾经在自己的身上寻找过父亲的影子，父一辈，子一辈，不必走相同的路，可无形的追求与坚守，却可以一代代传承。书是一种知识的载体，而有时也会成为一种血脉的相连、精神的传递。相似的灵魂之间总会碰撞，它们跨越时空，用书或者信仰连接，搭起一座座"非人工的纪念碑"，静默而永恒。

（作者为青年作家）

岁月有情：马师傅的中国书店

方　鸣

　　近日，在地下车库的一堆旧书里，居然翻出了我早年收藏的一本英文原版书《美国参议院议事回忆录》(1923 年，纽约)，缎面精装，道林纸精印，差不多算是一件古董了。

　　这本书是我于 1982 年在灯市口中国书店购买的，书的扉页上还贴着我当年的购书签条，书的后衬纸上也标有中国书店当年的定价：1 元。

　　灯市口中国书店在内务部街西口往北八十米，"文革"期间曾设有"机关服务部"，凭单位介绍信进店购书，主要是经销古籍、原版外文图书和中文旧报刊。

　　读高中时，我就是那里的常客，总要想方设法搞介绍信混进书店买书。记得《高尔基全集》精装俄文版各卷定价都是 0.6 元,《马雅可夫斯基全集》精装俄文版各卷定价都是 0.2 元，一般的英文原版书定价大都是在 1 元至 2 元。我买得最贵的一本书，是英国大哲学家斯宾塞的《社会学原理》1904 年版，定价 6 元。

　　店里有一位叫马春怀的老师傅，精通英、法、德、俄、日文，版本知识也很丰富，我买书常常要请教他。

后来，我高中毕业分配到区图书馆工作，负责旧报刊采购，更是总去找马师傅，从他手里买过全套的《人民日报》《红旗》杂志、《新建设》杂志、《文史哲》杂志等十几种重要的报刊资料，一趟一趟地蹬三轮车把报刊拉回馆里。

上大学以后，我也还时不时去找他买英文原版书。《美国参议院议事回忆录》就是我大学毕业后不久，他推荐我买的，还建议我没事练翻译，他说：版本好，有价值，好翻，不难。

除了灯市口书店，中国书店在琉璃厂、海王村和西单等地也都设有"机关服务部"，海王村主要卖古籍线装书和民国时期的图书，西单主要经销"文革"前的旧版书和文史书，都是我常去转的地方，是我那些年心有所依的精神家园。

不知从什么时候开始，也说不清是为什么，我渐渐就很少去转这几家书店了，这一晃就是三四十年。

西单的中国书店不知道现在还有没有，哪天一定要去看一看。

海王村书店倒是还在，但是古旧图书已不复见，只卖一些书法碑帖和教辅图书。原来的后院也早已被分割成一小间一小间的古董店。20世纪80年代中期店里还曾摆出过一方老寿山将军洞白芙蓉大方章，十分难得，让我惦记至今。

灯市口书店呢，前两天我倒是专程跑去了一下，里面比原来大多了，古旧书、外文书和旧报刊也还不少，我转了又转，看了又看，挑了又挑，徘徊了又徘徊。

我跟店员打听马师傅，但是已经没有人知道他了。时光荏苒，马师傅还健在吗？可否记得当年常来买书的那个白衣少年？惆怅间，随手拿起一本《全宋词》，却正翻到欧阳修的《玉楼春》："渐行渐远渐无书，水阔鱼沉何处问。"书里，我仿佛听到了欧阳修的一声叹息。

这么多年，我都干什么去了？怎么就没有再来看过马师傅呢？我自问又自责。人们都说岁月无情，其实，无情的是我们自己。而岁月呢？给我们留下了记忆，留下了故事，留下了生命的长长的印痕。岁月才是真正的有情！

几十年了，我们一路走来，去过许多地方，见过许多人，做过许多事情，经历了许多风雨。宋代词人蒋捷就曾以"听雨"为题，写下了人生一世的际遇和心境："少年听雨歌楼上，红烛昏罗帐。壮年听雨客舟中，江阔云低、断雁叫西风。　　而今听雨僧庐下，鬓已星星也。悲欢离合总无情，一任阶前、点滴到天明。"

少年听雨，壮年听雨，而今听雨，心情都是不一样的，每个人的境况也是不一样的。

蒋捷少年听雨，不仅在歌楼上，还有红烛昏罗帐。我自然也有少年听雨的时候，那或许是学农时，在南山村的老乡家，大土炕上；或许是在自家南窗下，书桌台灯旁，捧一本白天刚从马师傅的店里买回的缎面精装书，管什么无情却有情，一任阶前点滴到天明……

（作者曾任中国华侨出版社社长兼总编辑）

旧书"三悦"与"三烦"

冯敏飞

　　我虽然读中文出身，读书较杂，但迄今怕读无标点符号、繁体、竖排之类的旧书，却又受某种动因驱使不断去读。"山不在高，有仙则名"，书不在新，有独到就值得一读。处理不再读的旧书，眼看着收废品的论斤称去，颇感慨。而想读的书，如《郭嵩焘日记》（湖南人民出版社，1983 年）第四卷定价 5.2 元，我从旧书网买花了二百多元。

　　印象最深的是 2009 年初，拙作《历史上的 60 年》（福建人民出版社）出版，书中批评了"康乾盛世"。没几天，我从柯平《都是性灵食色：明清文人生活考》（重庆出版社，2006 年）读到"随园在几十年的时间内没有出过一桩刑事案件"，惊讶极了。我知道随园是"康乾盛世"末期袁枚的私家园林，但不知那里四面无墙，且几十年不失盗。这是真的吗？我四方追寻。厦门图书馆藏书较丰，不难找到线装本《随园诗话》及其所附史料，查出随园不失盗一事基本属实。由此，我改变了对于历史"盛世"的看法，认为不能简单肯定或者否定。随后发现《辞海》（1979 年）、《辞源》（1992 年）没有"盛世"词条，从网上查发现尚没有相关的系统性研究专著，认为这是一项文化空白，便试做系统性梳理（包括治世与中兴），写了《中国盛世》（新华出版社，2014 年）。此可谓读旧书的发现之愉悦。

历史是一片沼泽地，我深陷不能自拔。近十几年专注于王朝的创世、盛世、危世、末世"历史四季"，越来越多与各种旧书打交道。拙作《历史四季》丛书（新世界出版社，2024 年），编辑要求体现"轻学术"风格，也即对所用资料特别是引文注明出处。这可苦了我，因为我不是专家学者，读书时虽有用红笔做记号的习惯，但没做卡片之类，还有很多资料是从大众读物、甚至网上转引的。现在集中查核，花了好几个月时间。

信息化时代查阅越来越方便，但似是而非的很多。有次偶然发现"三纲五常"的另一种版本，如"父为子纲，父不慈，子奔他乡""夫为妻纲，夫不正，妻可改嫁"，非常震惊，又十分怀疑，觉得很可能是现代人瞎编。费了好大一番功夫，没追溯到原始版本，但基本证实。明嘉靖年间刊印的宋元小说集《清平山堂话本》（上海古籍出版社，1987 年），其中就有"父不正，子奔他乡"云云，这证明在明朝或之前就有此版本"三纲五常"流传。杜维明曾经在一次公开演讲中提及此说（《仁的反思：面向 2018 年的儒家哲学》，文汇讲堂第 58 期），这表明当代硕儒认账。此谓读旧书的实证之愉悦。

除此，我觉得读旧书还有种纠误之愉悦。比如写到朱元璋注重"教化"，我很自然联想到王朔曾说"你要小心这世上的坏人，他们都憋着劲教你学好，然后好由着他们使坏"。这句是网上流传的话，顺藤摸瓜，买到他多年前出版的小说《一点正经没有》，发现原文为："街上全是坏人——他们都叫你学好，好自个儿使坏。"（中国电影出版社，

2004 年）估计是好事者加工了，决定不引用那句流行语。

读旧书也有三烦，一烦"偷书"之嫌。买旧书，打开快递常看到书上面盖着天南地北图书馆的公章，或者某人购阅签名，有种不快油然而起：如果有人质问我"偷"，怎么办？甚至买我自己早些年出版的旧书也如此，啼笑皆非。

二烦霉味。如许同莘的《张文襄公年谱》（商务印书馆，1937 年），八十多年前出版的书，不仅破烂，且而霉味相当重，稍多看几页就感到鼻孔被刺受不了。我知道晾晒一段时间霉味会减少，可买旧书往往是"临时抱佛脚"。我工资不丰，旧书的价格往往让我望而兴叹。拖到实在有必要，或者新赚一笔稿费了，这才下狠心买下，一收到就急于翻阅，简直刻不容缓，霉味也只好强忍一会儿。

三是螨虫。它不光弄得身体瘙痒，还常常折腾得难眠，连累家人，我只好搬到书房睡。查遍网上，始终找不到一种真正有效的除螨方式。受老妻抱怨之际，真想学韩愈写篇《祭螨虫》，斥"其不可与读书人杂处此室也"。我觉得没有韩愈那般灵气，只能想尽快写完手头的，早日丢开那些旧书，可是一年年写不完……

（作者为中国作家协会会员）

寻书的历程是不期而遇

吴　昵

　　我自小就喜欢买书，买了三十多年的书，也攒了几个小柜子。我是个念旧的人，上学时同学戏称我是走不进"现代"的人，因此书柜里面林林总总码放着从幼儿园到当下各个阶段的书。买书、看书的历程也是自己不同阶段的见证，是人生不同阶段的"伴读"。

　　书柜空间有限，所以随手可及之处码放的是近几年在工作中不断购买、收藏的书籍，历史类、民俗类、器物类、建筑类、哲学思想类等。实话说，有些书确是"应制"而买，而非兴趣使然，这些名目繁多的书籍折射着自己初入职场的心态。走出校园步入工作岗位，对新事物好奇，却又不免因此迷茫。这时候我的解决途径就是搜书，感觉就像寻找"外援"一样，自己有了主心骨。"背书"一词在我看来大抵就是这样一种找寻到解决途径的承托感。

　　不知不觉，工作内容越来越丰富、知识需求越来越迫切，书就一本一本进入我的书柜。特别是淘到一些绝版书时，心中不免也会有窃喜，哪怕暂时用不到，但拥有后的那种踏实感觉却是实实在在的。初入工作岗位确实像"没头苍蝇"，急于找到属于自己的规划，但古希腊哲学家芝诺曾经说过："人的知识就好比一个圆圈，圆圈里面是已知的，圆圈外面是未知的。你知道的越多，圆圈也就越大，你不知道的也就越多。"随着阅读专业书籍的增加，一切开始有了头绪，是读书引导我找到自己的路。于是，阅读开始变得有序，人也变得坦然。

书柜里总有一方空间，放着做学生时的书，从高中到大学的都有。这些书一直没有处理掉，应该说是自己舍不得处理掉。高中痛苦但又幸福，也是自己最"博学"的三年。与其说是藏书，倒不如说是藏住一段让自己开心的过往。当年处理高中教辅时，本打算一并处理的"金牌教辅"《五年高考三年模拟》最终还是被我留下了。当时总想着，哪怕当成一套工具书呢，万一哪天用到了呢！虽说时至今日，它们没有再被打开，但它们记录着那个"博学"的高中生最纯粹的人生阶段。

一些孩提时代的书我也一直留存着，很多都是漫画，还有少量的科普画册。一部分代表着天马行空的"幻想家"，一部分则代表着探索未知的"冒险家"，保持幻想与好奇，是自己对书渴望的原动力。小时候班里阅读氛围很好，那时候图书馆经常被我们"光顾"得一层书都不见了，大家读完就交换，小孩子容易攀比，有好胜心，所以谁也不甘落后。如今回想起来，很多名著（少儿版）都是在那个时候读的。记得那是北京出版社出版的一套绿皮的外国经典名著，一个假期我看五六本也不是难事，特别是暑假，在没有空调的时代，就搬把椅子，坐在电扇旁边，看入迷了还真感觉不到热。摆弄这些书的时候，不禁想起儿时住在胡同简易楼里的日子，日子过得说慢也慢，说快也快，但我仍旧希望今后的日子里，这些孩提时代的书依旧陪着我，可能没啥机会再看，但只要在就好。

书籍不仅是人类进步的阶梯，也是人成长蜕变的印证。儿时天真无邪的"自大"、学生时代沉甸甸的书包、步入工作岗位后桌面上用书围成的"屏风"……每个时代，书于我都有着不一样的身份，有的是"玩伴"，有的是"师长"，寻书的历程，是众里寻他，是不期而遇，未来一定会与更多书结缘，领略不一样的智慧，相伴走向不惑之年。

（作者为北京文博从业者）

福尔摩斯走进民国高小国语读本

华斯比

2023 年初，我因为参与了复旦大学战玉冰兄主持的《福尔摩斯中国奇遇记》文献整理项目，便利用春节假期开始陆续整理一些晚清、民国时期中国作家创作的"戏仿福尔摩斯"小说。

某天下午，我以"福尔摩斯"为关键词，在"抗日战争与近代中日关系文献数据平台"进行检索，结果不但发现了一篇此前整理存目时未见的作者署名"平青"的小说《福尔摩斯到宁波后》（后来才知道"平青"就是宁波作家庄禹梅，笔名有庄病骸等），还对民国时期福尔摩斯在中国的传播与接受有了新的认识。

此前，研究者主要将目光对准中华书局、世界书局等民国出版业巨头对《福尔摩斯侦探案全集》的翻译和出版情况，关注的多是供成人阅读的通俗文学期刊，鲜有人将当时的儿童读物纳入观察视野。那天，我竟意外在一本《高小国语读本》中发现了"福尔摩斯"的身影，于是赶紧到孔夫子旧书网淘了一本实物回来。

这是一本上海中华书局印行的《新编高小国语读本（四）》，编者吕伯攸、朱文叔、徐亚倩，校者是中华书局的创办人陆费逵。版权页上写的是民国二十八年（1939）二月四八版。封面标有"教育部审定""初审核定本""修正课程标准适用"字样。由此可知，这是一本正规的民国高小国语教材。

全书共计三十六篇文章，其中"二五""二六"两部分合为一篇《福尔摩斯》，经核对发现内容摘编自"福尔摩斯探案"之《四签名》第一章《演绎法》。编者将《四签名》原著开篇中"福尔摩斯注射可卡因"这样"少儿不宜"的情节删去，保留了福尔摩斯运用"演绎法"进行推理的两个经典案例：其一，通过华生鞋子粘着红土推测出他去过维格摩亚街的邮电局打电报；其二，通过华生的一块旧表分析出他哥哥的为人。福尔摩斯最为读者津津乐道的推理方法就是著名的"演绎法"，编者通过缩写的方式为当时的中国学生展现了福氏侦探术的精髓。也许当时就有小孩子，在读了这篇"课文"之后直接爱上了侦探小说也未可知。

《新编高小国语读本（四）》初版本我尚未得见，但查孔夫子旧书网的销售和拍卖记录发现，该读本第3版的出版时间是1937年7月，到1941年6月至少已出到104版。四年时间，再版印刷多达百余次，畅销程度可见一斑。

民国高小国语读本中出现的"福尔摩斯"故事，从一个侧面反映出彼时一些知识分子对侦探小说"开启民智"作用的笃信，也足见福尔摩斯在当时传播之广，接受度之高，不仅供成人消遣的《福尔摩斯全集》不断再版和重译，就连为孩子进行科学思维启蒙也离不开大侦探福尔摩斯的"演绎法"。

（作者为图书编辑、晚清民国侦探小说收藏家）

旧书香盈袖

刘　立

　　旧书不厌百回读，其中趣味，大概正如古人所云："少年读书，如隙中窥月；中年读书，如庭中望月；老年读书，如台上玩月。"皆因阅历有深浅，所得也有深浅而已。在书海中漫游得久了，衣襟、袖口难免也沾带了几分书香气。

　　对爱书人而言，淘书之乐大抵可分两种境界：一种是发现一本梦寐以求的好书时那种惊喜，接着翻看版权页发现自己竟有能力将其购入囊中时那种发自内心的狂喜不禁；另一种是在旧书店或旧货市场闲逛，有幸淘到了一两本纸页泛黄的旧版书，拿到手之后，闻到的是淡淡的纸墨香，夹杂着时光的痕迹，如灯下偶遇故人，即便一句话不说，心头也免不了一阵汹涌澎湃。

　　之所以有这感受，是前些日子在网上旧书店浏览，购进了几本旧书。一本是比砖头还厚的《唐诗鉴赏辞典》，萧涤非、周汝昌等编撰，上海辞书出版社 1983 年出版；一套上下两册本《安徒生童话全集》，叶君健翻译，将近一千二百页，纸页已泛黄发脆了；还有一本是《世界惊险故事 100 篇》，七百多页，捧在手里，沉甸甸的，这感觉，真好！

　　这本厚达一千五百多页的《唐诗鉴赏辞典》旨在介绍唐诗精华，

收录有一百九十多位诗人的一千多篇作品，逐篇写了赏析文章。比较难得的是，李白、杜甫、韩愈、柳宗元等大家、名家之作固然在内，不可或缺，同时也网罗选取了部分不见录于一般选本的遗珠，更完整地体现了唐诗的风貌。比如这首出自一位捧剑奴之手的诗：

> 青鸟衔葡萄，飞上金井栏。
> 美人恐惊去，不敢卷帘看。

你看，一只青翠色羽毛的鸟儿衔着晶莹碧透的葡萄，拍打着双翅飞到了金灿灿的井栏上。美人在窗里看见了，生怕惊跑了它，不敢卷起帘子来尽情欣赏，只好悄悄地躲在帘子后面向外窥看——像不像一幅画面雅丽活泼的工笔仕女图？

这首精致的小诗只有二十个字，却巧妙地将生活中的美好予以艺术地再现。耐人寻味的是，它的作者只是咸阳郭氏家里的一个捧剑奴，连姓名都没有留下。

辞典的封面题字为赵朴初，环衬绘画为刘旦宅，书中正文插图皆选自于明代刊本《唐诗画谱》。一点一点看过去，以指肚轻轻抚摸着，厚重的历史感扑面而来，仿佛把人带到了那个万国来朝的大唐盛世。

对于中国读者来说，安徒生童话给他们带来了无限的想象和乐趣。不同的人读《安徒生童话》，会有不同的理解：孩子们读到的是趣味，青年人读到的是想象，中年人读到的是勇气和感慨，老年人读到的是阅历和共鸣。

有意思的是，这套旧版《安徒生童话故事全集》扉页上，都有黑色钢笔手写的祝福语："秀秀长大，用功读书。""秀秀长大，努力用功。"

落款均是："爸爸，91.9.3，下午。"掐指一算，是三十三年前了。这个名叫"秀秀"的孩子当年三岁还是五岁？现在也是快四十岁了吧？隔着几十年的光阴，当时留下的这份舐犊之情在今天又结结实实地撞了我的心一下子。

如果说童话故事带给读者的多是美好的感受或向往，那么扣人心弦的冒险故事则是写出了人与大自然的抗争。收录在《世界惊险故事100篇》这本书里的故事，有的以历史事实为依据加以整理，有的以世界名著为蓝本加以缩写，有的以民间故事为素材加以改编，或冒险、或惊险、或历险、或脱险，每每险象环生。恐惧、饥渴、孤独、窒息、疾病、伤残……这些人类所难以忍受的苦难，以文字的形式展示了人在死亡线上所表现出来的智慧和勇敢，就像其中一篇《麦洛的愿望》结尾说的："微风饱含着花蜜和树木的芳香扑面而来，在恬静的夜空中飘逸、弥漫……这一段航程中一切艰难和惊险，都算不了什么了。"

这段话，在许多年前的乡间庭院里，在枣花细碎的花香里，母亲手里择着一把脆生生的豆角，含着笑听我一字一句给她读过。

那时的晚风，真是枣花一样的香甜；那时的月色，真是水一样的清凉……

原来，喜欢翻阅旧书的原因不仅仅是为了获取知识、增长学问，更多的是怀念那些再也回不来的时光啊。在月下，在窗前，在晓风里，在无人的黄昏，把发黄的纸页拈在掌心，独自沉默着，含着微笑与清泪，一遍遍重温、回味。

（作者为山东省作家协会会员）

波兰记者笔下 70 年前的中国

王学习

2019 年 9 月的一天，我们从德国柏林飞到波兰旅游，在霏霏细雨中，走进华沙街头一个不大的咖啡馆。屋子一角的书架上摆满了书籍，供顾客挑选阅读。我对书有特别的兴趣，趁女儿买饮食的时间，站在书架前浏览。

书都是外文的，我看不懂，只能翻看一些插图。突然我眼前一亮，看到一本图书里竟然有毛泽东主席像，还有很多照片里有中国人。我喜出望外，捧着书就急切地看了起来，连吃早点都顾不上了。女儿看看我手中的书，告诉我是波兰文写的。她翻看了几页之后告诉我，这本书的内容是一个波兰人在新中国成立初期的所见所闻。

我用手机软件翻译得知，这本书的名字是《我眼中的中国》，1954 年波兰出版，是波兰通讯社驻北京记者耶日·洛布曼（Jerzy Lobman）的著作，他于 1950 年至 1952 年秋在中国各地采访调查，见证了中国巨大的历史转变。他在前言中写道：1949 年 10 月 1 日，中华人民共和国宣布成立。全世界四分之一的人摆脱了最无情的压迫，开始向更美好的明天进军。从 1953 年开始，中国进入一个加速工业生产发展的大建设时期。书中还配有大量实地拍摄的历史照片。

多么珍贵的历史资料呀！我爱不释手。让女儿问问咖啡店服务员，看能不能卖给我。女儿硬着头皮去问服务员，没想到服务员非常爽快，同意赠予我们，还说店里的图书能够得到中国游客的喜爱，他们也感到很高兴，只是要求如果再来华沙，请给咖啡馆多带几本中文书来。

回到柏林女儿家，我借助翻译软件，阅览了一遍图书。作者涉及的话题大多是在华采风和生活见闻，如"年轻的共和国""淮河之上""中国人是什么样子""你好吗？表哥""和平的军队"等。内容从伟大领袖到普通百姓、从革命运动到经济发展、从城市街巷到农村地头、从工厂商店到学校幼儿园、从庆典文艺到对外交流……几乎涵盖新中国政治、经济、文化、社会的各个方面。书中的图片大多是作者亲自拍摄，栩栩如生、跃然纸上，就像一位素未谋面又神交已久的老朋友在向我们娓娓道来。

书中有一篇"星期天在书店"的文章，是记述作者在北京王府井新华书店和东总布中国国际书店的见闻，他写道：北京的大街上有很多书店，其中最大的两个是国际书店和新华书店；大厅里的桌子和书架上摆满了书，每个人都捧着书认真阅读，而不去注意周围的人；有很多大学生阅读英文书，还有人在外国文学的书架前挑选图书阅读；到了星期天，人们有更多的时间来读书，中国的每一家书店都变成了一个即兴的读者群。

女儿作为新华网和环球时报的特约记者，发动新闻界的朋友力图找到该书作者耶日·洛布曼，想当面告知他今天中华人民共和国的辉煌成就。此举得到该书出版公司、波兰记者协会、波兰档案馆和众多波兰朋友的大力支持。从搜集到的资料中得知，耶日·洛布曼是波兰记者协会成员，曾担任波兰统一工人党中央机关报《人民论坛报》的记者、《波兰观察》月刊的主编、波兰通讯社驻北京记者，在新中国成立初期与夫人雅德维加（Jadwiga）在中国工作。

如今该书出版已 70 年了，如果耶日·洛布曼还活着，应该是九十多岁的老人了。按照波兰的习俗，老人去世后都要在报纸上发布讣告。经波兰朋友多方努力，找到了他的夫人于 2008 年去世的讣告，却没有找到耶日·洛布曼的讣告。由于年代久远，也没有找到他在世的确切消息。

期盼这位热爱新中国、见证新中国、赞扬新中国的波兰老人还活着，还能来看看世界东方、蒸蒸日上的今日中国。

（作者为藏书爱好者）

赢更多没有读过的四角包

左　右

　　小时候特别喜欢读书。尤其是失聪之后，觉得读书是童年里最有乐趣的事。休学在家一整天不爱说话，为了打发时间，我喜欢带上我的狗，在村里四处溜达，或者挨家挨户地找有字的书或报纸看。

　　虽然那时只有七岁，认识的字有限，但不影响我把内容从头到尾看完。没有人告诉我该如何识字，该如何读完一本书，但我有自己的笨方法：遇到不认识的字，根据上下文意思去猜，大多时候总能猜对，实在猜不出来，就跳过去往下看。虽然有个别字词、段落没看明白，但整个故事的内容我算是搞明白了。

　　村里有文化的人不多，爱读书的人也不多，书和报纸在村里唯一的用途就是糊墙或当厕纸。要找一本完整的书很难。平时在村里转悠，我最爱去的地方就是别人家的茅房，在茅房里，我能找到很多带字的旧杂志或者报纸，有时候还有一些连封皮或者结尾都没有的书，遇到比较喜欢的，我会将它们藏在衣服里带走。

　　农村流行用报纸或者杂志糊墙，倒着贴的报纸上有很多精彩的民间故事。好不容易看见邻居家的墙上有纸，我把报纸给抠下来蹲在石凳上看。邻居新刷的墙被我弄得面目全非。为此，邻居闹到我家，闹得全村的人都知道了。邻居家坚持要我点头认错，跟他们道歉，我爸坚持要加倍赔偿，不让我道歉。尽管后来在村长的调解下，我们与邻居一家和解了，但我再也不愿去他们家串门了。

我爸怕我有心理负担，为此还特别叮嘱我：以后遇到喜欢的书就去读，出了事有爸呢，但不能撕别人家的墙纸，也不能偷别人家的书，除了偷和抢，你可以光明正大地去读。

痴迷读书的好奇心在体内疯狂滋长。有时看见村口有收废品的叔叔，我便跑过去追随其后，看见他的自行车筐里有几本故事书或者民间小说，就对他说："叔叔让我看看吧，等你收完废品快要走了我就还给你。"或许是心软，或许是被我的痴心给打动了，他就把那一箩筐书全送给我了。后来收废品的叔叔每次来我们村，总是绕着我家走。

虽然只是收获了一些缺了页的书，但我如获至宝。我一般会先把书看完，之后根据故事情节展开想象力来自己丰富故事的开头和结局。

失聪的童年，岁月是缺页的。但它从不缺惊艳的色彩和丰富的内容。以前看过的书貌似无法满足日后羽翼渐丰的我了，我需要想新的法子去找更多的书。

同学之间流行一种游戏，叫打四角包，小伙伴从家里想方设法把一些旧书、旧报纸折成四角包，这是一种需要力气和智力才能赢的游戏，用自己的四角去砸别人的四角，只要别人的四角正面被砸翻，翻到反面，那就属于赢来的战利品。为了赢下最多的四角包，我对着河扔石头，扔得越远，手臂越有力量。持续练习了好几个星期后，已经没有人是我的对手。赢了那么多的四角包，我迫不及待地将它们一个个拆开，仔细读上面的内容，读完后再折回去，用已读过的四角包，去赢更多没读过的四角包。但我赢得越多，越容易遭到其他小伙伴的嫉妒，于是他们联合起来欺骗、诋毁、排挤我，我没少和他们打架，很长的一段时间里，我在村里孤立无援。

每逢端午节、中秋节、春节、红白喜事的时候，最喜欢去的地方，就是离家三十公里远的五舅家。五舅家世代是教师，可谓真正的书香门第，他家有很多连环画、小人书，以及普通家庭很难见到的《三侠五义》《杨家将》《岳家军》《呼家将》《三国演义》等。为了不让姐姐们找到我，我会把书拿到五舅屋后的山林里或者窑洞里，找一块隐蔽的地方一口气读完。等我读完的时候，家人们已经回家了，宴席也散了。五舅和舅妈看我这么痴迷，哄我吃了饭，再挑了一些我没读过的书，骑车把我送回家。回到家里，妈妈不怎么理我。姐姐告诉我，他们为了找我，急得都没怎么吃饭，好好的节日聚会被我搅黄了。

童年可谓祸事连连。岁月虽然褪掉了它的外壳和包浆，但没褪去我童年爱书的痴心。那些书虽然破烂不堪，色调斑驳，但那一层层发黄的纸，拼全了我早已破碎的童心与好奇心。那一本本书，就像一支决定着命运的书海之舟，满载智慧与汗水，将我载到普通人家的孩子抵达不了的地方。我用自己的双手，凿开了厚厚的书墙，凿开了童年的光。

至今想起，连我也感到后怕，为了读到一些有字的东西，我近乎痴迷。但所幸的是，儿时的那些所作所为，换取了今天的硕果累累。村里人一直认为，我不吃百家饭却看百家书，能考上大学，能成为一名作家，是特别不可思议的事情。

（作者为青年作家）

我与地坛书市的半生缘

王静斯

　　我与地坛的初次相见，算起来已经有三十多年了——真吓人一跳！地坛是我儿时活动范围内可用脚步丈量的最北端。从我家所在地东四去地坛通常可走两条路：一条的终点是地坛南门，从北新桥一路向北，过了雍和宫"十地圆通"的牌楼，再跨过护城河就到了；另一条的终点是地坛西门，需要先从北新桥西行奔交道口，然后转向北面的安定门再过护城河，就能见着地坛西门的牌楼了。

　　地坛南门与西门附近的氛围不尽相同。南门外有家 24 小时营业的金鼎轩餐馆，成立于 1993 年，门面用琉璃瓦装饰，经营川、鲁、粤、淮扬各系菜品。它的旁边是糖果俱乐部，俱乐部三层的星光现场音乐厅是中国内地最早一批的 Live House（小型现场演出）。子夜时分，常能看到从糖果俱乐部走出来的音乐弄潮儿去金鼎轩吃夜宵。地坛西门外则是体育爱好者的聚集地，北京地坛体育中心坐落在地坛外的西北面，1990 年北京亚运会的举重比赛在这里举行，附近中学的学校运动会也经常在这里举办。

　　一年中有几个重要的时间点是一定要去地坛的，那便是冬日的庙会和春秋两季的书市。儿时的地坛记忆并不是一条完整的叙事线，而是一些颜色、声音和气味组成的片段，比如：蒸汽弥漫中茶汤大铜壶上的红色绒线球儿代表了春节的地坛庙会；雨后清晨薄雾中散落一地的柏树果散发着香气，伴随着喜鹊叽叽喳喳的嬉戏打闹，则带我回到了地坛书市。

地坛公园在书市期间的门票是 5 元，比平日售价高一些。闭市前几日的书最便宜，5 元一本的好书俯拾皆是，很多市民都拉着小车成摞成摞地买书。地坛书市的摊位多是以出版社为单位的，也有单独售卖古籍、杂志、漫画、CD、黑胶唱片、邮票、钱币、书法用品的摊位散落其间。我在地坛淘到过不少新书和二手书，书架上人民文学出版社的《中国文学史》，商务印书馆的"汉译名著"系列，大部头的《辞海》《三言二拍》，还有王小波、周国平、三毛、郁秀、戴望舒、林语堂、莫言、张爱玲、蔡志忠的书都是在地坛书市购得的。

我从书市回来必定是满载而归，所以通常要乘坐公共交通。20 世纪 90 年代，私家车还是个稀罕物，自行车、地铁 2 号线和公交车仍是大家往返地坛的主要选择。116 路这条贯通东城南北的公交车线路是途经雍和宫和地坛的交通主力，奶白色的车体上有红色或蓝绿色的条纹装饰。这种型号为京华 BK670 的铰接客车，车体长且贯通，前后车身用风琴一样的帆布衔接，被大家称为"大通道"。每次逛完地坛书市我都会搭乘 116 路公交车到东四十二条站下车，回家的路上经过稻香村第一营业部，买一些现炸的羊肉串和鸡肉串，再挑几样糕点，实在是物质食粮和精神食粮双丰收的一天。

后来地坛书市停办了，起初我并没觉得有什么失落，因为在我家附近有不少可以看书、买书的地方，比如王府井图书大厦、灯市口中国书店、东四三联书店、东单医药书店、交道口东大街东城区图书馆、国子监首都图书馆旧址……可直到多年后的一天，我路过朝阳公园发现了新开的书市，在门口踟蹰了很久不肯进去，像是要去见个老朋友，又怕过了这么多年彼此都已不再相熟。那时我才发现，地坛书市于我来说不仅是个功用性的购书场所，它更像是《半生缘》里顾曼桢口中再也无法回去的一段时光。那里有我童年在树林里分辨圆柏和侧柏的身影，有我少年时期和父亲携手去逛书市的温馨回忆……

工作以后，我参与了"北京公园开放记"专题片的拍摄，向观众介绍北京地区昔日的皇家苑囿、祭祀坛庙转型为公园向市民开放的过程，地坛也在其中。这座饱经沧桑的祭坛曾经是明清两朝祭地大礼的场所，又先后变为一座荒芜的废园、军队驻扎之所、农事试验场……直到 1925 年 8 月 2 日，地坛公园的前身京兆公园开放，1984 年 5 月 1 日，地坛公园正式开放。"世事一场大梦，人生几度秋凉。"地坛走过了几百个春秋，我也告别了少年时代。2023 年，欣逢北京书市回归地坛，我与地坛书市再续前缘……

（作者为首都图书馆馆员、中国民俗学会会员）

在越南淘到民国元年的教科书

顾宝华

2008 年到越南出差，住在胡志明市温莎酒店。胡志明市旧名西贡，有"东方小巴黎"之称。

一天吃完早饭，我沿着酒店外的马路溜达，穿过当地一个很大的小商品批发市场——安东贸易中心，走着走着，发现这条街上有不少书店，书店门面都不大，但书籍不少。我走进一家稍大一点的店铺，眼前主要是一些越南文的书籍。我随意问了问卖书的"小妹"（当地女服务员大都称小妹）有没有中文的书籍，她指了指一个墙角，有一堆脏兮兮的旧书，显然，她听得懂中文。

墙角书不少，但灰尘太厚，又脏又破，而且什么书都有，有英文的、俄文和其他文字的，其中法文的最多，因为西贡原来是法国殖民地。翻了翻，发现有几本中文书，封皮又黄又破，不少残缺不全，显然已经有不少年头了。当时我挑了几本。有《高小国语课本》《共和国教科书》《高小论说文范》，还有两本四角号码小辞典，大多是小学生用书。临走时我问"小妹"这些书的来源，她告诉我，绝大部分是收废品的人卖给书店的，而书的主人是一些华人华侨，绝大多数是香港和台湾来的。

回到酒店，我仔细看了看几本书，发现这些书都是民国初期的，而且来自不同地方，有内地的，也有港澳台的。最早的一本初等小学教员用的《共和国教科书》是1912年由商务印书馆发行的，距今（2024年）已经一百一十二年了。因为是民国元年的小学教育，也可以看出孙中山先生立国之初的教育理念和思想。

　　这是一本初小第六册教员用国文教科书，也就是小学三年级第二学期教师用的书。教科书对应学生课文，全书五十篇，每篇不到二百字，但内容非常符合三年级孩子的实际。第一课题目：人之一生。讲人的一生和一年四季一样，人分小、大、壮、老，四季分春、夏、秋、冬。春、夏、秋、冬可以循环不已，人老不可复壮，壮者不可复少。中心思想是教育学生懂得珍惜时间、珍惜生命。教员的教授目的重点九条、学生应用三条，清清楚楚。

　　让我奇怪的是课文第二、第三课题目是《微生物》，就是今天讲的细菌、病毒。这一课除讲了一些最基本的生物知识和防病常识以外，强调学生理解和应用。讲授要点十九条、应用八条。第四课题目是《沐浴》。三篇课文，从人生、健康到卫生防病，环环相扣，何等接地气。

　　第二十四课《鸡雀》和二十五课《螺与小鱼》讲了两个小故事。《鸡雀》讲的是：弟兄几个在院里玩，哥哥指着鸡窝问，鸡窝里有五只鸡，如果杀了一只还剩几只？接着指着树上的鸟，树上有五只鸟，用枪打下一只，还剩几只？哥哥用身边的生活实例，让弟弟们懂得为什么杀了一只鸡，其他的鸡还会回鸡窝，而遭受枪击的鸟儿，除打死的鸟儿外其余各自飞走。《螺与小鱼》的故事说，海里的小鱼总是被大鱼吃掉，防不胜防。而一起的螺看到大鱼过来，就钻到壳里，大鱼对它没办法，所以螺引以为傲。但一天突然"砰"的一声，小鱼四处逃命，螺伏居不动，结果成了捞螺渔民的盘中餐。一动一静，都是动物生存的本能，但差别如此之大，给人启示，特别是孩子。足见课文编纂者和审定者的良苦用心和巧妙安排，令人叫绝。

当然课本涉及科技、文化、历史、生活、动物、植物等方方面面，非常实用易懂，充满着知识与哲理。封底写明：学生国文用书，必须文辞浅显，儿童习见事物。教员授法，须条理清晰。

海外淘书是我境外出差的一个小爱好。在境外先后淘到了1927年出版的《近代中国留学史》《阳明学述要》，于右任先生题写书名、陈健夫先生著的《孔子学说新论》，以及境外国家发行的中文书，等等。

（作者为藏书爱好者）

收藏家的享乐

王幸逸

　　陈子善教授多年治中国现代文学史，成果丰硕。新近读到的这本《识小录》，同样颇见功力，且能绕开论文体式制约，随意挥洒，兴尽即止。本书所收诸文，往往从小处落笔，发展成篇，一本旧书，一篇文章，甚至一个名词，都能成为话题的起点。

　　所谓"小"，既关乎被遗忘在小角落的作家、学者，如陈楚淮、陈雨门、毕奂午、赵燕声、周越然等，也有中国现代文学史的小问题，如"四大副刊"的提出最早可追溯到何时，还指向著名作家为人不知的"小"作品和小事情，如介绍杨绛话剧创作中不为人熟知的《风絮》，诗人戴望舒的小说创作情况，小说家欧阳山早年发表的抒情长诗《坟歌》，甚至徐志摩在自印行诗集上写给张幼仪的题词，也在此"小"作品之列。

　　小题目当然可作成大文章，但这就需拿出一副触类旁通、细说从头的架势，未免浩浩荡荡、失之亲切。本书则是以小论小，文章篇幅多在千字左右，且口吻可亲，如数家珍，给读者带来消闲听掌故的惬意。比如徐志摩与徐悲鸿之间的艺术之争，鲁迅与巴金见过几次面，现代作家中有几位擅篆刻者（闻一多、叶圣陶、曹靖华、李白凤），现代作家的青岛缘分，现代作家与藏书票的关系等话题，都能使读者得到如午后闲坐、饮茶漫谈的趣味。

陈子善老师并不因题目与文章之"小"，而对文献考据的严谨性做丝毫牺牲。毋宁说，在作者心中，所见文献的版本特点极有必要讨论，书中有篇文章，干脆专论皇冠版《流言》装帧情况，作者谈得聚精会神，读者也能看得津津有味。由书话谈及人事，也是常见笔法。如谈《音乐的解放者悲多汶》（注：现通常译作贝多芬），子善老师先介绍说，此乃他所见中国现代毛边本中"最大最显眼的一种"，再谈及译者彭雅萝与范纪曼，兼论后者传奇事迹。又如关于丁西林《一只马蜂及其他独幕剧》一书，子善老师先从所见旧书落笔："见到一册《一只马蜂及其他独幕剧》，西林著，蓝纸面精装，淡黄纸护封，1925年5月北京大学现代评论社初版，列为'现代社文艺丛书'之一，前环衬有毛笔题字：送 志摩（从欧洲回来的第三天）叔华。"

开篇介绍这一册书的物质特征，带出丁西林、凌叔华与徐志摩三人，之后再向读者介绍本书，以及三人之间的文学交际，这样的笔法深浅得宜，便于读者接受。这显然与陈子善教授嗜书的性格有关，《识小录》中有许多文章都表现出作者藏书之丰，以及对搜集旧书的痴迷，有些文章甚至正是发端于得书之喜，如《邂逅毕奂午》《卢冀野遗著〈灯尾草〉》《实秋自选集》《苏青与张爱玲》等文。子善老师写道："我与签名本发生因缘，比我从事中国文学史研究还要早。"其对藏书事业的热忱可见一斑。

当然，陈子善教授的觅书并非纯系爱好，也与其学问研究密切联系，比如《红豆簃剩稿》的觅得，就直接揭开了困扰作者多年的知堂题签疑问。陈子善教授在《〈练习曲〉及其"陈序"》中提到，他曾读到陈世骧有位忘年交的"意大利诗翁"，但介绍者一时忘却此翁姓名。这位"意大利诗翁"究竟何人？这引起了陈子善教授的兴趣。在觅得一册中文线装旧诗集《练习曲》（作者莱奥纳尔多·奥斯基）后，通过阅读此书陈世骧的序文，这个谜题终于得到解答，也增进了我们对中西文学交流史实的认知。

一位优秀的学者，总是能在一切阅读中发现唯独他能发现的问题。《识小录》里许多有趣的话题，正是陈子善教授读书时偶然识得的。除刚刚提到的"意大利诗翁"之谜外，还有"周班侯时代"所指问题。这一用语见于《夏志清夏济安书信集》，编者未加注释，故陈教授留心加以探究，由查阅周班侯（笔名"班公"）信息，考其创作情况，进而管窥沦陷时期的上海文坛情况。

读《识小录》，读者不仅要赞叹作者的丰富学识，更深切感受到，子善教授对待旧书与文学史是如此细致用心。这本书既非纯粹的藏家书话，也不是一般意义上的文学史钩沉。子善教授对书之小处的关怀和热忱，与探看历史纤毫所在的耐心，指向一种同源的激情，或可称之为"收藏家的享乐"。陈子善教授对签名本近于痴爱的推崇（曾出版过一本《签名本丛考》），或许正发端于此种激情吧。

同为藏书家的瓦尔特·本雅明，作过一篇题为《打开我的藏书》的短论，其中一段将这种"收藏家的享乐"讲得很妙："收藏物的年代，产地，工艺，前主人——对于一个真正的收藏家，一件物品的全部背景累积成一部魔幻的百科全书，此书的精华就是此物件的命运。于是，在这圈定的范围内，可以想见杰出的相面师——收藏家即物象世界的相面师——如何成为命运的阐释者。我们只需观察一个收藏家怎样把玩欣赏存放在玻璃柜里的物品就能明白。他端详手中的物品，而目光像是能窥见它遥远的过去，仿佛心驰神往。"

或许可以说，子善老师就是这样一位"真正的收藏家"。在他眼里，一本好书自身的命运，也绝不逊色于它所讲述的事物。当书与人俱老，被历史掩藏或碎裂为万千纷尘，幸好有无数细致的收藏家，不倦地考察、收集和整合那些命运的碎片。陈子善老师将考察、收集和整合的过程写成一篇篇"小"文，并且从中汲饮着作为收藏家所独享的巨大欢乐。

（作者为华东师范大学中文系中国现当代文学专业博士研究生）

期待《长安文化与隋唐诗歌》再版

李明阳

康震老师是知名的古代文学研究和传播专家。早些年大家认识他，是因为他在央视百家讲坛录制过李白、杜甫、李清照和唐宋八大家系列课程，在中华书局出版了讲稿。近些年他在《中国诗词大会》《中国地名大会》和《经典咏流传》等节目担任评委或嘉宾，同时在人民文学出版社出版了《康震古诗词 81 课》。这些活动和著作吸引了很多青少年及其家长，非常好地推广了古代文学知识，让更多人对中华优秀传统文化产生兴趣。

严格来讲，这几种书和康老师参编的两套"中国古代文学史"都不算严格意义上的学术著作，因为这些著作没能展现老师在学术新知上的积极拓展。尤其是他所倡导的中国古代都城文化与文学交叉学科的学术贡献，以及作为古代文学研究所成员对文学院优势领域散文史的总体思考。所以，无论对自己还是对古代文学研究领域而言，老师最重要的学术著作理应是在博士论文基础上修订出版的《长安文化与隋唐诗歌》。

可惜在康老师的众多著作中，恰恰这本书最稀见。我曾买到他读博士时撰写并于 20 世纪末在海峡对岸出版的《复兴三论宗：吉藏大师传》，却没能买到《长安文化与隋唐诗歌》，而且我在北京大学图书馆也没找到这本书。也就是说，如果有中文系学生的博士论文答辩邀请康震作为答辩委员出席，学生想去图书馆了解一下这位答辩委员的研究领域，是查不到的；国家图书馆有一册保存本，我曾托友人通过北京高校图书馆际互借系统借出来看，翻碎了，到复印店扫描了一本，请师傅帮忙粘好了才还回去。目前，这本书在孔夫子旧书网也售罄了。

作为学术著作，《长安文化与隋唐诗歌》的印量在当时并不算小，但迅速售罄。这一方面是当时康老师在百家讲坛讲课，著作很快被粉丝买光，另一方面是这个选题在学术上确实重要。据我所知，这恐怕是隋唐五代文学研究领域最早出现的几本以都城文化为切入点的博士论文，为后来的研究厘清了基本概念，也奠定了研究范式。

隋代统一了南北朝的分裂局势。南方富庶，文学创作繁缛华丽，而北方作为政治中心，早已凭借"关陇贵族集团"形成了陈寅恪先生所谓的"关中文化本位"。尤其盛唐以后，士人赶赴长安做官，加速了南北文化的融合。这本书首先界定和勾勒了"长安文化"的内涵与形成过程，讨论了关陇集团对长安文化及其文学观念的塑造和在创作实践上的反映，论证了隋唐士人的文化心态、诗歌主题、审美内涵。

宇文恺兴建隋大兴城彰显了《周礼·考工记》中的建设理想，以外郭城、皇城和宫城三重城结构，采取以北为尊、逐级升高、东西两市、一百一十坊（原计划一百零八坊）的布局形式，文人对长安及都市生活的歌咏形成了独特的文学现象。康震老师在书中不仅揭示了长安城整饬的宏观格局对诗歌审美内涵的塑造作用，还以官署设置、建筑美学和坊里布局为例，详细分析长安城空间布局在文学作品中的表现，探讨了长安文化精神对城市建筑布局的塑造。

2010 年起，我先后听过康震老师开设的多门课程，并在其指导下完成了课题论文、学位论文和毕业实习。在唐代文学研究方面，老师硕士阶段关注李白，博士阶段研究都城，博士后出站报告做的是翰林学士制度与文学，到北师大工作以后参加了文学教育研究和散文史研究集体项目，几种文学研究的类型都尝试过，对唐代文学的影响要素有比较全面和成熟的认识，在这辈学者中是很难得的。

没买到老师最重要的著作，又不肯在书柜里放复印书，就只能厚着脸皮找老师要一册。记得当时提出赠书请求后，老师一连几周都忘记带来，我就锲而不舍，每周上课前给老师发信息提醒……终于如愿以偿得到了。

两年后，有学生考入北师大跟随康震老师读博，参与郭英德教授《中国古代文学史通论》相关章节的增订。当时康老师拿一册书借给学生参考，并提及用完一定归还，可见老师自己也没有可供赠送的了。

如今，我虽已转入先秦史和早期文献研究，但仍旧密切关注着老师所倡导的古代都城文化及相关文献研究，并在先秦文献研究中引入了都城文化视角，目前已经有并且未来将有更多围绕西周都城相关问题的研究发表。一本书起到了这样的作用，恐怕也不算太浪费。衷心期待这本书有机会再版，也期待老师在新的课题研究中撰写出更重要的著作。

（作者为中国社会科学院中国社会科学杂志社编辑）

用光影抵挡住时光流逝

——与《旧都文物略》的因缘

周　怡

日新月异如当下，时间仿佛开了快进，裹挟无数闪烁虚影，使人心焦慌乱。于是我更乐于追寻那令人心安的真实与长久。岁月失语，惟文物能言。当镜头聚焦文物时，我们仿佛得到时光老人的特许，用光影一帧为文物抵挡住时光流逝，这便是我收藏《旧都文物略》一书的原因。

1928 年国民政府迁都南京，北京降为特别市，更名"北平"，以"旧都"身份直至新中国成立前夕。这时昔日"帝都"与"国都"的光环不再，北平城市经济日趋衰退，要以何种定位示人以重拾往昔之繁荣，成为当时北平市政府亟待解决的要务。

20 世纪 20 年代中后期，现代旅游逐渐在北平兴起，"父母在，不远游"的传统观念逐渐被"走出家门，面向世界"的观点取代，社会各阶层积极投身形形色色的旅游活动中。为了将北平建设为"东方最大之文化都市"，发展旅游以振兴北平已成当时各界共识。1934 年，时任北平市长袁良更是提出游览区建设计划，一方面修缮古建，一方面改进城市配套设施。"北平游览区内之古迹名胜已修葺矣，道路已修葺矣，游人之居处、游乐场所已建设矣，如无有计划之国际宣传，外人何由而知我游览区建设之完美伟大？"在此背景下，由北平市政府秘书处编著，汤用彬、陈声聪、彭一卣执笔的《旧都文物略》一书于 1935 年问世。

有幸结缘的那本，也正是 1935 年 12 月发行的初版。与当时市面发行的旅行指南相比，《旧都文物略》不可不谓之豪华：8 元的售价，八开藏青色精装，大而厚重，封面烫金"旧都文物略"五字。

所谓"旧都"，自然不是以当时北平市区划为界，凡历史上伟大、有名的建筑，均在此书做详细叙列。写作方式上与《日下旧闻》《宸垣识略》相似，语言风格半文言，考证翔实，分城垣略、宫殿略、坛庙略、园囿略、坊巷略等十二部分，详尽介绍了北平的文物古迹、市井民俗与百工技艺。

《旧都文物略》的亮点不仅在于展现文物古迹，更重要的是用摄影支撑起"旧都"视觉框架，用当时新技术展现旧都美。民国时期随着照相网目铜版印刷技术普及，新兴出版物越来越多地用摄影图片代替传统绘画来传播信息。编者言此书编撰以"刻画景物于天然"为宗旨，书中刊有陶履敦与卢开运所拍近四百幅精美照片。其中文物古迹占三成，市井民俗近一半，百工技艺约两成，且照片"皆一一实地取景，力求精美"，与文字相互作用，以达到"增阅者兴趣""得实证之助"的效果。值得注意的是，为了体现彼时北平之新容，一些古建修缮中的面貌也被摄影师记录下来。此外，照片中很多地方现已消失在城市改造的洪流里，这些对于北京城市发展研究有着不可替代的作用。

从摄影角度，《旧都文物略》还有一点十分不同。常见的清末民初照片，在那些空旷的空间中、宏伟的古建前，时不时会有身着非当时衣装，而是旧时服饰的人闯入镜头被定格下来。照片中他们似乎没有进行特殊活动，但为何出现的频次如此之高？不仅影像如此，早些的铜版画、外销画也多如此绘制。如此布置，似乎反映了外国人的独特审美偏好——那些建筑与那些人一样，属于一个拥有久远过去但趋于衰败的文明古国。但在陶履敦与卢开运的镜头中，取景主体突出，视角直观正面，犹如为建筑及其构件拍证件照，用真实清晰的镜头语言去反映古建本身，用影像的纪实性去诠释，而不是刻意营造某些东方意境。

如胡适先生所言："这些照片有助于我们国人搁置传统偏见，学习欣赏和领会北京的历史遗迹，它们是中国文化遗传中最有价值的部分。"摄影不只是用以记录文物古建的媒介，更是一种追忆与冥思的手段。它们过去的历史、现在的意义、未来的命运，用定格的光影述说与保存。故都镜览，徜徉于《旧都文物略》影像与文字中，我们有幸魂穿北平；与古为新，我们得以与百年前的背包客一样对那时的北平发出由衷感叹，更让我们找到城市精神的栖所与对未来的思考。

（作者为孔庙和国子监博物馆馆员）

法国汉学家的扛鼎之作

莫金橙

几天前留意到一本法语书，名字直译为《中国世界》，貌似平平无奇。而当我看见图片中扉页上的签名时，不由得万分惊喜，难道真是谢和耐的亲笔赠书？去年年底我在书摊淘到一本《中国社会史》，从而记住了这位汉学家的大名，也了解了他的部分生平。

谢和耐，法国著名汉学家，当代汉学界泰斗。1921 年出生于法属殖民地阿尔及利亚首都阿尔及尔，父亲是古希腊研究专家，曾担任法国文学院院长。1942 年谢和耐获得古典文学（法语、古希腊语、拉丁语和语言学）学士学位，后应召入伍参加反法西斯战争。1945 年退伍后开始学习汉语，研究中国文化，并师从汉学权威戴密微（1894—1979）。1952 年获文学博士学位，1959 年任巴黎大学教授。1975 年任法国最高学府法兰西学院汉学教授，主持中国社会和文化史讲座。1992 年退休，2018 年逝世。谢和耐是位承前启后的汉学家，其老师戴密微使战后法国汉学得以复苏，而谢和耐则以现代史学方法使之上升一个新台阶。

《中国社会史》甫一出版，即在西方汉学界产生极大反响，很快被译为多国文字。这是少见的以一己之力完成的中国通史类著作，荣获法国最高学术奖圣杜尔奖，并被欧美许多大学作为教科书。该书注重技术史和中外文化交流史，全面描述了中国历史的发展过程，客观公正，条理清晰，被视为扛鼎之作。后于 1980 年、1990 年两次修订，中译本 1995 年首次问世。

意外发现《中国社会史》这部宝书，我觉得"奇货可居"，后经过数十轮激烈网上拍卖角逐，最终将其拿下。收到时很惊喜，原来这本书是个大家伙，跟《辞海》一般大小，精装十六开本，带书盒但有磨损，重约两公斤，保存完好，内页如新，插图很多。

这本书是 1972 年的初版，扉页签赠的时间是 1977 年 2 月 10 日。我在网上找到了谢和耐于 2005 年题赠著名史学家张广达教授的图片，不太清晰，但对比笔迹可以确认是亲笔签名。我没能查询出这本书受赠者的身份，从签名中兄弟相称的口吻来推测，关系应该很亲密。

这本书能成为高端藏书的条件都具备了，初版一印，精装版本，完美品相，半个世纪，汉学泰斗，亲笔签赠……庶几算作中法文化交流史上的一次小小见证吧。

再次翻阅《中国社会史》中译本的时候，译者在前言部分用五十页的篇幅概述了法兰西学院汉学研究的缘起和发展历程，并简介了十来位汉学家的生平及作品。尤其近代以来，儒莲、沙畹、伯希和、马伯乐、戴密微、葛兰言、石泰安、谢和耐、韩百诗、魏丕信等名家辈出，让我拓宽了眼界、增长了见闻。也不禁感慨，连外国人都服膺于中国文化的博大精深，而且研究得如此深入细致，态度又如此谦和诚恳，我们不是更应该珍视自己的文化吗？

（作者为藏书爱好者）

一页便笺牵出 40 年前一段出版故事
——红学家吴恩裕遗著便笺考证

春　晖

　　在一家熟悉的旧书网店里，得知店主集中进了一批旧书，这次淘得一本签名本、一页便笺，是从同一个地方流出来的，书为吴恩裕著《曹雪芹佚著浅探》，天津人民出版社 1979 年 11 月一版一印，扉页钢笔字签名："恩裕遗著，敬赠叔叔　婶婶作为纪念　静兰　1980.5"。

　　便笺上，是"恩裕"写给"文宏叔"的信，内容如下：

文宏叔：

三篇全寄上。

范曾正在飞机场画壁画，明晚去找他画，画就即寄上不误。

我还想写三篇的报头字，总题不妨用铅字排"曹雪芹传记故事三篇"，不知您以为如何？

匆颂

近安

恩裕　拜启

六月廿日

写信者名叫恩裕，信中又说到曹雪芹，首先考虑的是红学家吴恩裕了。此七十七字短笺主要提及两件事：一是请范曾画画，此时的范曾"正在飞机场画壁画"；二是三篇文章为"曹雪芹传记故事三篇"。

范曾在飞机场画壁画，是在什么时间，落实了这个时间就解决了此笺的一大块内容。清华大学美术学院网站 2020 年 4 月 29 日一篇《回望清华美院前身——原中央工艺美术学院》的文章中，有"首都机场壁画"一章。此文说：1979 年的首都机场壁画群创作，是改革开放后屹立国门的国家形象工程。1978 年 12 月，时任首都机场总指挥的李瑞环亲自到中央工艺美术学院进行动员。此后，在院长张仃的主持、设计下，中央工艺美术学院的师生和全国十七个省市的美术工作者，还有景德镇陶瓷厂等地区或单位的工人师傅齐心协力，共同创作九个多月，完成了具有历史意义的首都机场壁画群。在首都机场壁画创作、绘制团队与稿酬情况表中，序号 25 的为范曾水墨画《屈子行吟》，尺寸大小为 182 cm×385 cm，稿酬 630 元，奖金 400 元。范曾在飞机场画壁画的时间、地点就落实了：1979 年在首都机场。

时间落实了，再需找出"曹雪芹传记故事三篇"发表在什么刊物上，还需知道"文宏叔"是谁？查众多资料得知，文宏为骆文宏，即骆文，亲耳聆听过毛泽东主席在延安文艺座谈会上的讲话，曾任湖北省文联主席、书记和中国作家协会武汉分会主席，《长江文艺》原主编，《长江》文艺丛刊创刊主编。

吴恩裕写信给骆文提到的关于"曹雪芹传记故事三篇"，我在骆任过主编的两份刊物上找到这篇文章，事情的来龙去脉就清楚了。最后查到 1979 年 9 月创刊的第一辑《长江》文艺丛刊，在第 264 页"传记故事"栏目中有吴恩裕《曹雪芹传记故事》(三篇),署"范曾插图"。

从发表的文章看,吴找范曾为《曹雪芹传记故事》(三篇)绘插图,"画就即寄上不误",最后刊登了范曾插图一幅;"我还想写三篇的报头字",标题字确实是手写的"曹雪芹传记故事"。三篇传记故事分别为"忿辞宗学""庐结白瞳"和"宣外巧遇",每篇文后都有对文中内容长短不一的注释。第一篇文末署写作时间为"1978 年 7 月 23 日增改,1979 年 6 月 5 日改定于沙滩",第二篇没有署写作时间,第三篇文末署写作时间为"1979 年 6 月 8 日改定于沙滩"。全文标题下有一篇题记,题记中言及,《曹雪芹传记故事》已写出的二十多篇文章,在《长江文艺》《十月》杂志上发表过几篇。《十月》刊登的《曹雪芹之死》共四篇文章。作家、红学家刘心武《找吴恩裕先生约稿》一文中,详细记叙了约此稿及发表的经过。当时刘心武在北京人民出版社参与《十月》创刊,约稿刊登于 1978 年第二期。原拟题目《曹雪芹的传记故事》,编发时改为《曹雪芹之死》。发表前,杂志社美编请范曾绘制了四幅插图。吴对插图很满意。从《十月》刊登的文章看,吴在《长江》文艺丛刊题记中写道:"在《十月》上以《曹雪芹之死》的总题目发表三篇"有误,应为四篇文章,分别为《德荣塑像》《文星猝陨》《遗爱人间》《遗著题句》。

此《长江》文艺丛刊创刊号,作者阵容强大,除吴恩裕外,还有郭小川、徐迟、叶君健、李可染、鄢国培、管用和、李元洛、吉学沛等人的文章和李文俊的译作,封三、封底美术作品分别为程宝泓、李可染的国画,文中插图为范曾、汪国新、陈贻福、方湘侠所绘。

综上,此笺释读如下:1979 年 6 月 5 日至 10 日,吴恩裕将曹雪芹传记故事三篇"改定"完毕，于当月20日写信给骆文，为寄去的《曹雪芹传记故事》（三篇）文章请范曾插图及征求题写文章报头字的事。因此前在《十月》发表《曹雪芹之死》时，杂志社请范曾绘制了四幅插图，吴很满意，这次就亲自上门请范曾绘制插图。

信的开头称骆文为"文宏叔"，与一般编者与作者联系时称呼似乎不一样，吴恩裕的爱人、曾任商务印书馆副总编辑的骆静兰，是否与骆文为亲戚关系？

我在网上见到过一封骆静兰写给湖北作家王淑耘的信，骆静兰称王淑耘为"婶婶"，信尾署的是"侄　静兰"。王淑耘即骆文的老伴，湖北省文联原副主席。从这封信可以推定：骆静兰是骆文的侄女，吴恩裕是骆文的侄女婿。因而有《曹雪芹佚著浅探》签名为"恩裕遗著，敬赠叔叔　婶婶作为纪念　静兰"，骆静兰将吴恩裕著作签赠给骆文、王淑耘。其时吴恩裕已病逝，只能是"恩裕遗著"了。

（作者为藏书爱好者）

燕园淘书

郭宗忠

　　时值晚秋，宜人的天气，给人秋高气爽的感觉。出行恰巧要在中关园公交站转车，车站正对着北京大学的东门，门口陆续有游人登记进校去参观，那是让人充满向往的地方。忽然想到以前出入北大校园的日子，好像一切很远，又很近：在未名湖畔散步，在北大图书馆读书，在校园内外淘书……仿佛幻灯里的照片，一幕幕投影出来。

　　二十八年前，我在解放军艺术学院读书，那时的白石桥路两边、路中间都种着高大的杨树，浓密的树荫遮住了整条道路，形成一条南北贯穿的景观大道。骑上弟弟当年给我买的一辆永久自行车，来到北大校园，看看三角地几个广告牌上贴着的各种通知，里面有电影、戏剧展演，有文学社的诗歌朗诵会，有文学、历史、经济、哲学、国际等讲座，还有大课、小课和各种交流活动，你喜欢什么，就去礼堂、教室，找个地方坐下来听课。不论你来自哪个院校，北大都一视同仁，课堂上大家听得认真，老师讲得精彩。谁去得早谁就有座位，没座位就坐在台阶上，台阶上坐不下时就靠墙边站着，人多但不喧闹。那样的年代知识充盈，人们通过各种方式学习。本校大学生、借读生、走读生，其他大学的学生，游学的人，还有社会青年等，都能在大学教室、阶梯教室、礼堂里像海绵吸水一样汲取知识，大家都有一颗渴望知识的心。通过串走各个大学，能学到很多其他学科的知识。我在这里认识了不少"学友"。每当得知哪个大学有名人来讲座时，大家都会奔走相告，可以一起去听一堂真才实学的讲座。那时候各大学饭堂里的饭菜很便宜，几元钱就能吃饱吃好。

那时的周六、周日，北大校园里有一个旧书市场，许多"老学究"将家里装不下的书、闲置多年的书都拿出来摆卖。只要花一两元钱，甚至几毛钱，就能买到心仪的书。我曾经在旧书摊位上，集齐了一套1959年中华书局第一版繁体字的《史记》。书买到手时，那种惊喜也许是只有爱书的人才能体会。还买到了繁体字的《庾子山集注》，也是难得的珍品。大半天时间我都穿梭在书摊前，为了买书不吃午饭，用节省下来的钱，再多买两三本书。

不仅校园里有旧书市场，在北大东门外还有一个摆地摊的旧书市场。这个旧书市场里书的品相，要比北大校园里的书稍微差一些。那时，中关村北大街还没有贯通，中间的"城中村"里还有个万圣书园。我在那里买过一些书，还记得有一本瑞典探险家斯文赫定的《亚洲腹地旅行记》。除了北大旧书市场，旧书商也在解放军艺术学院摆摊。他们每周六、日把书运到图书馆门前或者西边的路边，搭上摊位，摆上书。我还记得在那里买过一套中国文化名人书系《谈故乡》，还有《菜根谭》的大开本书，至今还珍存在书柜里，常常翻阅，受益匪浅。每当翻看这些书时，似乎又回到那些淘书的时光，回到大杨树下淘书的情景里。

淘来的这些二手书，有的书里面有藏书票，有的书写着购买日期和书店名，有的书画着重点段落，有的书标注着拼音，有的书写了感想和注释，还有的书折着页码……那个折了页的藏书人，也许读到这一页就去忙其他事了，再也没读完这本书，留下了遗憾。如今这本书流落到书摊上，又开始寻觅知音，等待有人接着读完书中的故事。

随着城市的规划，不少书市、书摊逐渐退出了校园和路边，像地坛书市这样有规模的书市逐渐多了起来，吸引爱书人前去淘书。书市更多的是展卖出版社或者书店的新书，而曾经在旧书摊的书中发现的书签、签名、便笺等意外收获再也没有了，也看不到藏书人在书里写下的读书笔记和随感，那些二手书里的温暖情怀已不再。

今天，再次走过北大门口，突然回忆起那些有书摊可以逛的周末时光，那时候没有手机的干扰，沉浸在一本书中和淘到喜欢书的快乐心情，是一种无以言表的富足和快乐。

（作者为北京市作家协会会员）

个中滋味　可咏可叹
——我收藏签名本的雅好

赵国培

　　生活中最大的乐子是什么？答案可能因人而异，就我个人来说，是收藏签名本。

　　我打心眼里欢迎改革开放的好年代。它不仅使人们的思想得到解放，奔着好日子甩开膀子大步向前走；还有挺重要的一宗，是广开就业门路，使人们有了按照自己意愿选择职业的自主权。我喜欢书，从小就爱看书并获得"进士"（近视）的"美名"，也立下了长大了要写书、当作家的雄心壮志。特殊时期当头一棒，把我打得晕头转向，美梦难圆，只好乖乖地当一块砖，被搬来搬去，什么也干不长远，什么也干得不漂亮，闹得自个儿还挺痛苦。20 世纪八九十年代，我顺应时代潮流，也顺应自己心愿，干了整整十年经营书刊的这一行当。嘿，这叫美——时间自己掌握，书有的是，足看！

　　可也有美中不足：一年到头与书打交道却惭愧得很——手中藏书少得可怜。究其原因，竟出在自己是卖书人这一条上！好不容易留下一本"俏"书，人家登上门来，死乞白赖求你，非要掏腰包买下。你是出手还是秘不示人？"难道你不是卖书的？'上帝'的需要不是比什么都要紧？"得，没词儿了，乖乖让人拿走就是。就拿《辞海》缩印本来说吧。我前后留了五回，愣没留住。朋友来了，二话不说"顺手牵羊"，抄走没商量，有什么辙？有读者急需此书，或考试复习，或参加知识竞赛，此物断不可少，哪怕已署上"国培自用""国培收藏"，也要原价购买，事关人家前途命运啊，人家张了口，咱能驳面子？

故此，我之藏书不多，事出有因，不难理解吧！

但我刻意收藏的签名本，却很少有人开口要，所以数量挺可观了。

与文友谭宗远不同，我重"量"不重"质"，即只要有作者本人的大名签在上面，便统统拿来，为我所藏。而宗远仁兄呢，主要放在名家精品上；其他的呢，休怪他怠慢失礼，实乃无处藏书。我呢，乐得坐收渔利——他的一些"非名家本""非精品本"，便慷慨转赠给我了。

我手头最多的作者本人赠书，来自一位声名赫赫的老诗人。自 20 世纪 40 年代始，这位可敬可亲的长者，发表、出版了大量名篇佳作，在现当代文学史上，占有浓重的一笔。我非常崇敬这位前辈，并奉他的文学主张为自己的习作指南，但余生也晚，结识他时已是先生晚年，他已经从《诗刊》主编的位子上退了下来。老人把多年里出版的几十本著作每本都送了我一册，并不无遗憾地说："你要早说就好了，原先我有不少别人送的书都可以给你，可惜没留住……"

张中行老人的书，则是我买到手后冒昧去信请求签名的。我原想张先生即使能满足我这一奢望，也得等一段时间，因先生太忙。这位"文坛老旋风"，老当益壮，到八十岁高龄后竟"返老还童"，笔锋愈健，文如泉涌，佳作迭出，令人惊叹不已。想不到先生接到我的信当天，就打电话与我约好时间，并十分客气地说："免得您白跑。"我准时赶到先生工作单位——人民教育出版社，恭恭敬敬地站在先生面前，看他一笔一画工工整整地在我带去的七八本书上，逐一签上"国培先生不弃拙作嘱署名留念""国培先生教正""国培先生正之""国培先生指教""国培先生指正"之类的题词，令我诚惶诚恐、忐忑不安。我原本想，只要先生签个名就心满意足了。没想到，在一个素不相识的晚辈面前，先生礼贤下士，一本不落地签上上款，如此谦逊！令人喜出望外之余，对先生的敬重，不由得又增添了几分。

手头最多的签名本，则是转赠品。有些师友手头有此类书，或无处存放，或其他缘由，乐于送人保存，既不拂赠者情意，又能成他人之美，可谓一举两得。像与我来往密切的一位中年诗人，因其供职于一家影响颇大的文学杂志，结识的作家、作者较多，所以得到的赠书也多些。他知我有这一雅好，便不时给我一些书。就这样，书柜里便码上了不少既有作者本人署名又有"转赠国培雅存"之类字样的藏品。

不少人问我：看你乐趣无穷的劲头，收藏这类书究竟图什么？我回答：个中滋味，可咏可叹。自己的著作，只要肯示于人，就表明敢承认是"自己的孩子"。自己的孩子，别人怎么看并不重要，父母眼里总是可爱的。我所珍重的，恰恰是这种真挚的感情、质朴的初心。

（作者为藏书爱好者）

书中的文字仿佛在招手

——我与《明代文学思想史》的故事

李思博

　　在我的文学旅程中，有一本书始终如影随形，那就是罗宗强先生的《明代文学思想史》。这本书不仅是我个人学术成长的见证，更承载着对历史、文化和思想的深刻理解。在这个快速发展的时代，重读这本书，不仅让我感受到文学的力量，也让我意识到其对当代大众的深远意义。

　　刚上大学不久，老师们曾一致推荐罗先生这本《明代文学思想史》，但那时我对文学史的理解尚且肤浅。记得在河北师范大学的图书馆里，我借阅了这本书。书页泛黄，时光的痕迹仿佛在诉说着历史的厚重，但我未能真正领悟它的内涵。

　　然而，正是这一份未能捕捉的深邃，成了我后来探索的动力。在爱尔兰交流的那一年，气候阴冷，冬季漫长。在漫长的冬夜里，我开始翻阅唐诗，试图在字里行间寻找精神的慰藉。我偶然间阅读了罗先生的《唐诗小史》和《隋唐五代文学思想史》，这让我如同打开了一扇窗户，感受到唐代文学的魅力。随着对唐代文学的阅读逐渐深入，我逐渐理解罗先生在书中严谨的逻辑与流畅的叙述，这不仅让我对唐代文学有了深入的理解，更让我感受到他在编排书目时所倾注的心血。

　　之后，我想起了罗先生的另外一本书——《明代文学思想史》。因为国外的条件有限，很多实体汉语书都无法得到，我只能先在网上找到了这本书的电子版。尽管缺乏实体书的厚重感，但这段阅读经历让我对明代文学有了全新的理解。罗先生将批评史与文学史的材料融汇于"文学思想史"的框架下，系统地梳理了明代文学思潮的发展。这种将批评与创作并置的方式，思路清晰，结构严谨。在阅读中，我逐渐意识到，文学不仅是对文本的解读，更是对历史与思想的深刻探讨。这本书以明代文学为载体，展现了当时文人们的思想观念、创作动机及其与社会、历史的互动。这种深度的文化探讨，不仅让我领悟到了文学的丰富性，也反思了我们当下所处的时代。罗先生的著作不断引导我深入思考个人与社会、历史之间的关系。文学并不是孤立的，它是社会的缩影，承载着人类情感和思想的共鸣。对于当今的读者来说，这本书提供的不仅是文学知识，更是一种思维方式。它鼓励我们在快速的信息传播中，停下来反思，寻找内心的声音与文化的根基。在这个多元化的时代，文学能够成为我们理解不同文化、历史和思想的桥梁。

　　回国后，我开始寻找这本书的实体版。这本书自 1996 年首次出版以来，经历了多个版本的发行，包括 1996 年的初版本、2013 年再版以及 2019 年的再版修订本。初版本因为印量有限，早已绝版，市面上几乎很难再见到，只能通过二手书平台（如孔夫子旧书网）来寻找。然而，这种旧版本的存货十分稀缺，即便找到，价格也高得令人望而却步。

当我开始寻找这本书时，最初目标就是初版本。可惜，无论是在线旧书交易平台，还是实体书店，找到 1996 年初版的机会微乎其微。即便有时能够看到出售的信息，但是价格高昂，且大多品相不佳。尽管 2013 年版的存量也不多，价格也略高于预期，但比起初版本，还是相对容易找到一些。这本书虽然并非初版，但同样记录了罗宗强先生多年来对明代文学思想的深刻思考和梳理。翻开书页，厚重的文字再次将我带回到明代文学与思想的世界，那种对文化的深刻洞见深深吸引着我，也让我更加珍视这本来之不易的书。

当我再次翻开那熟悉的书页，书中的文字仿佛在向我招手，心中涌起无尽的感慨。通过这一过程，我更加珍视这本书所传递的文化价值与智慧。这不仅是我学术研究的重要资源，更是与社会、历史紧密联系的纽带。

罗先生在书中的后记提到，他为这项研究耗尽了十二年，阅读了大量材料，尽管许多内容最终未能直接用于研究，却仍然为他提供了对明代文学思潮的感性认知。他写道："虽然为这本书耗尽精力，但智商不高，学识浅薄，问题多多，必将见笑于行家，乃是预料中事，但也只能如此了。"这份谦逊与坚持让我深感敬佩，也让我意识到，真正的学术研究往往是一个漫长且艰辛的过程。罗先生对学术的热爱与坚持，激励着我在自己的研究中，也要付出同样的努力，去深入探索每一个细节，理解每一段历史。

我与罗先生的《明代文学思想史》之间的故事，不仅是个人成长的缩影，更是对文化与思想的不断探寻。在这个快速变化的时代，重读这本书让我思考，作为当代读者，我们应该如何将历史的智慧与当下的挑战结合起来。文学的价值在于它能够引导我们更好地理解人性、社会与文化，成为我们思考和行动的基础。在未来的学术旅程中，我希望能够像罗先生一样将文学与历史、思想紧密结合，以启发更多人去探索文化的深度与广度。通过这样的努力，我相信我们能够在文学的海洋中，不断发现新的知识与智慧，为当代社会的发展贡献我们的力量。

记得罗先生曾说："'我们其实都是真正的草民，在这个世界上，我们便是如此地匆匆走过，没有一丝痕迹。'可自慰的是，我此生努力了，勤勤谨谨，不敢丝毫懈怠。"这一份对学术的执着与对人生的深刻感悟，激励着我在未来的道路上，不断追求知识与真理。

（作者为上海大学国际教育学院硕士研究生）

寻找《西厢记》

林佐成

20 世纪 90 年代初，我到地区教育学院进修，课堂上，第一次接触到《西厢记》。"碧云天，黄花地，西风紧，北雁南飞。晓来谁染霜林醉？总是离人泪。"那唯美的文字，读得令人心醉。我反复品味着节选的"长亭送别"一折的唯美，稔熟得几乎能一字不漏地背诵。课后，我钻进那个掩藏于校园一角形若教室的图书室，翻遍层层叠叠堆码的旧的、新的图书，也没有发现《西厢记》的影子。

进修结束，我依旧回到偏僻的乡下学校。喜欢文学的我，教学之余，自费订了《小说月报》《十月》等文学杂志，闲暇时光，便捧着那一本本新崭崭的杂志品读，倒也怡然自得。然而，每每合上杂志，"西厢记"三个字，便幽灵似的在脑海里盘旋。"碧云天，黄花地……"那唯美的文字，又不管不顾抛着媚眼，向我走来。一定得找到《西厢记》，我想。可偏远的乡场，哪有什么书店？

一个周末，应文友之约，骑着自行车去了十公里外的县城。一番激扬文字后，大家走进了小酒馆。觥筹交错中，"碧云天，黄花地……"又一次撞击着心扉，我找了个借口，逃离小酒馆，钻进了县城唯一的新华书店。

书架上琳琅满目的书，看得我眼花缭乱，然而，恁是睁大眼睛，找遍旮旮旯旯，也不见梦想中的那本书。我怅然若失地走出书店，骑着自行车悻悻然地往回走，迎面而来的风里，似乎都听得到有人在吟咏"碧云天，黄花地……"

我是看完《小说月报》上的剿匪小说，想起初二那年第一次购买的小说《这里是恐怖的森林》，然后想起镇上那条老街上的小书店。或许……我来不及细想，便推着自行车出了门。

老街似乎变落寞了。那泛着白光的青石板，暗黄的木板壁，黝黑的青瓦，连同偶尔从青石板上晃过的女孩，让我突然觉得走进了戴望舒的"雨巷"，那么悠长，那么寂寥。

书店依旧小巧，门市却是全新的，那本就不多的老旧图书，摆放在玻璃柜里，虽越发沧桑，却也有模有样。我沿着凹字形的柜台，一路找过去，只发现了泛黄的《红旗谱》《红日》等书籍。"没有《西厢记》？"已经发福的女售货员，摇了摇头。显然，她已记不起十多年前从她手上买过书的青涩男孩了。售货员见我还在东瞧西望，便热情地推荐《红旗谱》之类，说只收半价。我捏了捏口袋，接过了颜色已经暗淡的《红旗谱》《红日》等书籍。不过，这些书带回去后，只是翻了翻，便搁上了书架，我只想着《西厢记》，想着"碧云天，黄花地……"

那是半个月后的一个下午，放学之际，我见底楼同事的家门前围了一大圈人，便赶过去凑热闹。原来，同事准备开个小卖部，正一股脑儿将家里的杂物连同过去购买的书籍，扔在大门前。赫然间，我发现了那本掩藏在乱书堆里的《西厢记》，它是那么小，似乎不足巴掌大；

它又是那么大，大得足以塞满我的心。我来不及多想，便拨开人群钻了进去，弯腰一把抓起了《西厢记》。我摩挲着有些老旧的红色封面，用手指把起皱的边角细细抹平，然后翻起来。这本由上海古籍出版社于1983年再版的十六开《西厢记》，采用繁体字，传统竖版排列。虽是第一次接触这种版本，却看起来那么顺眼，因为它是我梦寐以求的《西厢记》。

以后的岁月，家搬了一次又一次，书柜换了一茬又一茬，书籍淘汰了一批又一批。唯有这本《西厢记》，一直珍藏于书柜某个角落。空闲时光，便翻出来，然后吟着："碧云天，黄花地……"

（作者为中国作家协会会员）

偶得是书，何其有幸
——捡漏西南联大教授的珍藏

莫金橙

周末照例去书摊，何曾想到竟有意外惊喜。

中文书淘到一本由刘小枫策划出版的"柏拉图注疏集"之《理想国》，据说是对勘古希腊语原文译出，号称第一标准译本。

推车离开，路过一书摊时，一位卖书老板对我喊道："过来照顾下生意嘛！"我说："上新的书都看过了，没有想要的。"他一边叫我进来看看，一边忙着用手机给别人发语音。我将他店里新的、旧的书又扫了一遍。发现上周看到过的一本英文书还在，有点破破烂烂的，布面的漆都快掉没了，书脊和扉页用胶带粘住，纸张些许发黄，正文有不少地方用笔勾勾画画。1931 年出版，倒是一本老书，康奈尔大学历史系教授写的《现代历史》，也就是胡适先生留学的那所名校。上周询价，他要 20 元钱，我出 10 元钱，最后不了了之。现在再问，他竟要 30 元钱，还说是给老熟人的价格。我也不想揭穿他，只说 10 元钱我拿走，多了就不要了。他又说："老书！老书！"一边嘀咕着，一边把我放下的书拿在手里翻了翻。我径直去推车，刚走了四五步，就听见他喊："拿去！"我就折回扫码支付了 10 元钱后，走了。

回到家，一一翻阅"战果"。轮到这本英文书时，先把作者查一查。作者名叫卡尔·贝克尔，原来是美国著名历史学家，中译本的书还不少，评价也很高。手头这本竟然是其代表作，而且正好是 1931 年的初版，我暗自高兴——捡漏了。然后才注意到扉页上的红章，印着"皮名举章"四个字，看到人名的第一反应是会不会跟皮锡瑞有点关系，但转而又否定了这个念头，毕竟皮锡瑞是晚清的经学大师。于是我检索"皮名举"。天啊！果然是皮锡瑞的孙子，简直不敢相信！我仔细把书翻了一遍，除正文顶部的另一处红章，在扉页前的空白页以及书末最后一页，还各有一处灰色印章，估计原来是蓝色渐渐褪去成灰色。两个印章分别是他的名字的中英文和湖南长沙的字样。

皮名举，1907 年生，1927 年留学美国，专攻世界史，先入耶鲁，再进哈佛，获博士学位。1935 年归国，执教北大，与著名教授钱穆并称"钱皮"。1937 年随西南联大迁昆明，又与史学家雷海宗齐名，学界称"南有皮名举，北有雷海宗"。1942 年回到长沙，直至 1959 年逝世。

根据皮先生的上述履历，推测这本书购于美国留学期间，且是初版，侧面反映出他对当时史学新理念、新作品的敏锐洞察，然后漂洋过海回京，又辗转昆明。等他回到长沙，书却留在了这里。或许是忍痛割爱，或许卖书换命也说不定，毕竟那时期的名教授们都过得很艰难。时至今日，也有八十余年了。我不清楚其间这本书经历了些什么，至少比我寡淡的人生要丰富且沧桑得多。从各式各样的勾画看，笔迹有铅笔、钢笔、圆珠笔，甚至水性笔，颜色有红的、蓝的、黑的、灰的，甚至粉红色。我想他的字迹不可能那么小儿科，标注的英语单词连我都认识，身为哈佛博士的他也绝不会一一注明，显然，这些笔迹都不是他本人的。但书中有一种浅红色的勾画，往往在关键词句或段落下笔，倒很像是大师的风范。

偶得是书，何其有幸！皮先生一生嗜书如命，从美国回来除去给祖母带了治病的一斤西洋参外，其余四大木箱子全是书。在南迁云南的途中，行李丢了，却庆幸书还在。回湖南时遇雨，他抱着书躲雨，却把行李扔在雨里，任皮夫人在雨中凌乱，直至临终前念念不忘的依然是书……如今，他的珍藏之一颠颠撞撞流转到我手里。

（作者为藏书爱好者）

流离辗转始终未弃的两本书

林　遥

　　我读高尔基的《童年》时，已经十八岁了。那年我从柳州回到北京，分配到国有企业当了名建筑工人，彼时正值国企下岗潮，前途未卜，自身忐忑难安之际，唯有逛旧书摊自娱。

　　工厂门口的旧书摊，上面罗列之书，泰半来自废品收购站，却也颇多可读。高尔基的《童年》和格鲁兹杰夫的《高尔基传》就来自这里。《童年》是高尔基名作，1973 年人民文学出版社的版本，《高尔基传》是时代出版社 1951 年版，昔日中国人民大学图书馆流散出来的藏书，两本书皆和高尔基有关，遂被摊主放在一起，只要 3 元钱。文学青年如我，知晓高尔基，却没有读过《童年》。

　　两书都是繁体字，这对我而言并非问题，幼时生活在农村，村里流传的古典小说和话本，繁体字印刷居多，读这样的书并无什么压力，可《童年》的阅读，对我委实太不友好。扉页上写着"给我的儿子"，却不能以童书视之，掩卷后那种虐心之感，让我异常惊愕和不安，愤怒、屈辱和同情，诸般情绪让当时不知未来命运走向的我，在宿舍床上难过得辗转反侧。

　　《童年》是小说，但它是自传体式的"真实"小说，开篇就是父亲的死亡和母亲的生产，生死在一刹那奔袭目前，让我无法自持。如此震撼的开头，重重击倒了我。这种痛感在很多年后回忆起来，仍然难以忘怀。若仅仅是小说，可能我还不会产生这样的情绪，可是《童年》旁边还有格鲁兹杰夫的《高尔基传》，传记的开篇在讲述高尔基幼年生活时，使用的注释和内容同时来自《童年》。真实的力量，超越了小说虚构的文本，让我不知所措。

当时我已开始写作，在报章发表些伤春悲秋的"豆腐块"，为赋新词强说愁，关于文字给予人的力量，其实还一无所知。也正是那一刻，我从《童年》体会到文学是我们存在于这个世界最真实的投射。《童年》仅仅是主人公阿列克塞的童年吗？不止！残忍暴戾的外祖父，讲述他年轻时在伏尔加河上当纤夫的过往，露出了真诚而又兴奋的表情，他的童年也曾经生活在阳光下。还有和阿列克塞要好的小茨冈的童年，一个弃婴在命运的缝隙间长大，却善良、乐观、富有同情心。他们都是孤儿，在艰难生活和复杂社会中拥有不同的童年苦难。这种真实的苦难，进一步形成精神世界的苦难，奔向不同的人生命运。外祖母是阿列克塞的光芒，也正因有了外祖母，阿列克塞才没有被黑暗的力量吞噬，成为一个意志坚强的人，并始终相信，黑暗终将过去，未来属于光明。阿列克塞在苦难里的探索和对光明的向往，其实正是高尔基本人在现代哲学和社会进步中的探索，践行着他的理想主义和人道观念。

高尔基把生动的文学语言称为"浮雕"，也正是通过《童年》，我感受到了语言文字的造型能力，阿列克塞父亲下葬的时候，外祖母问他："你为什么不哭啊？应当哭一场！"

"我不想哭。"阿列克塞说。

"不想哭，那就不要哭好了。"她悄悄地说。

阿列克塞看到棺材上跳下两只小青蛙，往穴壁上爬，却被土块沉沉打落了下去，他在马车上问外祖母："青蛙还能爬上来吗?"外祖母回答他："爬不上来了。"无一字说悲，却处处是悲，沉郁的细节力量让我二十多年来始终难以忘却。

《高尔基传》的翻译者朱笄，这是不熟悉的名字，后来查阅资料，才知道是翻译家孙绳武先生的笔名。孙先生常用笔名"孙玮"，鲜有人知晓他曾译过《高尔基传》。格鲁兹杰夫是高尔基传记研究的最早专家之一，他作为和高尔基同时代的研究者，与高尔基关系密切，也因此拥有很多第一手资料。毋庸置疑，这本书有着它的历史局限性，不过这本老旧书，今日摆放在我桌上时，依然品相完好，散发着旧书特有的铅与墨浸染过的书香，这本书极为珍贵地收录了十一幅插图，纸质发亮，平滑如镜。

《童年》无论在哪个时代阅读，都不过时，历史是永恒的过去，而一切真历史都是当代史，文学展示的真实力量足以穿越时空。人类的困境古今相同。高尔基从《童年》走向《在人间》，走入《我的大学》，而在那一年，我离开国有工厂，重新参加高考，去读大学，此后毕业工作，结婚生子，两本书随我流离辗转，始终未弃。我将它们藏在书架的一个角落里，精心保护，因其在我迷惘的时候告诉我，人生当然有很多苦难，但终会有光明。

（作者为作家、武侠文化研究者）

青春远去，书中情愫惹人频回首

童凯思

有一种说法我很认同，年轻人到大学里最要紧的不是学分、论文和讲座，而在一个"熏"字，也就是感受那个"气场"。回想起来，在大学里淘旧书，就有那么一点——像是回到了家家系采丝、悬菖蒲的时节，孩子从小参与其间，熏着那股子辛辣而微苦的草香气，无形中就感受到许多生命的讯息。

淘过书的人都有体会，经常是你想要的书遍寻无着，你不缺的书却遍地皆是。以旧书摊上的西方文学名著为例，有些书一度出现频率极高，譬如灰皮封面、不成套的大部头《福尔赛世家》和《布登波洛克一家》。再就是人民文学出版社1978年首印的《悲惨世界》前两卷，几乎每个书摊都有——暗绿色封面，草叶与青蔓一派深稳地勾勒出大教堂般的庄重相——然而想遇到第三、四卷就需要有沙里淘金的运气，至于第五卷更成了空谷足音，大有"人间能得几回闻"的稀阔感。

看出我每次都面带失望，书友老故遂以行家的口吻在旁边道出其中原委：这套书是在1958年和1959年先出版了前两卷，但直到"文革"之后才开始印行，印数大得惊人，因为全国人民的阅读热情空前高涨。当时用的还是20世纪50年代的版本，所以你看前两卷都是繁体字。70 年代李丹以衰病之身译出了第四卷，然后和"文革"前译好的第三卷在 1980 年同时出版，没等看到书稿面世，李丹就去世了。第五卷是由他的夫人方于译出来的，1984 年出版印刷，署名李丹、方于。因为印行时间上出现过两次断崖，所以要凑齐这套书就特别难。

正当我在惊异、感佩和遗憾的情绪中无可奈何时，他又补上一句："但我是先有的第五卷，1984 年第五卷发行没多久，家附近的新华书店就有了新书，那会儿还是原价买入的，一块二一本。"

直到工作多年之后，我才展卷开读《悲惨世界》，其时也只是陆陆续续凑齐了前四卷。读到卜吕梅街到圣丹尼区的起义硝烟四起，马吕斯在即将到来的巷战中生死未卜时，一颗悬着的心没着没落，又没有地方可以找到单本，情急之下，我只好一咬牙去书店买了人民文学出版社 1997 年印行的《悲惨世界》上中下三卷本，回来狼吞虎咽追到"剧终"，可算是了却心头一桩大事。

读书过程中，老故的话音时时在脑中回响：李丹的译笔，那真是无可超越，说是雨果附体也不为过！

或许是先入为主吧，前两卷的阅读体验总是更容易唤起我的同感，因为它的繁体排版，因为泛黄的纸质，也因为它的铜版插图似乎更完美地复刻出原版的精度和质感，让人心思虔敬，一读之下就完全沉浸于那种波澜壮阔而又悲天悯人的语调当中了。相比之下，后来的各种新版好像只能用来果腹，再也还原不出那种难以言表的独特味道了。

已故的华东师范大学学者胡河清曾将钱锺书、杨绛伉俪比作中国当代文学中的一双名剑，一者英气流动，一者青光含藏。而在我看来，李丹、方于夫妇更像是中国翻译界的双剑合璧，两人厚自淬琢矢志不渝，所有的生命精华仿佛就是为了完成这一件事。尤其方于，在衰暮之年接过丈夫的未竟之业，每天糜粥度日、闭门译稿，真可说是倾力一搏，把自己都炼进了译事这把剑里。而且就像是干将、莫邪，五卷译著的文风、句法、修辞、炼字，前后默契一体，甚至看不出有焊接的痕迹，叫人展卷之余不能不心生钦敬与感激。

也是因缘际会，我在上学期间淘到了好几部雨果的小说，计有人民文学出版社 1978 年版的《九三年》（郑永慧译）、上海文艺出版社 1980 年版的《笑面人》（鲁膺译），还有四川人民出版社 1980 年版的《海上劳工》（罗玉君译）。像老版的《悲惨世界》一样，它们的装帧朴素大气，文字配图古旧庄重，形式与灵魂高度呼应。受其熏陶影响，即使当青春远去之后，书中高浓度的浪漫主义、传奇精神和救赎情怀，还是让人忍不住要频频回首。任何时候，只要想起它们，就好像看见繁星依然闪耀，大海澎湃如昔。

（作者为纪录片导演、文艺评论人）

那些买书往事，从来不需要想起

吴　玫

20 世纪 80 年代初，纸张稀缺，书籍供应紧张，能从新华书店抢到一本世界名著，太难了。每逢周末回家的途中，我会拐到南京东路的新华书店去看一眼，那是当时上海最大的书店，货源相对丰沛。

那家书店的二楼叫学术书店，那天在那儿隔着柜台努力辨识营业员身后书架上有没有我想要的新书时，听见他们正在议论征订《傅雷译文集》的事情。对一个选择中文系的女生来说，会不知道傅雷吗？我就央求营业员给我看一眼《傅雷译文集》的总目录。1981 年版的由安徽文艺出版社出版的《傅雷译文集》总共十五卷，除了收有巴尔扎克的《高老头》《欧也妮·葛朗台》《贝姨》等名著外，还有丹纳的《艺术哲学》、罗曼·罗兰的《约翰·克利斯朵夫》。我深知自己的口袋里没有多少钱，只能鼓足勇气小声地问营业员征订办法。

一定是我一副学生打扮让营业员料定我买不起这套皇皇巨著，他把征订单重重地甩在了柜台上。看罢征订单，我明白只要将自己的信息写在征订卡上交给营业员，书到了他们就会寄一张明信片给我。我带上明信片和钱来书店，慢慢地，《傅雷译文集》就是我的了。

征订卡写到一半，一个念头掠过我的脑际：万一这十五卷书一起到呢？第一卷《傅雷译文集》定价是 2 元 8 角 5 分，如果每一卷都是这个价格，一套书总价就是 42 元 7 角 5 分。如果一下子把一套《傅雷译文集》搬回家，就得伸手问我爸妈要钱，这怎么可以？

好在，文集到底还是一卷一卷慢慢地出的。我的《傅雷译文集》第一卷购于 1982 年 3 月，收有巴尔扎克的《夏倍上校》《奥诺丽娜》《禁治产》《亚尔培·萨伐龙》和《高老头》。拿到书后，我等不及回到家里就在公共汽车上一手拽着栏杆一手紧紧拿着书读起了《高老头》。为什么不是首篇《夏倍上校》而是末篇《高老头》？小学四年级时邻居哥哥曾给我小半本《高老头》，正在为写不好作文而苦恼的小女孩，先是闻到了伏盖公寓里那股说不出来的味道，看到了高里奥老头那受气包一样的模样，后来，跟随年轻的拉斯蒂涅一起好奇于停掉买卖之前高老头到底挣到了多少钱财，又怎么会被两个女儿弄得住进了又脏又臭的伏盖公寓……但是，小半本《高老头》到"富有每年六万法郎以上的进款，自己花不了一千二，高里奥的乐事只在于满足女儿们的幻想"就没了，仿佛买了只大西瓜用刀剖开后看到了红彤彤的瓜瓤，放西瓜的桌子被冒失鬼撞翻了西瓜碎了一地。现在，一卷刊有《高老头》的《傅雷译文集》在手，我怎么可能按捺住自己回到家里再展读？

得书不易，又是用从不多的零花钱里抠出来的钱买的，从《高老头》开始，《傅雷译文集》这一卷被我翻来覆去地读。直到三个多月后收到让我去买第二卷的明信片，"高老头"才被我珍重地藏进家里属于我的那一格衣橱里。

大学毕业后，就业、恋爱、结婚、生子、几次跳槽、数度搬家，我的那套灰蓝色封面的《傅雷译文集》只剩下了一半。这套《傅雷译文集》的第七卷到第十卷是罗曼·罗兰的长篇小说《约翰·克利斯朵夫》。我们同学开始言必称《约翰·克利斯朵夫》的时候，《傅雷译文集》才出到第四卷，而四卷本的《约翰·克利斯朵夫》已摆上了新华书店的书架。眼看着有三个同我一样的爱书者各买走了一套书，我再也沉不住气了，几乎倾尽了口袋里的钱买了一套。自然而然，我就放弃了《傅雷译文集》中的第七到第十卷。第十五卷丹纳的《艺术哲学》，我也是买了另外的版本。至于还漏买了哪几卷，已经记不清，能肯定的是，收有苏卜《夏洛外传》、罗素《幸福之路》、杜哈曼《文明》、牛顿《英国绘画》和文学、音乐及其他译文的第十四卷，我没有买。原因何在？当时的我孤陋寡闻，不知道苏卜、罗素、杜哈曼和牛顿他们写的，虽不是小说，却比有的小说好看多了。

被我恭恭敬敬地摆放在书柜显眼处的这套不齐全的《傅雷译文集》，最末一卷是第十一卷。收了我最喜欢的《欧也妮·葛朗台》的第二卷，连书脊都松了。正因为读熟了《欧也妮·葛朗台》，毕业后当高中老师给孩子们讲这部小说的节选时，我巧妙地在规定课时里将全书的轮廓描述给了他们，更是把为什么要读巴尔扎克借此机会分享给了他们。很多年以后，大数据帮我找到了几个我早年的学生，回忆与我相关的往事时，他们说记忆最深的就是那几节我讲述《欧也妮·葛朗台》的语文课。

买书的故事固然值得记录，这套译文集给予我的，套用一句歌词就是"从来不需要想起，永远也不会忘记"。我不会忘记，拿到译文集的第十一卷罗曼·罗兰的《贝多芬传》《弥盖朗琪罗传》和《托尔斯泰传》以后，从中得到的谈资让我在一众同学面前挣足了面子；我不会忘记，是巴尔扎克打开了我更广阔的外国文学的视野；我更不会忘记，当我陷入青春期的焦躁和忧郁时，是《约翰·克利斯朵夫》在一遍遍地提醒我，"事过即忘，所以永远不要灰心"，尽管我的《约翰·克利斯朵夫》不属于《傅雷译文集》，但，也是傅雷先生的译本。

（作者为书评人）

辑四　故纸新思

续写"诗词使人心不死"的佳话
——重温叶嘉莹先生的诗教

李明阳

> 我读书时曾到南开大学叶嘉莹先生在西南村的寓所旁听她为研究生开设的读书班，并于 2011 年深秋在清华大学听叶先生讲座，次日到翠宫饭店拜访请教。收到叶先生签赠的《迦陵论词丛稿》，已是十年前的事了。近二十年间，叶先生引领我的学术成长，以至于我忘记了叶先生也会老。日前，叶先生永远地离开我们，到另一个世界继续弘扬诗教去了，纪念叶先生的最好办法是读书。
>
> ——题记

词作为一种独立的文学体裁，受到学术性的关注，尚不过二百年。然而词学研究的深入，使这种原本居于"诗之余"的艳歌小道赢得了与言志载道的诗文同等程度的关注，这恐怕是张惠言、王国维诸先生未曾憧憬的。梳理词学研究的历史，如果要在众多研究者中选出一位著作等身、创论俱佳者，则非叶嘉莹先生而不作他想。如果在这浩瀚的著作海洋中推举一部最能代表她学术观点、方法和理路的著作精读，《名篇词例选说》当为首选。

叶嘉莹先生在近八十年的研究和教学生涯中，发展了王国维的"境界说"及其阐释观念，对词学发展做出了三项奠基式的贡献：第一，恰当定义了词作的美感特质，即词不同于诗之处体现为一种"要眇宜修"的含蕴，而词之所以能引起人们的感动亦在于这种"弱德"之美；第二，深入分析了词体的发展历程，即唐宋词由"歌辞之词"经"诗化之词"发展为"赋化之词"，到清代又形成了"哲化之词"的演进历程；第三，完善建构了词学的研究模式，即熔文献辑佚、汇注集评、典故考证、词作阐发于一炉，指向具有知识论意义的文学史经验。上述这一切在《名篇词例选说》中收录的仅十七篇短文中得以充分呈现。

观照词史的选词篇目

选学肇端于南朝昭明太子《文选》，而盛于清际桐城派古文。由于科举考试的需求，自唐宋以来，古人热衷于编撰类书。类书旨在简便易查，却在发展过程中逐渐求全扩容，完全失去分类翻检价值。

诗词学习，入门更需正。对初学者而言，全集与选集是相辅相成的，任何一个时代，都有杰出的作家、优秀的作家和平庸的作家。全集用以了解词坛的整体风貌和平均水平，但像《全唐五代词》这样的总集，有不少当时的平庸之作，不加分辨地通读，很难有所感触，甚至会失去阅读的兴致。选集用以精读，想要分辨文学品质的高低，培养高标的眼光和品位就很重要。晚清以来，朱孝臧、俞陛云、胡适、胡云翼等前辈学者都曾编纂、注释过非常优秀的词选著作，然这些著作多从编者个人的审美趣味出发，在一定程度上忽视了通观词史的视野，注重宋词的价值，而或多或少地遗漏了后世的回响。

《名篇词例选说》虽仅收录了十七篇文章，取词三十二首，却兼顾了五代至晚清最有代表的各派名家，在对作品的解说中，通过纵横比较，几乎提及了词史上大部分重要的作家作品。值得注意的是，叶先生不只是学者，更是当代杰出的旧体诗词作家，她融入了自身创作经验，完成这样一部精粹的词选，所选篇目是大有深意的。作者充分考虑到近年来学界对温庭筠、李清照的高度重视，且对这两位词人的论述将颇费篇幅，因此宋代词史的建构以韦庄入手至吴文英，凸显词史主流，却又关怀词体新变。元、明、清三代词选取王沂孙、陈子龙、朱彝尊、贺双卿、王国维和陈曾寿六家，要言不烦地勾勒了词发展的清晰脉络。

词作赏析的经典范式

对文学学科而言，对词的关注点究竟应该是什么？学者给出过不同的回答。20世纪80年代美学扩展到各个学科领域，学界流行着大量从美学角度评赏诗词的著作。然而尽管词是美的，若纯从美感角度讨论会削弱诗词丰富的意蕴，难免使文学流于话语。也有学者重拾"词史"概念，强调词人记载一己经历或揭示词作记载史实的效果，但这也只能适用于部分作品。

叶先生强调诗词感发生命的作用（即"兴发感动说"），既是对传统文论的回望与继承，也是对诗词文学性的深刻总结。一方面，"兴发感动说"突破了单一强调美学或抒情的片面做法，综合了作品的言辞、典故、情事与词体流变等多维度文学因素，对词的文学性的阐释更加丰富、立体；另一方面，"感发生命"概念充分考虑到作者创作、文本流传、读者阅读等不同环节文学的多重意蕴，诠释了文学活动全过程的统一性（情感体验），这是古今中外文学的共通之处。

近代以来，诗词的研究呈现出三种倾向：其一侧重文本、史料的辑佚；其二注重典故、史实的阐释；其三指向理论、哲理的阐发。尽管叶先生的词学研究包含了上述三个方面，然本书收录的文章却不同于叶先生《杜甫秋兴八首集说》中疏证式考论，也并非《迦陵论词丛稿》中学理思辨的分析文章，而是用诗化的口语表达完成短篇词作赏析。从这个意义上讲，《名篇词例选说》以情感体验的阐释为最终归旨，兼顾了作家创作和读者体验，既具有思想性，又富于知识趣味，还不失可读性，呈现了文学赏析的典型范式。

融汇古今的诗教风范

《毛诗序》以降，文学赏析在古典学术中占据着重要地位。从文体上讲，古代诗文评点主要集中于注疏、书序、诗话、书信之中，像《诗品》和《文心雕龙》这样提纲挈领、体系完备的专题论著也时有出现。古人对文学的讨论集中于训释教化和指导创作，同时也是自我学识修养的反观和道德情操的陶冶。

现代学科建制培养了一批既要从文学中汲取滋养，却不一定从事文学创作的知识分子。因此学术研究的路径发生了根本性转变，人们更倾向于完成一次"知识考古"意义上的旅途。然而任何知识建构都不能代替美育。徘徊于群体与个体之间，纠结于自我与他我之际的当代国人，需要文化寻根来探求精神的抚慰。

"悲落叶于劲秋，喜柔条于芳春。"从旧乡土文明走来的叶先生，曾在欧美高校执教数十年之久，见过欧洲工业文明的兴盛，却也为孕育古典诗词的东方乡土文明的失落感到惋惜。是以直到逝世前两年，叶先生始终坚守在古典诗词教学与研究一线，她曾让诗词走向世界，更让诗词回归人心，续写着"诗词使人心不死"的佳话。叶先生通过顿挫悠扬的韵律传递温柔敦厚的诗教，唤醒人们文化记忆中杳渺幽微的情思，在物换星移的现代文明间守望着中华文明的坐标和前景。

文学基于戚戚之共感而直指人心，叶先生评赏古典诗歌的方法论，伴随着她回国，受到关注已四十余年。一叶知秋，《名篇词例选说》呈现出的风格多元的词作，映照出了叶先生温柔细腻的词心，折射出了词的历史与意蕴，及透过文字传递出的温情与敬意。

（作者为中国社会科学院中国社会科学杂志社编辑）

邓云乡笔下的《鲁迅与北京风土》

王静斯

  2024 年是邓云乡先生诞辰一百周年，中华书局因此特别出版了纪念版邓云乡"北京风土系列"图书五种，其中的《鲁迅与北京风土》是邓公名声大噪之作。邓先生在世时，他写的文章就常在《北京日报》的文史版和读书版发表。今朝，作为一名与图书打交道的后生，我希望向读者推荐这本《鲁迅与北京风土》，让邓公的名字以另一种形式再次出现在《北京日报》上，为他的旧书寻找新的知己。

  北京大学中文系毕业的邓云乡虽是山西人，却于少年时代迁居北京，在这里度过了青春岁月。他来到北京的那一年，即 1936 年，恰好是鲁迅先生与世长辞的年份。邓云乡仰慕鲁迅先生，在细读《鲁迅日记》时，看到鲁迅先生的游踪所至，皆是他极为熟悉的燕京街道，听闻鲁迅先生的朋友、学生，亦有不少他的师长，故而倍感亲切，于是希望写一些文章，记录下鲁迅先生的在京足迹。

  邓云乡凭借着对北京的热爱与熟悉，以《鲁迅日记》为线索，先是写下一篇篇鲁迅与北京琉璃厂书肆、碑帖铺、古玩店、画棚的文章，继而对与鲁迅相关的旧京饭庄、茶座风光、故都名胜、民俗风情等北京风土一一记录，逐步积累稿件，于是便有了《鲁迅与北京风土》。

书中琐记式的质朴文字看似拉杂，实则饱含了一位久居京城的民俗学者对北京这座城市的真实情感与细心思考。邓云乡通过详实的史料搜集和故人访谈，结合个人生活经历，于历史的洪流中抓取动人的细节，向读者娓娓讲述 20 世纪初期鲁迅在京的十五年光景。

今天，就让我们翻开书页，随邓云乡一起神游旧京，漫步琉璃厂的街市，逛逛厂甸庙会，泛舟陶然亭，骑驴钓鱼台，在 city walk（城市漫步）中追忆鲁迅先生居京期间的生活图景。

厂肆志略

鲁迅先生刚到北京时，住在菜市口南半截胡同的山会邑馆，也就是后来的绍兴会馆，上班则在宣武门内的教育部。这两个地点离琉璃厂都很近，鲁迅先生一遇闲暇便到此处搜求书籍、画册、笺纸、拓片，间或买点小古董。

琉璃厂商人的盈利之道是一种志同道合的朋友式经营方法。顾客进到店里，可以挨架参观、随意取阅。如果是老主顾，会问问店里最近收了什么好东西，请店家拿出来大家一起鉴赏，买与不买都可以。店家是商人也是学人，比如通学斋的主人孙殿起、文禄堂的主人王晋卿等，他们既是书商也是版本目录学家。卖家与买家之间在寒暄、问答、交易间彼此增长学识，构成了旧京琉璃厂特有的人文气质。

厂甸风貌

厂甸位于琉璃厂街的中心，是庙会的所在地。厂甸庙会的历史可以追溯到清代乾嘉时期。每到正月，厂甸庙会便成了北京市民休闲娱乐的场所。鲁迅先生到北京的第二年（1913），曾在正月里反复去过七次厂甸。

厂甸庙会好似一个博览会。古玩摊上的玉器、瓷器、铜器、图章和珠宝首饰琳琅满目；芦席搭的画棚里，从对联中堂到工细楼台、写意花鸟无所不有；大书摊中不仅有近处琉璃厂的书铺，就是城内隆福寺、东安市场等处的书铺也会前来设摊；更不必提耍货摊上的空竹、江米人、小金鱼、走马灯、绢花、弹弓，等等，任谁也要被哈记风筝铺的大风筝和京郊农民自制的大风车吸引得目不转睛。从耄耋老人到垂髫孩童，没有不喜爱厂甸的。

酒肆谭乘

据邓云乡粗略统计，《鲁迅日记》中提到的饭馆有六十五家之多。这六十几家饭馆中，鲁迅最常去的要数广和居。广和居位于北半截胡同南口，与鲁迅的家近在咫尺，这家的拿手菜有潘鱼、砂锅豆腐、葱油海参等。

旧京饭庄中有两个职位至关重要，除了掌灶的厨师，堂口上招待客人的伙计也不容小觑。他们热情有礼，记忆力极佳。宾客一登门，门口的总招待便会上前寒暄问好。对于老主顾，他们通常记得姓氏，也记得办宴与赴宴人之间的关系，于是便大声向堂内传呼，如："周大先生到，某号钱大先生屋看座！"里面接待的走堂伙计听到后速来接应引领，打起帘子请客人进屋，并向屋里报称："周大先生到！"

如此"里应外合"，彰显着北京老饭庄的规矩与风格。

上述这些旧京风情，放到快速发展的当代，恐怕人们若不读些史料，了解些过去，是不容易体味的。无论是生于斯长于斯的北京人，还是像鲁迅与邓云乡先生一样客居京华的人们，都不妨把这本《鲁迅与北京风土》当作一本穿越时光的旧京旅行指南。跟着邓先生这位引路人到鲁迅走过的街道转一转，你便会理解老舍心心念念的北平、周作人笔下春天的北平、郁达夫所怀念的故都之秋是多么令人魂牵梦萦。

（作者为首都图书馆馆员、中国民俗学会会员）

必也正名乎

——关于"名字"的稀见书《周秦名字解诂汇释》及其他

刘卓异

　　十多年前，我刚读硕士，导师晁福林先生要求大家读《经义述闻》，并仿照《经义述闻》的形式撰写札记，季末收齐大家的札记，相互批评。《经义述闻》是乾嘉巨擘王念孙、王引之父子的著作，因为太过艰深，此前我只听说过，没看过。当时大部分同学都选的是第十七到二十一卷，因为这几卷是清代学者读《左传》和《国语》的札记典范。我也"照方抓药"，初步了解了这部著作的体例和考据方法。最让我惊喜的是，《经义述闻》接下来两卷就是大名鼎鼎的《春秋名字解诂》。

　　《春秋名字解诂》为我打开了新世界的大门。此前我虽然知道古人的名与字有对应关系，但仅限于"岳飞字鹏举"等个别例子。至于名与字如何对应，其背后的逻辑是什么，我不清楚。《春秋名字解诂》运用训诂方法，归纳出名、字含义对应的五种类型——同训、对文、连类、指实、辨物。从此之后，我再看到某人字某某，就不会一掠而过，总是饶有兴味地分析其名与字是如何对应的。随着我对中国古代名字文化的兴趣渐浓，我又发现了《春秋名字解诂》的升级版著作——周法高先生的《周秦名字解诂汇释》。

周法高先生是著名的语言学家，他不仅在学术上有很多创见，更是编纂了多部惠泽学林的工具书。初学金文时，我常用他主编的《金文诂林》和《金文诂林补》。这两部篇幅浩瀚的大型工具书虽然成书于数十年前，但至今仍没有别的书能够取代。《周秦名字解诂汇释》则是周法高先生撰写的另一部非常实用的工具书。这部书于1958年由中华图书编审委员会发行。1964年，周法高先生又为该书出版了《补编》。

《周秦名字解诂汇释》和《补编》沿用了《春秋名字解诂》的研究方法，而在时代上有所延伸，从春秋时期扩展到整个先秦时期。《春秋名字解诂》是较为纯粹的个人学术见解的集合，而《周秦名字解诂汇释》则重在"汇释"，一方面汇集作者所见此前诸家的观点，另一方面作者以按语的方式对这些观点进行述评并阐述自己的见解。这种体例并非直接给出编纂者认可的结论，而是将学术史上的所有观点（包括作者自己的观点）都展现给读者，供读者自己取舍，为这一领域的研究者在此基础上按图索骥、继续研究提供了很大的便利。就我个人的经历而言，如果说《春秋名字解诂》是为我打开了认识先秦名字文化与训诂方法的一扇大门，那么《周秦名字解诂汇释》就是将我送上了先秦名字研究的轨道。

初闻《周秦名字解诂汇释》之名是在2014年，但找到这本书却很费了一番功夫。电子版固然是找不到，北京师范大学图书馆里也没有收藏。我当时好像已经从门缝中窥见一片充满了趣味和探索性的游乐园，买一张门票进去游玩的欲望就无法控制了。那段时间，我心心念念的就是拥有一部《周秦名字解诂汇释》。北京毕竟是文化中心，经过我在线下、线上的旧书店中多番寻找，终于找到一部品相很好、没有残破污损的初版《周秦名字解诂汇释》。坏消息是这部书的定价差不多是我一个月的生活费。我犹豫再三，还是按捺不住，咬咬牙买下了这部旧书。

这部旧书原本的所有者名为"林国华"，书中多处可见他的人名章。按照他在扉页上的批注，此书是他于 1972 年 1 月 13 日购入的。从书中的批注看，他很深入地通读了全书。他很爱惜这部书，不仅全书没有任何折页，他还用灰黄色的硬纸包了书脊，确保这部历经沧桑的旧书没有散架。四十多年过去，我初见此书时，它仍如一位老而弥坚、衰而不颓的老绅士，让我感受到爱书之人、爱学问之人对藏书的精心呵护。直到现在，又过去了十年，在我手中，这部书的样子和十年前没有任何变化。让这部较为罕见的旧书完好地留存在世间并发挥作用，是我和那位素未谋面而又有一丝因缘相连的林国华先生之间默契的合作。

买完这部书的几年后，我读到了虞万里先生的一篇访谈录。里面提到他也寻觅这部《周秦名字解诂汇释》很多年，在 2015 年方才在台北旧书肆淘到一本。想到我在 2014 年就有幸拥有了这本书，不禁有一丝得意，也不再觉得那一个月的生活费花得肉疼，反而感觉颇为值得。实际上，除了满足这一点点虚荣心外，从学术上讲，这笔钱花得也是物超所值。

《周秦名字解诂汇释》之后，又出现了规模更大、搜罗更全的《古人名字解诂》一书。这是著名语言学家王力先生的弟子吉常宏先生等撰写的一部高水平的工具书。此书搜罗了自先秦到清代上万个人的名字，并对这些名、字的对应关系做出了解释，但并不能完全取代《周秦名字解诂汇释》。一方面，中国名字文化的根源在先秦，成熟期也在先秦。先秦时期的名、字对应要比后代更为严格。因此，在先秦名字的研究基础上，《周秦名字解诂汇释》和《补编》比《古人名字解诂》更为翔实和深入。另一方面，《古人名字解诂》是较为纯粹的工具书，搜罗齐备、便于查询、结论简明，适合初学者和爱好者使用。而《周秦名字解诂汇释》汇集前人研究，条分缕析，学术性更强，适合研究者使用。

很可惜，《周秦名字解诂汇释》及《补编》自 20 世纪五六十年代刊印之后，就一直没有再版，迄今已逾半个世纪。目前市面上只有极少量旧书流传，且价格颇高，对相关研究者和爱好者十分不友好。这样至今仍具有重要学术价值的工具书，很有必要重新排印。若真能再版，可以将《汇释》及《补编》合为一部书，以便于读者查询，并增加拼音检字及四角号码检字。当然，如有研究者能赓续周法高先生之研究，依此体例将先秦传世文献与出土文献中见到的所有名字进行全面考察，将又是一部惠泽学林的佳作。

（作者为北京师范大学历史学院副教授）

别把"周期率"误以为历史规律

——"窑洞对"的启示

冯敏飞

　　最早知道"周期率",因为著名的"窑洞对"。那是 1945 年 7 月黄炎培访问延安,与毛泽东谈及这个话题。黄炎培诚挚地说,"其兴也勃焉,其亡也忽焉"的现象呈"周期率","一人,一家,一团体,一地方,乃至一国,不少单位都没有能跳出这周期率的支配力",希望中共"找出一条新路,来跳出这周期率的支配"。毛泽东回答:"我们已经找到新路,我们能跳出这周期率。这条新路,就是民主。只有让人民来监督政府,政府才不敢松懈。只有人人起来负责,才不会人亡政息。"黄炎培听了,觉得"这话是对的……用民主来打破这周期率,怕是有效的"。如今,民主已成为社会主义核心价值观之一。

　　想进而了解"窑洞对"详情,便寻读黄炎培的《延安归来》与《中华复兴十讲》。原来,早在赴延安之前三年,黄炎培曾在成都举办"中华复兴"专题系列讲座,说有人从物理、化学的角度给他谈自然周期率,强调自然科学与社会科学是相通的,并有人给他画图说明一个家庭兴衰成败之理,进而揭示民族兴亡周期率。

　　中国古代"家国同构",以家喻"家天下"并无不妥。破解"周期率"的方式，黄炎培认为敢死就是成功，怕死就是失败，那是针对抗日战争特定历史时期而言。

"周期率"可谓中国一种长期存在的历史现象。《三国演义》开篇那句："话说天下大势，分久必合，合久必分"，既总结三国之前千古中国历史现象，也符合三国之后千年中国历史轨迹。然而，就在罗贯中写完《三国演义》之后，明清之交开始发生"三千年未有之变局"。1912 年中国帝制结束，步入共和时代，内部也发生了质的变化。梁启超在 1902 年的《史学之界说》中说道：天地间现象为二，一是循环之状，去而复来者也，为自然科学；二是进化之状，"往而不返者也，进而无极者也；凡学问之属于此类者，谓之历史学"。现代学者更是认为："今后中国的历史将不会和前一周期一样，也就不能利用过去的历史记录，来完全预测今后发生的事件。"

有学者指出："中国历史这种统一与分裂的循环只不过是一个偶然现象，从世界史上来看它并不存在普遍性……'分久必合，合久必分'的分裂统一循环论只不过是后人强加的一个观念性的结论。"

其实，中国人本来更早明了自然与社会有相通之处，但更多的是不相同。例如《道德经》说："天之道，损有余而补不足，人之道则不然，损不足以奉有余。"《荀子》曾明确指出："天行有常，不为尧存，不为桀亡"，主张"明于天人之分"，将孔孟思想中的"道德之天"还原为纯粹外在的"自然之天"。可是，后儒董仲舒等将天与人的关系加固起来，人们很容易将自然规律与社会规律相混。

在我看来，历史四季与自然四季有某些相似之处，现象是或然，规律是必然。正如我在拙著《危世图存》里所作的发散式插图，我试图以此说明："只要及时深化改革，超越中兴，完全可能让历史走出治乱循环圆周式的轨迹"，即跳出"周期率"，而呈射线式发展。

（作者为中国作家协会会员）

《子夜》遭遇的肢解与曲解

——茅盾身后经历的笔墨官司

林传祥

    茅盾晚年写作《回忆录》（人民文学出版社 1984 年出版时加书名"我走过的道路"），有意拿《子夜》作为一个专章详细介绍，这在以前是没有的。1939 年 5 月茅盾在新疆有一个讲话，谈他的《子夜》是怎么写成的。后来这篇讲话稿发表在《新疆日报》"绿洲"副刊。1977 年《子夜》再版，茅盾应约又写了一篇新的后记，复述他的写作体会。尽管两篇都谈到了写作计划或意图，新版后记还将意图一一说明，但总体来说是笼统的。

    《回忆录》里对《子夜》的介绍就不一样了。原来茅盾写了一份提要，而在提要基础上又写了更详细的分章大纲，《茅盾研究》1984年第一辑就载有部分分章大纲内容。

    《子夜》三十余万字，提要、大纲就写了数万言，对此，茅盾自己说："我算是用过一番心的。"叶圣陶在 1945 年的一篇文章中这样记述茅盾："他作小说一向是先定计划的，计划不只藏在胸中，还要写在纸上，写在纸上的不只是个简单的纲要，竟是细磨细琢的详尽的记录。据我的记忆，他这种功夫，在写《子夜》的时候用得最多。"

这里需要说明一下，茅盾介绍他的《子夜》，是在《子夜》成书多年以后，详细大纲更是在他逝世后才被披露的。叶圣陶所说的"写在纸上"当是事实，因为早年他与茅盾同在上海，既是商务印书馆同行，也一度是邻居，关系密切。但很长一段时间，茅盾"写在纸上"的那份记录没有被公开。

《子夜》自问世以来一直作为畅销书受到读者欢迎，评价非常高，20世纪80年代达到了鼎盛。翦伯赞、邵循正、胡华等所著《中国历史概要》，五千年事写入薄薄一本小册子，惜字如金，也没忘记将《子夜》写进去。王瑶先生在一次研讨会上说过："关于现代作家的研究文章和著作，除了鲁迅之外，最多的就是茅盾。"又说："一个作家，对他有兴趣的人多，研究他的文章和著作数量大，这本身就说明了他的历史地位。"《子夜》是茅盾的代表作，其重要性不言而喻。

但在20世纪90年代之后，包括《子夜》在内的茅盾作品开始受到质疑，认为《子夜》存在"主题先行"的刻意性，"概念化"倾向明显，可读性偏低，艺术表现力不强；还有一些人说，《子夜》是一部政治小说，是"宣传品"，是"一份高级形式的社会文件"。这些质疑应该与叶圣陶所说那份"写在纸上"的记录有关。因为人们发现茅盾写作习惯的确不同于常人，《子夜》是做了精心的准备和包装的。而这份被披露的记录似乎证实了这一质疑。

那时，先锋派和新写实主义正兴起，审美趣味在一些青年读者中发生着变化。说得通俗点，他们需要变换"口味"了。在这种"口味"的变换争夺中，茅盾这道"餐"好像属于被吃腻了的那类，不那么适口了，自然要被撤换下来。其实"口味"反映的只是读者个人的喜好，以此作为评判标准似乎站不住脚，而手握"审美"的大棒威力更烈，时过境迁的《子夜》是招架不住的。

《子夜》既然有"问题"，那么"问题"出在哪呢？很显然，不在《子夜》内，而在《子夜》外，即茅盾自述的"创作的准备"，也就是那份经过了精心准备的详细大纲或记录。茅盾在多种场合谈过自己的创作，诸如收集材料、确立主题、拟写大纲……他乐意谈论自己的创作，《子夜》就是很突出的例证。

茅盾是一位非常坦诚的作家，甚至结合文艺评论也不忘谈论创作方法，这在其他作家当中是很少见的。正因为此，茅盾反而成了"箭靶"，他的作品反而被他的"经验论"打上"概念化"的标签。他们握有"实据"后，回头再看《子夜》，先入为主地拿着大纲证据来"围猎"《子夜》，《子夜》的"问题"被一一揪出，罗列放大，被肢解，被曲解。

叶圣陶所指的那份写在纸上的记录，本意是对茅盾的敬重。他认为"对于极端相信那可恃而未必可恃的天才的人们"，茅盾的模式是可取的；1986 年他在茅盾诞辰九十周年会上又强调："对于那些自认为创作全凭才气的人们来说，雁冰兄的创作态度很值得供他们作比照。"看来，叶圣陶当时对于日后茅盾遭受的质疑有了预感，所以他对自己说过的话又特别做了加注。

茅盾原本是从事文学批评的，他的小说具有批评家的缜密与冷静，《子夜》尤其明显。《子夜》的酝酿及其写作过程，其实出现过多次变更、停顿，有时甚至连大纲也不太管用。批评家的大纲是在脑中，而非完全"在纸上"。就个体而言，创作的方式可以多种多样，写提要、拟大纲只是其中一种，在某些人看来虽然笨拙，但没有必要硬生生将其与"主题先行"挂钩，甚至扯上"概念化"——难道做小说真的可以全凭才气，打无准备之战？那样的话，以曹雪芹的天赋，写《红楼梦》似乎完全可以一蹴而就，何须十年之久的"披阅增删"呢？

（作者为中国档案学会会员）

有中国味的文学批评是当下需要的
——《文章例话》带来的启发

吴　蔚

　　周振甫（1911—2000）先生是我国当代著名的学者型编辑家。他的《文章例话》首次出版于 1983 年，是其"例话"系列（《诗词例话》《文章例话》《小说例话》）作品之一，在当时颇为畅销。早先我曾拜读先生的《诗词例话》，但直到近些年，才因给学科教学（语文）教育硕士上一门古代文学专题课而捧读《文章例话》。读后大为欣喜，不仅于自己颇有启发，同时也特别认同这是一本真正意义上的作文书。诚如作者在开篇序言里所述：文章不是吃饱了饭没事做，写来作为消遣的。凡是好的文章，必然有不得不写的缘故。为了这个缘故，作者才提起笔来写文章。

　　"例话"这种体例本身是传统与现代的结合，用今天的话来说，即传统文论话语的现代化转化。"例话"来源于"诗话""文话""词话"，但又似是而非。古人的诗文评往往是随性感悟式的，缺乏提炼，也缺乏体系。而"例话"则加以甄选，并分门别类提炼出关键词，因此可以说"例话"是古代诗文评的体系化。但这种体系又不同于今日之学术著作的一二三四、甲乙丙丁，从每个关键词的解读看，某种程度上仍旧保留了传统文论散评的特点。它是非常中国化的文学批评形式，但又与时俱进，加以创新。四十多年过去了，放在反复呼吁建立有中国特色话语体系的今日，周振甫先生的理念亦可谓毫不过时。

《文章例话》的阅读编，谈的不仅仅是阅读，亦能读出做学问的道理。如"找渊源""分因革""辨流别"几个关键词，类似"辨章学术、考镜源流"。读了《例话》后，对此理解会更为透彻。它将如何考镜源流加以细化，并且以教科书式的方式展示了具体操作之法。例如"找渊源"篇中讲欧阳修文从韩愈文而来，所举之例孙奕之的《示儿篇》只是点到为止，而周振甫先生的"文话"中花了大量篇幅比较了二者之不同，说明找渊源"和机械摹仿不同，它虽仿照而有变化，跟借鉴似的"。其尤其指出欧阳修的《梅圣俞诗集序》是从韩愈的《送孟东野序》而来，但论点、提法、写法均有不同。前者"穷而后工"的观点与后者"不平则鸣"之论常常在古代文论中相提并论，然此处非常精辟地指出，"鸣"和"不平"之间有矛盾，"穷而后工"的论点就比较完满，写法也更为自然。所以读书可先从一个感兴趣的作品入手，接下来去找它的上线、下线再来细读比较，把这一串作品都读了，肯定收获会更大。再如"辨流别"就是辨明有几个支流，它们的流向是怎样的。这需要对文本的内涵有非常深入细致的了解，而不是浮于表面。韩愈就像一个主流，它有几个支脉，它的支脉流向了一个偏远的地方，走向了枯竭，过了若干年后，它的主脉又重新被疏浚，焕发了生机，又绵延不绝。这三个关键词之间又相互联系：找渊源是往上说的，辨流别是往下说的，分因革是对找渊源、辨流别的细化，有因有革，有继承有革新。因此读书要培养一种阅读的习惯和感觉，要善于发现文本与文本之间的内在的联系，只是流于表面恐难做到。

此书虽未明确针对中学语文教学，但从体例到内容，都在这方面给人以启发。学科教学（语文）专业硕士兼具中文与教育两个学科的交叉性，打好古代文学底子着实重要，但要求他们有体系地阅读大量的诗文评经典作品，似有困难，效果也未见得好。此书则可收到事半功倍的效果。全书分为阅读编、写作编、修辞编、风格编，大体可与语文的阅读课、写作课、语言知识课、文学欣赏课等课型相对应。但有些分类又完全可以打破界限，加以互参。如写作编的开合、擒纵，完全可以拿到阅读课上，分析诗文的篇章结构，"故虽笔之变化无常，而有一定之开合，其曰断曰续，曰纵曰擒者，皆得统名之开合"，文章如此，诗歌亦是如此。如拿来分析荀子的《劝学》也很有启发，"故不积跬步"一段，几乎句句有开有合："不积跬步"是合，"至千里"是开；"不积小流"是合，"成江海"是开；"骐骥"一句是合，"驽马"一句是开……李白《宣州谢朓楼饯别校书叔云》则是大开大合，大抵如此。此书有些地方则直接将读者带入中学老师的教学中，如"仔细理会"一篇末尾云："有一个时期，中学老师讲国文时，强调这课书的主题或主旨是什么。因此学生对课文讲的主题或主旨可以讲得头头是道。可是学生对于课文中较难理解的字或句子却不懂，那么他所讲的主题或主旨，不是从理解整篇课文中来的，而是从老师那里来的。"类似的论述直陈语文教学之弊，直到今天仍有一定的借鉴意义。

今天重读《文章例话》，例话批评给我们带来的不仅是文章学的知识，还有对传统继承与传扬的有益尝试。它保留了传统文论思维重视整体性、浑朴性的特征，又适应了当时社会对语文学习的新需要；

它的材料选自古代的诗文评，又有当下所需的逻辑体系结构。读者从中可以嗅出一股中国味来，而有中国味的批评正是当下我们需要的批评。当前，要加快构建中国话语和中国叙事体系，讲好中国故事，在文学批评领域，更需要将中国传统的批评理论发扬光大，这一点大家已经达成了共识。但如何完成传统文论的创造性转化和创新性发展，恐怕还有很长的一段路要走。周振甫先生的例话系列著作给古代文论找寻当代价值提供了一种借鉴和思路。但世异则事异，事异则备变。期待下一个周振甫式的人物在不久的将来出现。

（作者为北京联合大学师范学院副教授）

《中国近三百年学术史》：
梁启超和钱穆先生的同名宏著

喻　军

　　《中国近三百年学术史》，一字不差的书名出过两个版本，作者分别是中国两位学术巨擘 —— 梁启超和钱穆。两位大家为何出书同名？两本著作有何异同？参照比较后，愈见两人学术思想的开明与见识立论的荦然。

　　梁启超系公认的清代学术史研究大家，相关著述除《清代学术概论》外，最重要的代表作即为《中国近三百年学术史》。之所以取"三百年"这样一个含特定时点的书名，其大致解释是：晚明二十余年，已开清学之先河；而民国头十几年，清学才偃旗息鼓或曰蜕变，以"三百年"这个时间跨度替代朝代序列，似乎更为准确。本来他还想写一部架构更宏大的《中国学术史》，怎奈天不假年，五十六岁遽归道山，一腔的学术宏愿，憾未实现。然"三百年学术史"的出版，已具里程碑式的意义，成书一百余年来，除钱穆的同名著作可与之比肩外，如此鸟瞰清学全貌的名著并不多见。

　　梁启超、钱穆皆为大学者，对于"清学"均有深入研究。特别是与陈垣、吕思勉、陈寅恪并称为近代"史学四大家"的钱穆先生，可谓自学成才的典范。他虽是中小学教师出身，未受过高等教育，但博览群书，以极高的禀赋和扎实淹贯的学问，终成一代国学大师；以"虽千万人吾往矣"之勇毅精神和学者风骨，终其一生为阐扬中国文化的魅力竭尽心力。

梁、钱两位大学者，倘各出一本论著实属应当，可为何要"书同名"呢？原因在于钱穆，因其在北大开的三门课中，即把"中国近三百年学术史"作为选修课推出了，这和梁启超先生的学术关注点可谓不谋而合。梁启超去世八年后的 1937 年暮春，钱穆自编的讲义即为著作的雏形，才在上海商务印书馆付梓，距梁启超同名著作面世已相去十几年。钱穆写这本书的出发点，还是在于不认同梁启超书中的一些见解，并以"史家三长"之标准，评价年长自己二十二岁的梁启超有史才、缺史学，更乏史识。至于与梁著同名，恐有当仁不让之意。这让我想起当年北大的讲坛，钱穆和胡适等人因学术观点相左而各执一说、打擂台般的讲课方式一样，皆可观照当年活跃的学术气氛。钱穆叫板梁启超，不正印证后者的学术不因身谢而道衰吗？当代学者刘梦溪曾言："国学大师之名，章太炎之后，惟钱穆当之无愧。"钱穆虽只有高中学历，但一生成就着实令人惊叹！那么，他们的这本同名著作，其主要分歧点在哪里呢？

以文行自励的钱穆，并不认同梁启超有关中国近三百年学术是对于宋明理学的全面检讨而走出的一条新路的观点。他认为清代学术大流，实源于宋明理学并有所延续，二者之间是继承与发展的关系。可以说，此一立论，并非校勘、考辨、搜补等细节问题的差池，而是一种重大的学术分歧。钱穆认为，清学者每言汉学必揆诸于晚明遗老，如黄宗羲、王夫之、顾炎武等，然这些学术巨擘无不寝馈于宋学。乾隆时，称量汉学诸家之学问深浅，也往往以宋学作为评判的标准。道咸以下，虽汉宋兼采，但多尊宋贬汉，"故不识宋学，即无以识近代也"。

另外，对于乾嘉学者的考证方法和成就认知上，梁、钱的观点也大相迥异。梁任公虽认为乾嘉考据学过于烦琐，缺乏清初经世致用的大气象，但对其治学方法和总体成就，仍在著作中以十多万字篇幅加以肯定。钱穆则认为乾嘉考据学者只知埋首书斋、专事训诂，而丢弃了清初学者拯世济物、学以致用的大胸怀。至于梁启超所褒扬的治学方法，也只局限于考证，而"学问之事，不尽于训诂考释"，所以钱穆得出的结论是：清代汉学家们的治学"不足以竟学问之全体也"。

还有就是对于乾嘉学派之"吴派"和"皖派"的认识上，梁启超、钱穆的看法也大相径庭。梁启超认为两派主张不同、截然有别，"惠（栋）仅淹博，而戴（震）则识断且精审也"。钱穆则指出吴、皖两派之内在联系，"东原（戴震）论学之尊汉抑宋，则实有闻于苏州惠氏之风而起也"，"惠、戴论学，求其归极，均之于《六经》，要非异趋矣"，明确反对将乾嘉学派做狭隘的地域划分。我读诸多乾嘉学人的事迹发现，事实上吴、皖两派学者生前都彼此敬重、相互推崇，未有门派之分。划为吴、皖两派，不是当年即有，实始于章太炎、梁启超二人学说。

至于如何评价顾炎武和黄宗羲的学术地位，黄宗羲《明夷待访录》的成书时间、创作动因和顾炎武《音学五书》纂辑时间的考辨，以及对于清代学者及著作的思想缘起和比较研究等方面，两位大学者的看法皆有出入，在此不一一具列。这两本同名著作的诞生，非但不狃于高下之形和门户之见，反倒相互增重，使得治学视野的宽广、钩稽引证的精审、学术思想的开明和见识立论的荦然，在二者的宏论中得以充分彰显，实可称生死感遇，共修名山事业。倘梁启超泉下有知，以其生前常指谪己学的恢恢襟怀，定然欣慰于如钱穆般卓自表见的一代大家后学。

（作者为作家、文化研究者）

《草鞋脚》见证中美两国风云变幻

李泽明

　　因工作的缘故，我曾在几年前有幸遇到了一册很特别的英文旧书。这是一本出版于 20 世纪 70 年代美国的英译本中国现代短篇小说集：那种最常见的英文小说开本，白色书衣，最上面一行红字"Straw Sandals"（草鞋脚），下面是副标题（Chinese Short Stories, 1918－1933）和编者名，封面下半部是鲁迅先生名句"横眉冷对千夫指，俯首甘为孺子牛"的墨迹影印。最为特殊之处在于这本书的扉页上有编者伊罗生（Harold R.Isaacs）的亲笔签赠语。

　　《草鞋脚》这个书名即便对于有一定基础的现代文学爱好者来说也足够陌生。20 世纪 30 年代，鲁迅应美国新闻人伊罗生之约，和茅盾共同编选此书，共收录十余位左翼作家的二十五篇作品，由杨启荪、金守拙等人译成英文，带去美国准备出版。但由于各种原因，直到 1974 年，这本书才由美国麻省理工学院出版社印行。

　　伊罗生（1910－1986）生于美国曼哈顿，是立陶宛犹太人后裔，房地产大王之子，毕业于哥伦比亚大学新闻学院。1930 年到上海，先后在美国人办的《大美晚报》和有国民党背景的《大陆报》当记者和编辑。其间结识了中国共产党地下党员陈翰笙、美国记者史沫特莱，以及宋庆龄、鲁迅、茅盾和其他诸多文化界的左翼人士，他们经常聚会议论当时的形势。他1935年7月回国，1943年起历任美国《新闻周刊》副主编，麻省理工学院国际研究中心副研究员、政治学教授。

伊罗生在《草鞋脚》的序中明确指出了此书编辑的目的：一是为说明并介绍中国文学革命的发展状况，二是向西方读者介绍一批在蒋介石国民党政权残酷镇压下的作家作品。这个集子初名《中国被窒息的声音》，也是基于此。1934年春夏之交，伊罗生约请鲁迅和茅盾共同编选从1918年到1933年的中国现代短篇小说，1935年即已编辑与翻译完毕。他认为鲁迅这位杰出而富于创造性的作家是文学革命的创始人之一，而他的青年朋友和同行茅盾当时被公认为是继鲁迅之后最重要的作家。伊罗生在序中提道："那时我和妻子维奥拉从上海迁居北平，我们把完成这些短篇小说的编选与翻译作为我们首要的工作，一面写信到上海与鲁迅和茅盾商量。"《鲁迅日记》中的伊赛克、伊生、罗生与书信中的伊罗森、伊先生等名字，都是指的伊罗生。为编译与出版此书，鲁迅与茅盾通信多次，交往也频繁。伊罗生从鲁迅的《再论第三种人》演讲中获得灵感，将此书更名为《草鞋脚》，鲁迅还为之题名。或许这纸题名墨宝已在漫长的出版之路中散失，在最终的英译本上并没见到踪迹。书首印有鲁迅题字"1934年3月25日上海"的照片。这一天正是鲁迅在日记中写到的"夜招知味观来寓治馔，为伊君夫妇饯行"的日子。此时的伊罗生即将从上海去北平工作。鲁迅杂文集《且介亭杂文》中也收有一篇作于1934年3月23日名为《草鞋脚》的同名文章，此文作为英译本的前言也被收录其中。

1980年，伊罗生在宋庆龄沟通帮助下，应中国作家协会邀请，于 10 月 13 日至 26 日重访中国，访问故人，参观旧地。他见到了宋庆龄、丁玲、茅盾等故交，了解现在中国旧友与文化艺术界的情况。在回到美国后，伊罗生于次月 10 日在牛顿市将此书寄赠给访华期间接待他的中国作家协会何滨同志，并在扉页上写道：

To Ho Bin,

With thanks and great appreciation for help during a memorable visit !

Harold R.Isaacs

Newton,Mass.

Nov.10,1980

伊罗生后来还曾就此次重访中国撰写了一本《重访中国》的书，记叙了整个接受邀请和访问的过程，于 1985 年在香港出版。

《草鞋脚》从动念集选到最终编译完成其实只用了一年时间，却跨越了整整四十年才在大洋彼岸出版问世。这漫长而曲折的出版历程，无声地见证了中美两国的风云变幻。而这一册小书，这一段赠语，也是那近半世纪前国际友谊与文学交流的见证与赓续。

（作者为中国书店门店主任）

"独上高楼，望尽天涯路"应为第三境

——王国维人生三境界新论

左昨非

王国维最有名的一句话莫过于人生三境界的论断，他在《人间词话》中说："古今之成大事业、大学问者，必经过三种之境界。'昨夜西风凋碧树，独上高楼，望尽天涯路。'此第一境也。'衣带渐宽终不悔，为伊消得人憔悴。'此第二境也。'众里寻他千百度，蓦然回首，那人却在，灯火阑珊处。'此第三境也。"此言一出，迅速传遍各界，尤其是学人，争相引用，言必称"三境界"。然而，我觉得大家大可不必尽信书，尽泥古。而且他的三境界说并不完美，我觉得有更妥当的说法。

三境界是王国维读词偶得

首先，此三境界不过是王国维读词偶得，并非属于严格论证的"科学真理"，连他自己都觉得武断，故而补充道"然遽以此意解释诸词，恐为晏欧诸公所不许也"。诗词大家叶嘉莹先生也直言不讳地说："这些词句与所谓成大事业大学问者，其相去之远，真如一处北海一处南海，大有风马牛不相及之势，而王国维先生竟比并而立说，其牵连绾合之一线只是由于联想而已。"

所以我们也不可将王国维的"信口开河"过于"奉为圭臬"。换句话说，你读此三句话，也可以有自己的心得，或者提出自己的三境界。

中国人长于感性，短于理性，很多文艺理论多属于感发、偶得，而非成系统的文论。中国古代的文艺理论称得上系统的也就一部《文心雕龙》，而其余绝大多数是诗话、词话之类闲言碎语似的感悟、心得，像《诗品》《沧浪诗话》《诗人玉屑》《词论》《白雨斋词话》等，《人间词话》也属此类，是典型的"偶得体"。由王国维将《人间词话》定为六十四则，另有五十则未刊可知，其实，他还有多则"偶得"之论，而整部书也不过粗粗分类，拢而总之罢了，也谈不上什么系统。而且则与则之间也没什么关系，所以说它是"偶得体""词话体"。

对三境界论要有批判精神

王国维活在风雨飘摇的清末，自身的生存之道又不顺，内忧外患，苦闷彷徨，所以他十分困惑，迫切需要向哲学寻求解惑，希望能找到一条解放的道路。然而，事与愿违，王国维陷入了"可爱者不可信，可信者不可爱"的困境。他不得不放弃对哲学的研究，寻找另一条解放之路。为了在文学中找到痛苦的安慰，找到自己的生活领域和目标，他的学术注意力从哲学转移到文学。在文学研究中，文学本身的非功利主义给他带来了审美愉悦，所以他写了《人间词话》。他关注并耽于"文学的非功利性"就足见《人间词话》是兴到之语，甚至有些议论，点到即止，并未深论，这更凸显了它的随意性和不系统性。

比如他"自鸣得意"的"境界"，叶嘉莹就评论说："什么是境界，王国维不但没说清楚，而且弄得非常混乱，这是王国维的缺点。他确实体会到词里边有一种东西，这个东西他没有找到一个更合适的词语描述，不得已用了'境界'两个字。"再比如"有我之境与无我之境""隔与不隔"等等也引得歧义连篇、争论不断。所以我们在看他的三境界论时就要具有批判精神：他的三境界论有多少能够自圆其说，有几分能够逻辑自洽，有没有可能有另一种说法。

分析三境界贵在合情合理

首先看他的"第一境"，出自晏殊《蝶恋花》（槛菊愁烟兰泣露），本意是讲昨天夜里秋风劲吹，凋零了绿树。我独自登上高楼，望尽那消失在天涯的道路。结合全词，这里主要表达一种孤独、相思之情。不过将其独立出来，尤其是其"重心"——"独上高楼，望尽天涯路"来表达登高远望，尽收眼底，在学术上表达踽踽独行、孤独求索的心态，也未尝不可。所以王国维将其列为"成大事业、大学问者"的第一阶段——"积极求索"也是有道理的。但我则有另外的一种感觉，"独上高楼，望尽天涯路"，岂不是胸有成竹、居高临下、一览众山小的"独孤求败"的感觉？

"第二境"语自柳永《凤栖梧》（伫倚危楼风细细），本意是讲人消瘦了，衣带越来越宽松，我始终不曾懊悔，因为思念她，我已容颜憔悴。从"成大事业、大学问者"的角度来讲这句话讲得很明确就是奋斗，为之殚精竭虑，为之上下求索，为之心甘情愿。

"第三境"语自辛弃疾《青玉案·元夕》，本意是讲我在人群中寻找她千百回，猛然一回头，不经意间却发现她正在灯火稀疏处。将其放在"成大事业、大学问者"的角度来看不失为漫漫求索之后的豁然开朗，历尽千辛之后的胜利曙光，曲折奋斗之后的终成正果。但我们从另一个角度来看，可不可以理解为混沌初开，求索初遇，问题初现。这就好比科研中的提出问题：苹果落地人人见，而第一个提出"苹果为什么会落地"的人才是那个"蓦然回首"者。

科研上的逻辑是：发现问题，研究问题，解决问题，这也是"古今之成大事业、大学问者，必经过三种之境界"。"众里寻他千百度，蓦然回首，那人却在，灯火阑珊处"，此第一境也，即发现问题之辛苦。"衣带渐宽终不悔，为伊消得人憔悴"，此第二境也，即研究问题之投入。"昨夜西风凋碧树，独上高楼，望尽天涯路"，此第三境也，即解决问题之后的豁然，那种"一览众山小"之感，手握利器、睥睨天下的苍茫感，甚至遗世独立、高处不胜寒的落寞感，尽在"独上高楼，望尽天涯路"上。

由此可见，这样的人生三境界说或许才更符合逻辑，才更有道理。然而套用王国维的那句话，以此来重新排列三境界且不说"恐为晏欧诸公所不许也"，今人有几人许我也不敢说。不过一千个读者就有一千个哈姆雷特，贵在合情合理。吾与我也。

（作者为藏书爱好者）

碧海遗珠"焦尾琴"

——浅说《正红旗下　小人物自述》签名本

群　山

　　《正红旗下》大约写于 1961 年底至 1962 年，凡十一章，从情节发展和结构布局的趋势上推测，这似乎是一部长篇小说的开端。彼时老舍曾在不同场合不止一次向外界透露他正在写作这部小说的信息，甚至已经允诺在《人民文学》杂志上连载；然而他却猝然掷笔，不仅计划中的鸿篇巨制不能善终，便是写完部分的发表也随之告吹。虽然，在事过多年后的 1979 年，《人民文学》杂志终于在第三至五期将其连载刊出，然则老舍先生却"谢绝尘寰苦"久矣哉。

　　《小人物自述》则写于 1937 年，因抗战爆发而被迫停笔，所写曾于翌年刊于天津的《方舟》杂志第 39 期。从内容上分析，似乎是《正红旗下》的蓝本，但由于流播未广，也已成中国现代文学的"碧海遗珠"而久不为当今人所知了。1980 年 6 月，人民文学出版社将《正红旗下》以单行本印行，1987 年 5 月复将此两部自传体小说合成一书出版，读者终得借此一窥作者的生平和创作思路之端倪。

留下彼时尚存的京城风俗资料

我的这册《正红旗下 小人物自述》乃是多人签名本，十几年前于某旧书网巧遇，因偶感兴趣而竞价拍得。其环衬上墨痕累累，均出名家，虽风格各异，却也颇堪寻味。其间舒乙的题签端庄俊秀，让我感到很是贴切：

正红旗下是老舍先生最后一部著作，也是最好的一部，小人物自述也是一部自传体小说，可惜，两部都没有写完，是个悲剧，像他本人一样。

舒乙 一九八八·一·二十四 于幽州书屋

以下依次是苏叔阳、孙竹、梁衡的签名，页面下方偏右是一枚刻有"幽州书屋"的阴文印章。

舒乙是老舍先生之子，其对父亲生活和创作情况的了解，较之旁人理当真切。我之所以如此认为，实非附和。我早就读过老舍先生的《四世同堂》《骆驼祥子》《牛天赐传》等小说，但觉得《正红旗下》的艺术水平，实不在以往所读诸作之下，也完全可以与现当代其他作家的同类作品颉之颃之。我甚至觉得，自己从《正红旗下》所了解到的有关老北京的知识，甚至比素昔所读的一些专门写"老北京"的书还要多些。比如彼时的"京味"语言——旗人称呼自己的母亲为"奶奶"，"把"就是"爷"的意思，"拉骆驼"即刮鼻子，天牛俗称"花布手巾"，而小贩"赛梨耶，辣来换""卖半空多给"的吆喝，如今的北京人知道其意者大抵也不多了。有一段描写"洗三典礼"的过程，吃的、喝的、家用物什及场景、人物等等，虽以白描出之，其情景、形象却宛在眼前；尤其是白姥姥"洗三"的祝词"先洗头，作王侯；后洗腰，一辈倒比一辈高；洗洗蛋，作知县；洗洗沟，作知州"，仅凭这声口，读者大约不难想见人物性格和形象的一面，岂止文字功力了得，且也留下了彼时尚存的京城风俗资料。

"印魔"孙竹与"幽州书屋"

其他签名的三位中，苏叔阳、梁衡乃当代文坛名宿，似不必做更多交代；对于多数书友来说，只有孙竹或感陌生。据我查得，孙竹祖籍河北玉田，生于 1918 年，2004 年在唐山去世。他十岁随父入京就学，一生痴迷书画创作，尝与齐白石、陈半丁、于非闇、李苦禅等交游，尤以篆刻用力最勤且成绩不俗，一生手刻印痕三万余方，得雅号"印魔"，有《印魔集》行世。推测其彼时与舒乙和苏叔阳、梁衡有所过从，因受邀来为读者签名，似也在情理之中。由此似亦可推测，"幽州书屋"的印章或出自孙竹之手，然而我仔细查阅了《印魔集》，未见此方入选，是耶非耶，殊未敢必。

话已至此，则"幽州书屋"也该有个交代。据我了解，这个书屋以主营文学、文化类图书并兼售"京味图书"为其特色，地址在如今的东城区北新桥十字路口西北角，是个大约四十平方米的门脸房，于 1985 年 8 月 25 日正式开业。彼时北京的特色书店还不多，"幽州书屋"甫一开张即受到广泛关注。1986 年，主办者之一舒乙创办"幽州书院"，地址在海淀区西三环北路万寿寺内西侧，并将"幽州书屋"更名为"幽州书院院办幽州书屋"。

如此说来，这册《正红旗下　小人物自述》签名本的由来似乎是清楚的。即是说，此书的持有者于 1988 年 1 月 24 日在"幽州书屋"得书，并请恰好在场的舒乙等名家给予题签。

考证汪曾祺题签落款日期之谜

事情远非如此简单。因为在扉页上，尚有一位重量级人物即汪曾祺的题签："焦尾琴　汪曾祺。"

仅是这"焦尾琴"三字即已足堪品味玩索。《后汉书·蔡邕传》有言："吴人有烧桐以爨者，邕闻火烈之声。知其良木，因请而裁为琴，果有美音，而其尾犹焦，故时人名曰焦尾琴焉。"我推测，汪先生于纷挐之典中偏要拈来如此一出，除却对师友作品的推重之外，似乎还隐匿着他态度上的一点矜重，以及一丝恍惚的身影。当年他能够成为《说说唱唱》的编辑，其中就有老舍的赏识、拔擢因素。之后他们渐次成为忘年交，汪乃至成为老舍家的常客，他们一起赏花识草，谈书论画。汪曾祺虽师从沈从文，然而也很难说其不曾受老舍的一丝影响。如今面对长辈、好友遗著的出版，其感觉、认知、理解、情怀、思绪，岂能与他人相同，"焦尾琴"固有"美音"，但他或许相信，自己才是真正的知音。

汪曾祺的题签未留下落款日期，难道是持书者于日后在别处请汪先生补签的吗？这却是一个饶有趣味的谜题。

为破解这谜题耗费我时日和精力多矣哉。直到某日闲览徐强的

《人间送小温——汪曾祺年谱》，就在"1988年68岁"这一编年里，白纸黑字赫然入目："1月24日出席北京人民艺术剧院、幽州书院在北京联合举行的话剧《太平湖》公演，《老舍之死》一书新闻发布会，并做发言。"时间与舒乙等人的落款相符。然而又见"年谱"同页同条注脚有云："有关报道见《戏剧电影报》1988年第3期（1月17日出版）"。据此，我又特意购来该期报纸，查到当日参与其盛者，尚有曹禺、于是之、吴祖光、刘绍棠，等等，还特别提到"老舍生前好友汪曾祺等相继发了言"。但报道分明是"1月17日出版"，即是说发布会至晚在当日也已进行完毕，则汪曾祺缘何又会在"1月24日"出席这个发布会？看来"年谱"是将汪氏在1月24日参加的其他活动混同于发布会了。不过歪打正着，这也提醒我，汪氏在1月24日应该是参加了某项活动，而这项活动或许也与舒乙主编《老舍之死》的首发有关。循此思路，我又查《汪曾祺1000事》，然而未见载此事。

不得已我只好微信向签赠此书的作者之一、好友李建新求教。在建新随即传来的《老舍之死》的签名本书影上，清晰可见汪曾祺和前述几位均落墨于同一页上，而落款时间和钤印也完全相同。据此，我们无妨说，此乃"幽州书屋"组织的一次以签售《老舍之死》为主的活动，而汪曾祺也确实参加了这次活动。

当然，还有一种可能，即"幽州书院"更名后或已随书院迁址，舒乙和汪曾祺等人乃是在书院内的"幽州书屋"为持书者题签。于是我再次陷入迷茫阵中。

转机往往会偶然出现。某日与青年作家侯磊贤弟小聚，席间我随口向他提起此事。不料第二天他便微信给我传来一篇没有作者署名的网文，此文写于 2011 年 5 月，题为《记忆中的"幽州书屋"》。文中透露，自书屋开张后这位作者经常去购书，1988 年初出国留学，此后每年回国探亲都会抽空"专门去幽州书屋看看"，云云。这至少证明，在 1988 年年底以前，"幽州书屋"虽已是"幽州书院院办"，却并未随书院迁址。不仅如此，侯磊又帮我向多位到访过"幽州书屋"的文化前辈请教，也证实"幽州书屋"从未迁址。这已经可以坐实，就在话剧《太平湖》公演和《老舍之死》一书首发新闻发布会之后的第七天，也就是 1988 年 1 月 24 日，舒乙组织汪曾祺等人在当年的雍和宫北大街 183 号，也即如今的北新桥十字路口西北角，"幽州书院院办幽州书屋"举办了一次以舒乙主编的《老舍之死》为主的签售活动，而于此时此地购买了《正红旗下 小人物自述》的读者因得以请他们题签留念。

（作者为专栏作家、藏书爱好者）

《偶成》其实并非偶成

——鲁迅作《偶成》前后事

莫　雨

　　鲁迅的杂文，多针对时人、时事、时闻。不论是家国大事、政治风云，还是文坛动向、市井言传，也不管对象是当权政要、文坛名宿，还是普通民众、寻常百姓，只要他听说、看到、经历的事令他感慨，他都会有感而发。他的杂文多讥讽、刺责，犀利直接，字字见血。至于文章的标题，有时精心而为，提纲文章主旨，比如《"丧家的""资本家的乏走狗"》；有时信笔写来，表明是偶然成文，比如《偶成》。

　　1933 年 6 月 15 日，鲁迅作《偶成》一文，最初发表于 1933 年 6 月 22 日《申报·自由谈》，署名苇索，后收入文集《准风月谈》。

　　文章一开始，鲁迅就说："善于治国平天下的人物，真能随处看出治国平天下的方法来，四川正有人以为长衣消耗布匹，派队剪除；上海又有名公要来整顿茶馆了，据说整顿之处，大略有三：一是注意卫生，二是制定时间，三是施行教育。"

　　关于文章起始的那句话"四川正有人以为长衣消耗布匹，派队剪除"，据《鲁迅全集》第五卷注释介绍：派队剪除长衣事，指当时四川军阀杨森所谓"短衣运动"。《论语》半月刊第 18 期（1933 年 6 月

1 日）"古香斋"栏曾转载"杨森治下营山县长罗象翥禁穿长衫令"，其中说："查自本军接防以来，业经军长通令成区民众，齐着短服在案……着自 4 月 16 日起，由公安局派队，随带剪刀，于城厢内外逡巡，偶有玩视禁令，仍着长服者，立即执行剪衣，勿稍瞻徇。"

作《偶成》前两天的 1933 年 6 月 13 日，鲁迅曾作《谚语》一文，也提及四川营山的"剪衣"一事："不料到得今年，却又'衣服蔽体已足，何必前拖后曳，消耗布匹……顾念时艰，后患何堪设想'起来，四川的营山县长于是就令公安局派队一一剪掉行人的长衣的下截。长衣原是累赘的东西，但以为不穿长衣，或剪去下截，即于'时艰'有补，却是一种特别的经济学。"

作《偶成》四个月后的 1933 年 10 月 19 日，鲁迅又作《"滑稽"例解》一文，再次提及四川营山的"剪衣"一事。鲁迅对"杨森治下营山县长罗象翥禁穿长衫令"显然是反感的。不然，他不会在三篇文章里反复提及此事，不会一而再再而三地进行讥讽："四川的营山县长于是就令公安局派队一一剪掉行人的长衣的下截"，"四川正有人以为长衣消耗布匹，派队剪除"，"衣服蔽体已足，何必前拖后曳，消耗布匹"。

鲁迅之所以反感营山县长罗象翥的禁穿长衫令，或许是因为他将长衫视为传统文化的表征，认为强行剪短民众的长衫，是对传统文化的戕害。除留学日本曾经身着西装外，鲁迅一生多穿长衫，长衫应该是鲁迅最为青睐的服装。在鲁迅看来，硬生生将长衫剪短，剪掉的不只是一截衣衫，而是一种喜好，更是一种文化。虽然事发万里之外的四川营山，但身在上海的鲁迅感同身受，仿佛有人正拿着剪刀在窥视他的长衫，所以要奋起批驳，愤而讥讽。

还有可能是他认为强行剪短长衫是政府管了不该管的事，将手伸得太长、管得太宽、任性胡为。不知道鲁迅是否提倡过"小政府、大社会"，也不知道鲁迅是不是要"将权力关进制度的笼子里"，但鲁迅反对"上管天，下管地，中间管空气，还要管老百姓放屁"的政府，则是肯定的。强行剪短长衫，仿佛强行删改甚至禁止他的文章一样，令他痛恨不已，必须鸣鼓而攻之。

但更有可能的是他认为强行剪短民众的长衫，是对自由的妨碍与干涉。民众本有穿衣的自由，穿什么样的衣服应该由民众自己选择，更何况长衫是几千年传统文化演绎而来的，既不违背公序良俗，也不是什么奇装异服，怎么可能不让他们穿呢？怎么可以强行剪短呢？退一万步，即使长衫已不适应新的时代有碍务农做工，要提倡更方便、更符合近代规范的新式服装，也只能引导、劝导，而不能强迫。如果连自由地穿衣服的权利都被剥夺得一干二净，还谈什么人的其他权利？

鲁迅肯定不是绝对的自由主义者，但他多年来遭受的北洋政权、民国政府对他的限制、威胁、迫害，他不得不"躲"入租界、经常改换笔名的无奈，他身边的"同志"不断被肉体消灭的现实，都使他对自由有更深的渴望和更高的追求。正因为如此，鲁迅才会在 1927 年 2 月 19 日香港青年会演讲（以《老调子已经唱完》为名，收入文集《集外集拾遗》）时说："贪安稳就没有自由，要自由就总要历些危险。"

写《偶成》，有偶然的因素，于鲁迅而言，更是必然，他会将对"自由"的向往与追求通过自己的文章表达出来。《偶成》之"偶"即写作的由头，只是说说而已，并不能当真；《偶成》之"成"即文章的主旨，才是鲁迅想表达的精要，才值得昨天、今天、明天的人们认真思索，有照亮过去、现在、将来的功用。

（作者为藏书爱好者）

一本书 三代缘

黎海涛

　　缘，谁也说不清楚，却又让人不可不信。

　　我家与《赤脚医生手册》这本书结缘五十余年，无论是学习、参考，甚至治病救人都是大有用处。深红色塑料书皮，1970年9月出版，书页已经有些泛黄，扉页是毛泽东主席题写的"把医疗卫生工作重点放到农村去"和"备战、备荒、为人民"等语录。二十一章的内容图文并茂，可以说是一部"全科医疗医药"宝典，从常见的咳嗽、呕吐到复杂的内科、外科、妇产科、眼科、皮肤科，从灭蚊、灭蝇的防病知识到核武、生化武器的防护，从针灸、草药到常用西药，无所不有。尤其是"中医是怎样看病的"这一章，在望、闻、问、切的四诊要点，及八纲、脏腑气血、病邪、热性病的辨证施治中，对主要症状和治疗方法深入浅出地进行讲解，让我更能感受到祖国医学的博大精深。

　　这本书是父亲1971年从部队转业带回来的，记得小时候，父亲经常翻看这本《赤脚医生手册》，我有些头疼脑热，父亲就用小药锅熬一些中药给我喝，每到喝药的时候我都要龇牙咧嘴，虽然很难喝，但是病好得很快。到了春秋两季，父亲还会熬一些味道不错的"甜水"让我喝，那时也不懂，现在才知道是春发、秋润调养身体的方剂。

上小学后，我认字了，有时也会翻翻这本书，当然对战地救护和原子、化学、细菌武器的防护更感兴趣，父亲总是在我翻看的时候让我去做家务或买东西，回来后这本书就不见了。现在想想，那么小的年龄看《赤脚医生手册》，确实有些"少儿不宜"。

参加工作后，因为从事易腐货物运输的原因，每逢七八月份都要在南方城市来往，我患上了尿路结石，疼痛难忍，恨不得自己剖开肚子找到疼痛点。在医院化验、B超、治疗了一番，疼痛总算消除了。出院时医生一再叮嘱：你是结石体质！平时一定要多喝水！

虽然已经很注意，但是每年犯一次还是避免不了。我想到了《赤脚医生手册》，好一阵自我诊断，最终认定我的结石属于湿热下注型。抓药时，年轻的药师竟然不知道其中两味药材，经坐诊中医验方后，才知药材名称已经变更。

有时父亲也会和我谈起《赤脚医生手册》，据父亲说，"赤脚医生"是在毛泽东主席倡导下在20世纪60年代后期成长起来的，这些半农半医的乡村医生用"一根银针，一把草药"服务乡民。《赤脚医生手册》出版后，成为风靡全国的畅销书。这本书是以救治病人和解决问题为中心，清晰明了、简单易行，《赤脚医生手册》几乎人手一册，军队也组织官兵进行细致学习。家中的这一版就是上海中医学院、浙江中医学院等集体编著的，还是修订本，内容更加翔实。比如中医看病和中草药临床应用章节，更改了一些难懂的中医术语，增加了临床疗效明显、植物品种明确、产地较广、毒性较小的中草药，以便帮助理解中医辨证施治和增强中草药疗效。

时光荏苒，岁月飞逝，转眼间我的女儿也长大了。2019年，女儿考入医科大学从事药学专业的学习。一天，父亲从书柜里拿出用塑料袋包裹的《赤脚医生手册》，很郑重地递到大学新生手中，将这本书的来龙去脉重新叙述了一遍，我感觉交到孙辈手中的不是一本书，而是一段沉甸甸的历史。

女儿对这本书很感兴趣，认真读了有关章节，每当聊起这本书，女儿很惊讶在资源有限的情况下居然能够因陋就简进行基本的医疗，一些简单有效的治疗和用药，对她灵活运用药学知识提供了不少启发。

如今，女儿要继续健康分析与管理专业的学习，她深深体会到，《赤脚医生手册》在医疗资源相对匮乏时期为广大基层民众提供了初步的医疗指导。在当今大数据时代，医疗资源丰富，科学地管理能够实现精准的决策，优化资源配置，提高民众的医疗服务的质量和效率。而利用这些科学方法对《赤脚医生手册》进行研究和分析，可以帮助优化药品研发流程，预测疾病流行趋势，更好地掌握基层医疗需求，合理分配医疗资源，提升基层医疗水平。

《赤脚医生手册》这本书，在当时为几亿人的健康和医疗做出了贡献，同时也经历了我家三代人的生活。这真的就是缘，我们在生活中不断感受着……这个缘，真的是妙不可言！

（作者为藏书爱好者）

抗战时期的土纸本"译文丛书"

蒲　湖

　　藏书中，有巴金时任总编辑的文化生活出版社的"译文丛书"几种，其中包括《父与子》《贵族之家》《前夜》，都是抗战时期的土纸本，有特殊的历史价值。

　　《父与子》（1943 年 11 月渝二版，书封底左边竖排印"广西省图书杂志审查处审查证礼书字第 168 号"），书原持有者书尾毛笔字写有"卅四、七、三读于王曲军校"。王曲军校即黄埔军校第七分校，设于陕西长安王曲镇城隍庙内，毛笔所写读后记印证此书原持有者曾在黄埔军校的王曲军校工作或者学习过。

　　《贵族之家》（1943 年 6 月渝一版，书封底左边竖排印"重庆市图书杂志审查处审查证世图字 3431 号"），书原持有者书尾毛笔字写有："四、十九于南阳旅次读完，诗一样的平静的叙述，对于过去时代的美丽的回忆，掩卷不胜叹息。"

　　《前夜》（1943 年 3 月渝一版，书封底左边竖排印"重庆市图书杂志审查处审查证世图字第 2998 号"），书原持有者书尾毛笔字写有："卅三、四、廿三读于南阳旅次，对于英沙罗夫的死，我寄以深深叹息。作者为何不让英沙罗夫参加到实际的保加利亚的解放战争中去呢？为何不让保加利亚人民'寄托希望者'带给保加利亚？虽然这样作者也许含有更深的用意，但这样草草的'病'的处死，仍是凶残的行为。英沙罗夫是应该让回到保加利亚去，保加利亚需要他，保加利亚人民也需要他呀。"书前有译者 1942 年 7 月写的"渝版小记"：在抗战的前夜译完这本书。沪战爆发时，听说原稿已经毁在印刷所了。但结果竟抢救了出来，而且终于出了版，不能不说是幸事。沪版很难流行到后方，有少数被运到后方的，售价也奇昂。因此，趁着书店重刊《屠格涅夫选集》之便，把译文重读了一过，改正了一些显明的误植。

以上几本书封面印有"屠格涅夫选集"字样，字体红色，其下书名占据封面中心，底色为长条形，上下均为波浪形，书名竖排于中央，设计为黑底反白，内文为竖排繁体字印刷。更难得的是，三本书里面各有一张单独的人物表，如今近八十年过去了，都完好无损夹在各书中。

姜德明在《土纸书的特殊价值》中说：抗日战争时期，日本侵略者占领了我国大半土地，各革命根据地都处于日伪和国民党反动派的双重封锁之中，印刷设备和纸张极端缺乏，印书只好因陋就简地采用土法制造的手工纸，纸质粗劣，颜色发黑，铅字磨损不全，常有字迹不清或在书页上留有空洞……这些书刊保持了原拓木刻的质朴韵味，甚至是现代铅印技术无法代替的一种艺术境界，从印刷技术来讲，这样的出版物可以说是历史的倒退。但是，在特定的历史时期所诞生的这些特殊的版本，无疑又带有时代的烙印，把它作为革命文物来看待是一点也不过分的。

黄源所编的《外国作家研究》（上海生活书店出版，1937 年 6

月初版）前记说：1934 年夏天，在鲁迅先生的热心倡议与主持之下，创办了《译文》。另外编译了"译文丛书"，在文生社出版。现在已出版的名著，有《果戈理选集》二册、《屠格涅夫选集》三册、《弱小民族作品选集》二册等十余册。

1995 年 8 月 17 日，巴金在致人民文学出版社编审王树基的信中详细叙述翻译屠格涅夫长篇小说的经过：当时文生社正在编印"译文丛书"，出版了《果戈理选集》，首先印出了鲁迅先生译的《死魂灵》，引起读者的注意。我们谈到出版更多的俄罗斯文学名著，大家同意再出一个《屠格涅夫选集》。我回到上海，就找出参考书来，花了一夜的工夫写了一篇介绍屠格涅夫六大长篇小说的广告，译者的名字也公布了。我仍然忙我的杂事。丽尼开始修改《贵族之家》的译稿，陆蠡在杭州湖滨租了一间房子闭门译起《罗亭》来。他们两位都很快交出了稿子，而且很快出版了，反应很好……抗战期间上海成为"孤岛"……第二年十二月太平洋战争爆发……我为文生社的业务跑了重庆、桂林等地，终于在桂林定居下来。1942 年我就在那里开始翻译《父与子》……我每天晚上……点起一盏小小煤油灯进行工作，到十二点就上床睡觉，每夜都是如此。译好了一半，就送到印刷局去排印，作为《父与子》的上卷出版。因为当时邮局寄递书报只收小卷邮件，《父与子》分为上下二册也便于销售。《处女地》较长，就得分印三小册……《父与子》最初用土纸本印刷，为两卷，抗战胜利后在上海印报纸合订本。仍由文生社发行。

（作者为藏书爱好者）

巴金与徐懋庸的一次对话

周允中

　　我曾经保存一册 1933 年出版的《社会与教育》杂志，13 期上刊登过《巴金到台州》的文章，大概可以算作巴金的一段轶事。翻看这本旧期刊，从二人的对话中，可以领略巴金早年的创作观和艺术观。

　　文章是讲初冬的一天，外面正在下雪，徐懋庸冒着严寒去某中学图书馆借阅图书，不料在图书馆里意外地遇见了巴金。原来巴金刚从法国游学回来，经老朋友朱洗的劝说，来台州游玩。说是台州天气温暖，山水秀丽，引得他游兴大发，不料漫天的大雪和严寒的北风，冻得巴金叫苦不迭。

　　就在学校的图书馆里，两人因为相遇，进行了一番长谈，谈话涉及巴金早年的创作观和艺术观。

　　他俩从当前的革命运动，逐渐涉及文坛现状和文艺思潮，又从穆时英、韩侍桁谈起，徐懋庸说中国的文艺批评界实在太糟糕，巴金却回答，中国的批评界根本没有所谓的批评，然而目前文坛上，有两个人很有希望，分别是苏汶和韩侍桁。接下来谈到自由人运动和左翼文坛，徐向巴金征询，他对文坛现状和发展趋势应该如何认识，巴金诚恳地回答：不太容易看出，因为现在的文坛太混沌。接着徐懋庸开始提问，由巴金作答。

"你的《沙丁》《煤矿》这类作品是有实际的观察做根据的吗？"

"有的，我曾经到过矿山和煤坑，我亲眼观察过那种情形。"

"我同意《现代》上一位读者的意见，你的作品的结局，过于阴暗，使得读者找不到出路。"

"是的，不过我的作品是艺术，不是宣传品，我不想把抽象的政论写入我的作品中去。我从人类之中觉到一种普遍的悲哀，我表现这悲哀的人，一定会去努力消灭这悲哀的来源，这就是出路。我是一个有信仰的人，我也曾经在我的作品中暗示我的信仰，但是我不愿意写出几句标语来。"

"我以为自从写实主义、自然主义的时代以来，暴露社会的黑暗，表现人生悲哀的作品，已经很多很多了，在读者的心中，黑暗已经太浓重了，此后，需要指引新的社会，新的人生光明。"

"是的，不过作家的意识是被生活所决定的，我的生活使我感到尚有猛烈地攻击黑暗之必要，我的生活给我太多的悲哀，所以我自然而然地写出了那些作品，我不能故意去写别样的作品。"

徐懋庸又提出了另外一个话题："我先前住在都会中时，读过你的作品非常受感动，但在农村中生活了两三年之后，我的感觉就不同了，你表现的悲哀，对于生活在农村中的人，有许多地方是很隔膜的。"

"那是我一直生活在都市中的缘故。"

"所以，我想先生可以到农村中去住若干时候，看看农村中的情形。中国社会问题的核心是农村问题，这方面实在很需要作家的注意，对于封建势力下旧农村的描写，鲁迅先生曾经尽了最完善的努力，近来茅盾和蓬子等作家，则努力于最近恐慌下的农村的描写，我觉得这是很有意义的一件事。你曾经自叹你的工作或将写完，难道不可以向这方面去找一点新的题材吗？"

巴金回答说："这自然是很好的，可是并非必要，我以为艺术和题材是没有多大关系的，艺术的使命是普遍地表现人类的感情和思想，伟大的艺术作品，不拘泥其题材如何，其给予读者的效果却是同样的。"

徐追问道："我所看到的情形却不然，现代许多作家的作品，大多只是都市生活者的读物，在农村很少流行，就是因为题材之故，鲁迅先生的作品不能说没有艺术价值，也不见得十分容易理解，但他实际上获得了最多的读者。假使有两部在艺术上意味着是同样伟大的作品，一定是农村题材的一部，更容易获得读者，因为中国的读者，存在于农村中的比都会中的为多。"

巴金的回答是："这是比较好的，然而并非必要。"

有一天，巴金去徐懋庸的寓所，看他翻译的罗曼·罗兰的《托尔斯泰传》的草稿，徐懋庸征求他的批评，巴金给了一个令他很兴奋的答复，并且看着翻译草稿上的笔名若有所思地道："你是翻译过一篇高尔基的小说的罢？就是那篇《秋夜》，我在克刚处看到的。"这一问使得徐懋庸大吃一惊，那是五年前的事情了，当时徐懋庸还是一个学生，跟吴克刚老师学习法文。有一天，徐懋庸偶然从法文中重译了高尔基的《秋夜》，署上了笔名，请吴先生替他校正，不料却被巴金先生看到了。想不到五年以后，他还记得这种细琐的往事。

（作者为藏书爱好者）

旧书常诵出新意，俗见尽除为雅人

冀永义

　　父亲节前夕重读《傅雷家书》，感受殊异。一个有学养、有情怀，同时也有强烈控制欲且好为人师的父亲，万里驰书，千篇一律，啰里啰唆，不厌其烦，谆谆教导儿子如何搞事业、如何去生活、如何谈恋爱，执着可爱，跃然纸上。假如我这样教训我儿子，他必然一而白眼乱翻，再而言语顶撞，三而拂袖离去不复归矣！

　　我这本《傅雷家书》，是三联书店 1981 年一版一印，购于孔夫子旧书网，前主人多有圈点批注，颇堪玩味。收字画的朋友讲究传承，比如荣宝斋卖过一张画，系傅斯年买的齐白石作品，转赠南京一位大夫，在上面又添笔墨，洋洋洒洒百余言，只为赞赏该大夫如何医术高超、治好了傅先生腹泻毛病。此画在荣宝斋展厅里展出，被我看见，才知道傅斯年的字写得实无足观。

　　买旧书也是如此，能够在前人的批注中，发现蛛丝马迹，生发共鸣。譬如我这本《傅雷家书》第 21 页，于"太阳太强烈，会把五谷晒焦；雨水太猛，也会淹死庄稼"之后，以红笔添了一句"爱情太炽烈，也会烫伤人的"，读来莞尔，会心一笑，可体会改革开放之初的青年独有的、含蓄而朦胧的关雎之忧。雨果游圣母院，见"ΑΝΑΓΚΗ"

而写出一大部书，不知谁还有这样的本事，能够从这字句里头联想出一场大戏来。

旧书索注，是个享受。草蛇灰线之中，总能通感出当时人的心境。

我曾在 1973 年版《呐喊》边框中看到几个字："啊……打了个哈欠。"这表示注者当时慵懒得很，"侍儿扶起娇无力"，让人怀疑她"始是新承恩泽时"。联想到出书的年代，惊红骇绿已经七年，估计大家早已厌倦，纵有"投枪""匕首"，也不能振奋其精神。又在汪曾祺《故乡食事》压题看见一句："早餐吃了包子油条，喝了两碗粥。"这表示注者已然实现了杜工部"但得苍生俱温饱"的梦想，从中可以想象他一边洋洋得意地剔牙，一边在书上随手抒发他的踌躇满志。还在尼采《查拉图斯特拉如是说》里面发现一条："融不进这个世界里! 哎! 反省! 反省!!"这说明注者虽遭排挤仍保有"吾日三省吾身"的勇气和明智，已然超越了三闾大夫"举世皆浊我独清"的纯粹牢骚。特别是那两个醒目的感叹号，刚猛短促,力透纸背，让人一望而能参透他的果断和决绝。

当然，除了这些感慨，有些批注更别有意思。在东野圭吾《白夜行》扉页上看到一句："因为知道，所以优雅。"这就很有点儿哲理味儿。前几天逛朝阳公园的旧书摊，又看到一本书（可惜这本书当时没买，现在也忘了它的名字），封底写着一句："你转身离开的那一刻，我选择在原地等待；你回头朝我走来的时候，我选择掉头离开。"这中间透露出来的爱情辩证法，更是值得回味。最难得的是，这条批注，不但文字隽永、意蕴深沉，书法也是轻灵秀丽、可圈可点。最怕有些人，字写得东倒西歪、支离破碎，还要在方寸之间驰骋笔墨，行文散漫，布局疏离，难登大雅厅堂。看这样的批注，还不如看一些景区竹竿上雕刻的"某某到此一游"，甚至不如看农村土墙上粉笔写的"某某是小狗"。我手头有一本钱锺书《围城》，里面就有一段极难看的圆珠笔写的字，涂掉，有损册页，留着，实在窝心。假如有工夫有手段查出注者，我一定逼着他朗诵三百遍"敬惜字纸"的古训。

启功先生写过一副对联："旧书常诵出新意，俗见尽除为雅人。"此老深谙读书人的情怀。想起二十年前同门大师兄程东金，每购书必及时签名，为的是将来图书流散、好把他的大名带到大江南北流传千古。如今他已是《文化纵横》主笔，客居西安，称山陕脊梁，据说签名钤记也值数百元矣。后悔当初近在咫尺，没有多拿他几本书，惜乎！

［作者为中共北京市委宣传部研究室（政策法规处）主任］

一轮红日　一粒种子

安武林

　　读了几十年书，突然发现，童年的阅读至关重要。多年后，脑子里浮现的，尽是童年阅读过的书籍的影子，以及那些温暖的细节。这些书，大抵可以算作种子书的。在未来的岁月里，无论你读过多少书，都没办法和童年阅读过的书籍相比。因为，它一直在成长，发芽，开花，结果，直到长成参天大树。

　　吴强先生的长篇小说《红日》，便是我儿时埋下的一粒种子。

　　我是 60 年代生人，出生在晋南的一个村子里。与今天的孩子们相比，我的阅读量实在是惭愧。我是小学三年级才开始阅读人生的第一本课外书的，唯一自豪的是，读第一本书之后，我便爱上了阅读。不仅对阅读产生了浓厚的兴趣，而且还养成了良好的阅读习惯，这个习惯一直保持到今天。乡村里没有书读，我的家庭条件也十分贫困，我们家距离县城要十五公里，在小学时代，我几乎没有离开过村子，也没去过县城，我的世界就是我的村子那么大。

　　我读的书，几乎全是借的，《红日》也不例外。在读《红日》之前，我已经读过十本八本课外文学书了，由于读过《保卫延安》《林海雪原》《大刀记》《万山红遍》《铁道游击队》之类的书，所以我深深地知道，阅读是世界上最美妙、最快乐的事。那些日子里，我像警犬一样嗅觉灵敏，四处寻找谁家有书的味道，而发现《红日》，实在是一个美丽的意外。

我家在村东头，我的一个姓吴的同学家住村西头，他家和我们的小学近在咫尺。我记得那是一个午后，我去找他，他正在家里的石桌上聚精会神地阅读一本书，石桌在院子中心一棵巨大的苹果树下，苹果树上硕果累累，压弯了枝条，有的枝条就在头顶上摇晃，沉甸甸的苹果一坠一坠的，就要敲中脑袋了。我还没有来得及咽口水，好好欣赏一下苹果，就被石桌上的那本书深深地吸引了。

"来啦，你先坐，我把这一章看完。"看见我来了，同学打招呼让我在他身边的凳子上坐下，又继续埋头看书了。我探着头好奇地问："什么书啊？"他头也没抬地说："《红日》！"我又问："好看吗？"没想到他有点恼怒地说："你先安静一会儿，让我把这一章读完好不好！"我很尴尬，闹了一个大红脸，我觉得我问了一个很愚蠢的问题，好不好看还用问吗？看看我同学万分痴迷的样子，一切都一清二楚了。他弯着腰，恨不得把脸贴在书上，看一页，用手指头在舌头尖上舔舔，掀开另一页，瞧这个神态，好像科学家在搞研究、做实验一样，又好像指挥千军万马的将军在地图前作凝视状一样。我感觉有一千只蚂蚁爬到衣服里面一样，很不自在。

《红日》这本书厚厚的、发黄的纸页像发酵的面包一样，而且没皮没尾，我一直记得一千多页，实则有误，这本书有五百五十多页。他把那章读完，折了个记号，把书往他那边移了移，生怕我摸、我碰。我是个书呆子，在我们学校、我们村子里是无人不知的，所以，他才戒心十足。他笑眯眯地说："可带劲儿了，好看！"我说："借我看看？"他急忙摇着脑袋说："不行不行，我这是借别人的。"我不知道说了多少好话，他就只有斩钉截铁两个字："不行！"最后，我和他做了一个交易，我答应送他一根麻花，让他把书借给我看看，他动摇了，美食的诱惑太大了。我家是麻花世家，但我的交换也是偷偷摸摸的，不敢让大人知道。最后，他答应只借我看三天。

我如获至宝，开始了《红日》的阅读之旅，走路看，上厕所看，吃饭看，晚上熄灯后打着手电筒在被窝里偷偷看。我写过多篇童年的阅读文章，其中，《藏在被窝里读书》这一篇，就是写阅读《红日》的经历的。现在看来，我阅读的书是属于红色经典系列的，安徒生童话和格林童话我没有读过，童年基本读的都是成人书，都是红色经典书，换句通俗的话说，就是打仗的书。我相信，我们那一代人，童年都有一个"英雄梦"，都有挥之不去的英雄情结。我从小体弱多病，像林黛玉一样，阅读此类书，无疑还有一个深层的补偿心理。

山东临沂，是我的神往之地，憧憬之地。它之所以在我心目中有神圣和崇高的地位，一个和电影《红嫂》有关，另一个就和《红日》有关，毕竟，孟良崮战役所在地，就在山东临沂。很遗憾，我在山东济南读大学四年，竟未能前往临沂一趟。大学四年，我是贷款和借钱读完的，经济窘迫大约是其中一个原因吧。虽然大学四年，我喜欢阅读的都是西方现代派文学，但它们无法和《红日》相比，本身也没有相比的基础，我从来都不喜欢好坏是非之比，而是喜欢看一本书在我的人生旅程中起到过何种重要作用。

去年，我终于去了山东临沂一趟，应约去几所小学做讲座。一到临沂就热血沸腾，这种激动，这种感动，是无人能理解的，这是一场圆梦之旅。很可惜的是，行程安排得很满，我也不好意思提出想去孟良崮看看的想法。这大约就是文学的力量吧，也就是阅读的魅力所在吧。一代人有一代人的阅读记忆，一代人有一代人的阅读环境，但对于每一个个体而言，阅读的体验和阅读的经历都是大不相同的。

《红日》犹如一轮红日，照亮了我的童年，也照亮了我的人生。

（作者为中国作家协会会员，儿童文学作家、诗人）

一篇跨越八十年的祭文

史　宁

　　最初见到《甲申三百年祭》是在家中书架上，当时惊叹于一本书竟然可以这样薄，不过三十来页的一本小册子，跟学生练习本厚度相当，只是封面颇为古雅朴素。这是祖父当年的藏书，扉页还有他的签章，此书是 1972 年出版的，比我年龄还大。多年之后才了解这篇文字最初发表于 1944 年，是郭沫若为纪念明亡三百年而作。当时正处于抗战胜利前夕，中国面临光明与黑暗两种前途和命运的抉择。郭沫若通过对三百年前李自成领导的农民起义由胜利迅速走向失败这一历史事件的剖析，来反思历史上的王朝兴衰，希望能从中汲取经验教训。

　　《甲申三百年祭》后来收入郭沫若 1947 年出版的《历史人物》一书中，在序文中作者写道：秦前后的一些历史人物，我倒做过一些零星的研究。主要是凭自己的好恶，更简单地说，主要是凭自己的好。因为出于恶，而加以研究的人物，在我的工作里面究竟比较少。我的好恶的标准是什么呢？一句话归宗：人民本位！其内涵大体包含两个层次：其一要揭示人民作为历史主人公的地位；其二要考察历史人物与人民之间的关系，即历史人物是否站在人民一边。以此反观三百多年前那个波诡云谲的甲申年便十分清晰了。崇祯亡国正是忽视了人民本位，反观李自成能迅速推翻明王朝恰恰做到了"收人心以图大事"，然而大顺政权不足两个月就瓦解冰消，同样是因以李自成为首的农民军领袖迅速脱离群众，腐化堕落。成与败归根结底是人心向背。

尽管《甲申三百年祭》问世后影响深远，但并非没有不足。有人专门指出其文一二瑕疵，主要集中在论述导致李自成失败的主要人物究竟是李自成本人还是牛金星和刘宗敏，以及应该为李岩之死担责的人到底是李自成还是牛金星，以上种种在文中多相抵牾。依个人浅见，搞清楚这个问题才是真正揭开《甲申三百年祭》的最终堂奥。郭沫若身份极多，既是诗人、剧作家，又是史学家、考古学家和古文字学家。在众多身份中，作者的诗人特质似乎具有某种统摄作用，即便在做历史研究的论述中有时也难掩其身上的浪漫主义气质。在《甲申三百年祭》中，作者倾注心力和笔力最多的人物不是崇祯，也不是李自成，而是以举人身份投身革命的李岩。通过文中篇幅就能看出，涉及李岩的笔墨占一半以上，从起事至被杀，整个人物命运相当完整。其身上的矛盾冲突与悲剧性大概是吸引同为易代之际知识分子的郭沫若书写此文的重要原因。

严格来说，《甲申三百年祭》并不是严肃的史学论著，它实则更接近文化散文。祭文本是古代文学中经常出现的体裁，郭沫若用祭文体回顾 1644 年的时代之变，所祭者有大明、大顺政权，当然更有李岩。或者可以说李岩才是作者真正用情书写的对象和绝对的主角。李自成的最终失败显然是由他本人酿成的，牛金星和刘宗敏进入北京后的蜕化，李自成理应负有失察失慎之责；李岩之死当然也是李自成一手谋划的，尽管最后实施者是牛金星，但李自成如果不轻信谗言则完全能避免李岩蒙冤的悲剧。

李岩以举人身份投靠李自成，初次见面就向其劝谏："取天下以人心为本，请勿杀人，收天下心。"我甚至怀疑"均田免粮"的口号都来自李岩。当起义军进入北京后，李岩立即上疏谏陈四事，特别是后两项明确严肃军纪问题和用政略解决吴三桂问题都十分关键。对整肃军纪他提出："京师百姓熙熙皞皞，方成帝王之治。一切军兵不宜借住民房，恐失民望。"然而"自成见疏，不甚喜，既批疏后'知道了'，并不行"。可见，农民起义军兴亡之间，真正坚持人民立场的唯李岩一人。李自成入京后很快背弃了革命时期"俱抗衡不相下"的民主原则，授意牛金星杀掉李岩，也必然迎来最终的失败。李岩早就预见到将要发生的一切，并竭力想防患于未然，但他无力杜绝它的发生，有志不得明主，有才不得施展，有法不得贯彻，自己无法掌握命运，最后不得不空怀伟大抱负含恨死去。这引发郭沫若对李岩的遭遇久久回味念念不忘。

从接受理论而言，《甲申三百年祭》发表至今始终存在着一定程度的误读，以至作者本人都一再呼吁："我们应该把注意力的焦点，多放在李岩的悲剧上。"如果将《甲申三百年祭》全篇只当作对李岩一人书写的祭文也无不可，它是对一位真正具有独立人格和思想的知识分子的毁灭抒发的悲戚挽歌。

（作者为光明日报出版社编辑）

一本叙述北京风景的小书打动了我

群　山

　　《美丽的北京》一册，三十二开平装本，通俗文艺出版社 1957 年 4 月初版，收文十一篇，只有七十五页，堪称戋戋小册。在潘家园的旧书摊上，它蔫头蔫脑躺在那里，很不起眼，因而也少有人问起，但粗略翻看之后，我还是决计将其收下。

　　这原因，说来简单。我读过姜德明编选的《北京乎》和邹仲之编选的《抚摸北京》，固然非常喜欢，但前者精选的是民国年间的散文，后者则大多是 20 世纪中期至 21 世纪初期的回忆性文章，而《美丽的北京》所录，乃是《北京文艺》杂志在 1955 至 1956 年间发表的纪实性"特写"，尽管量小，但在时间段上，也可聊补姜编和邹编之间的一点缺漏；而况操觚者也均为大家名家，如张恨水、孙福熙、金受申、常任侠、寄水，等等。如此说来，这小书对我便具有了一种特殊的"认知"功能。

　　读其中文章，首先弥补的是知识层面的缺憾。无论斗转星移还是世事沧桑，北京终归是有着自己天然的、远古的历史，以及被后来无可计数的书写——比如《帝京景物略》《燕都丛考》《藤阴杂记》等等——所沉淀、"定型"了的城市，如此的城市"风景"，自然毋庸重复书写。而《美丽的北京》叙事之不同处，也正在于其独特的年代感。属文的几位，犹如热情的义务导游，引领着读者，一路来到他们所处的独特年代，不厌其烦地向"游客"介绍他们的年代"风景"，于是我们借以知道：青龙桥车站是怎样建成的，而八达岭长城风景区理想的游程似不妨沿青龙桥、居庸关、南口迤逦倒游"十三陵"是何时定名；整修后的八大处重新开放的时间；陶然亭公园原本并无基础而纯属人工挖了两个湖、堆起七座山才变成现景；等等。这些都使我感到新鲜、真实而亲切。但是，这随即也给我带来一点疑问：假设这些"风景"一仍其旧而没有这种新的变化，那老几位叙事的依托是什么呢，他们的叙事对当下又有什么价值？

　　是的，我曾一度将这些叙事归结于那些变化了的"风景"，似乎是那些"风景"才使得作者们能够为我们历数沧桑、传递知识。然而细读文本，我很快发觉这未免太浅薄了，那些以特定年代口吻所作的叙述，其实是不应被忽视的。在某种程度上，这也许正表露着他们的心迹，其之"在乎山水之间也"，情感上只是不如欧阳永叔和刘恫们那么隐晦罢了。张恨水的《春游颐和园》，叙事上已经完全没有了类似《山窗小品》里的那种沉郁情绪，而是以"清明已过，新红破蕊，嫩绿抽芽，这正是游园的好季节"这样明快的文字为全篇定了调儿，其夹叙夹议的最终落笔点，是"这一个封建统治王朝修建的'禁苑'，而今成为广大人民游览胜地"了。孙福熙乃画家兼散文家，画家写游记，笔触亦如画，但在《游陶然亭》中，他并未花费过多笔墨作细腻的风景描写，在看到湖、山、路、树、花架、小桥"无一不是新的"之后，"精神顿时爽朗起来，脚步也就轻快起来"，以极快的叙述速度，径直来到陶然亭旧址，当看到正在大修的慈悲院之后，终于揭秘了现在的陶然亭，乃是"1952年，人民解放军和劳动人民，以一百七十几天的辛勤劳动开出来的"，因而，"到今天我所最喜欢的是陶然亭"。金受申与其他几位也莫不如此，游览的是新社会改造过了的新风景，则难免"情动于衷而形于言"，言为心声，欣悦之情和幸福感、自豪感已然溢纸而出了。

我坦承，在北京生活了将近四十年，以居住点为中心的出行，曾与许多景区、景点擦肩而过，然而我曾对它们有过哪怕一次的"深度旅游"吗？20世纪50年代的名胜古迹，更是在梦里也不曾显现。因而，作为后来者，我诚心感谢老先生们给我描绘并传递了知识，他们在游览"风景"的同时，仿佛也变成了我想要看的"风景"。换句话说，他们创作了"风景"，而他们自己其实也在不知不觉中被"风景"所"创作"。如此，我们可否进一步认为，他们和他们所创作的"风景"已经同框，一起变化为新的"风景"，成为美丽北京的组成部分，而被我们乃至一代代后人来辨析、品评、鉴赏？

《美丽的北京》就是这样一个文本，它让我感到了体悟北京的难度，促使我开始思考人与"风景"相互缠绕不脱的暧昧，思考那些人、景背后的"潜文本"；抑或，我已经小题大做，也未可知。但无论如何，《美丽的北京》这本小书已经干预了我的精神生活，我不妨从此开始。

（作者为专栏作家、藏书爱好者）

续写父亲冯友兰的遗愿

徐廷华

　　春风文艺出版社曾于 1994 年以"布老虎"冠名出了一套丛书，分长篇小说和散文卷。其中有宗璞的一册《铁箫人语》。

　　几年前，我因写一篇《走进冯友兰的哲学世界》的读书随笔，曾一次次奉读过宗璞的这本《铁箫人语》。宗璞是哲学大家冯友兰的女儿，原名冯钟璞，清华大学外文系毕业后，一直在《世界文学》编辑部工作。

　　宗璞在她的这本《铁箫人语》集子的题记中说：我家有一支铁箫。那是真正的铁箫。一段顽铁，凿有七孔，拿着十分沉重，吹着却易发声。声音较竹箫厚实，悠远，如同哀怨的呜咽，又如同低沉的歌唱。听到的人大概很难想象这声音发自一段顽铁。铁质硬于石，箫声柔如水；铁不能弯，箫声曲折。顽铁自有了比干七窍之心，便将美好的声音送往晴空和月下，在松荫与竹影中飘荡，诱入人的躯壳，然后把躯壳抛开了。

　　于是我跟着这位燕园的吹箫主人，听她将美好的声音送往晴空和月下。

　　这是一本怀人忆旧的散文集。学者型气质的宗璞用她无尽的情感写下自己在清华园里的童年记忆，她写三松堂，写父亲，写燕园，写萤火、秋韵、送春，写湖光、塔影、雪原……一篇接一篇，不疾不徐，不温不火，娓娓道来，风格极纯朴雅致。

《三松堂断忆》开篇的文字是："转眼间父亲离开我们已经快一年了。去年这时，也是玉簪花开得满院雪白，我还计划在向阳的草地上铺出一小块砖地，以便把轮椅推上去，让父亲在浓重的树荫中得一小片阳光……"回忆父亲最后的情景，作者是这样写的："时间会抚慰一切，但是去年初冬深夜的景象总是历历如在目前。我想它是会伴随我进入坟墓的了。当晚，我们为父亲穿换衣服时，他的身体还那样柔软，就像平时那样配合，他好像随时会睁开眼睛说一声'中国哲学将来一定会大放光彩'。我等了片刻，似乎听到一声叹息。"

像这样深情的文字，柔软中见醇厚积淀，平实中显深度表达，没有一定的文化底蕴和家庭氛围环境的熏染，是难以企及的。

宗璞自幼多病，经历过名目繁多的手术，几十年来常与医药为伴，与父亲为伴。她自状："人道是锦衣绣口，怎知我从来病骨难承受。"然出人意料的是她从不用病态写作，也极少涉及自己的病，也没有一般女性作家在作品中流露出的那种残垣断壁、残花败柳的自怜和伤感，给人的都是一派清明大度，一种豪迈伟岸，一股健康向上。看看集子中的《废墟的召唤》《紫藤萝瀑布》《风庐乐忆》《星期三的晚餐》等篇章，无不显现作者开阔的胸襟、深厚的传统文化修养，富于生命体验的思想亮光。这都是作者个人学养、潜质、情怀、激情的辉映，是历史涛声拍打心岸的回响。

散文之外的宗璞，从 20 世纪 80 年代起，就在构思创作系列长篇小说《野葫芦引》。她在与病痛周旋中，一点一滴，一字一句爬着格子。第一卷《南渡记》1988 年完成出版，之后因病停顿五年，1993 年开始写第二卷《东藏记》，于 2000 年出版。嗣后第三卷《西征记》、第四卷《北归记》也陆续出版。其中《东藏记》2005 年获第六届茅盾文学奖，《北归记》2018 年获得第三届施耐庵文学奖。这部长篇是写她父辈们和她自己生活的，小说中的人物、环境都是宗璞所熟悉的。写《南渡记》时，冯友兰为目疾所困，无法审读女儿的这部长篇，宗璞就将书中的一些章节念给父亲听，征求父亲的意见。小说背景从 1937 年 7 月 7 日这天写起，这个日子是所有从那个年代过来的中国人都会记住的，都会刻骨铭心的。

宗璞以她细腻从容的叙述方式，建立起优美温婉的语言风格。众多的人物命运和世相心态，在看似平淡的生活情境和细节中缓缓展开，伏有大气磅礴的布局。

燕园的铁箫主人，用另一种形式、风格——散文和小说，续写着父亲"中国哲学将来一定会大放光彩"的遗愿。这是宗璞此生的最大心愿，这心愿给予长期病中的宗璞以力量，倾注着书写者最大的情感。正如著名作家王蒙曾经说的，小说《野葫芦引》"喷发着一种英武，一种凛然正气，一种与病弱之躯成为对比的强大与开阔"。

（作者为中国散文学会会员、江苏省作家协会会员）

《蚀》与当代青年

林传祥

改革开放前夕的 1977 年，茅盾的《子夜》由人民文学出版社重印出版，之后又有《蚀》《虹》《腐蚀》等陆续面世。那时 20 世纪二三十年代的作家作品重见天日，茅盾是打头炮的，数量最多，也最受欢迎。80 年代是个"读书热"的年代，那时的青年对读书充满渴望。茅盾作品有相当一部分是描写青年知识分子的，这也正好抓住了青年人的阅读喜好。早期的《蚀》就很有代表性，它写的就是一群年轻人。

1927 年茅盾从大革命的旋涡中退出，隐居在上海景云里的弄堂里，开始写《蚀》三部曲。1927 年是中国现代革命史上最黑暗的时期，亲历一场剧变的茅盾，在遭受蒋介石政权通缉的情况下，在满怀激愤与苦闷的情绪中，开始了这部小说的创作（也是他小说创作生涯的开始）。这部由《幻灭》《动摇》《追求》组成的"三部曲"一经发表，就在青年读者中引起强烈反响，并震动了当时文坛，文学评论家夏志清用"一炮而红"来形容当时的这本书。

但《蚀》并非如《子夜》那样以缜密取胜。小说的主题很简单，就是一群青年知识分子的"追求""动摇"与"幻灭"，正好是书名的倒置，写的就是他们单一的精神状态，生活、工作、恋爱——夭折的希望、颓废的精神，如此而已。小说故事是断续的，结构是松散的，但就是在这小说的"废墟"中，茅盾以惊人的文字能力掌控着人物，将小说写活了。夏志清说："茅盾能利用细腻入微的心理剖析烘托出'造化弄人'的主题。"弥补了小说在故事上的缺陷。

当时有位读者自述："读《幻灭》《动摇》《追求》这几个中篇小说，不自觉地有一种力量命令我的眼睛一行一行地看下去，觉得有些地方仿佛是自己曾经亲历其境的，至少也应该认识其中的几位。"还有一位读者这样描述："搁下了书，垂目回味书中的情味，我所经历的往事电影般一幕一幕地反映到我的脑里，使我发生了一种形容不出的复杂的情绪……我不由得对于《幻灭》的作者起了一片感谢之心。""（因为他）把我欲说的话而自己不会说的说出来了……我应当如何地满足而感谢呀！"这些情感化的表达一定程度代表了那个年代青年人的心声。

进入 80 年代，《蚀》迎来了阅读潮，《蚀》所呈现的情境又在青年读者中掀起波澜，他们沉郁、凝醉，也在寻找人生出口。当时有一个叫潘晓的年轻人投书《中国青年》杂志，诉说着自己人生的种种挫折与不幸，于困惑中发出"人生的路，怎么越走越窄"的呼喊。杂志社就此以"人生的意义究竟是什么"为题展开讨论。有学者将潘晓写的书信同茅盾的《蚀》放在一起，发现某种奇特的相似之处。当时参与讨论的年轻人，对潘晓大多持有同感甚至同情，潘晓一度成了那个时候的"潘晓之问"，并叩动了同时代青年人的心门。

《蚀》的成功，很大一部分不在文本故事，而在于从茅盾笔端汩汩流淌出的激情文字。学衡派代表人物吴宓曾将《子夜》与《蚀》作对比，说《蚀》"有结构零碎之憾"，但"其灵思佳语，诚复动人"。《蚀》抓住了"人"这一要素，用他的"手术刀"剖切人的心灵，故事只是充当背景，背景之下，人性的描写才更为重要，用这个去解释社会，通达世人，唤起共鸣。不独《蚀》，茅盾早期小说都有这种倾向，且"绚烂中带有哀伤"（夏志清语）。如果换个角度看，似乎不难理解潘晓们是怎么从痴迷的茅盾文字中找到自己的。

《蚀》有多个版本，新中国成立前主要是一些拆分的单行本，1954年人民文学出版社出过《蚀》的合集，但这个版本是经过删改的。出版社重排此书时，可能觉得《蚀》写得过于灰暗，曾建议茅盾修改其中的某些部分。茅盾很犹豫，不太愿意改，因为改了则失去了本来面目，可又不能不改，无奈茅盾只好象征性地改动了个别字句。他说："三本书（指《蚀》三部曲）原来的思想内容都没有改变，这是可以和旧印本对证的。"重排后的人民文学出版社版《蚀》依旧是最初版的。

（作者为中国档案学会会员）

愿你被透纳所画的风景滋养

华明玥

在当年大学七人一间的拥挤宿舍里，友谊会因为某些契机，在不同院系的同学间悄然萌芽，有时是一次聚餐、一次月下漫步，也有时是一次吉他弹唱、一次体育馆里的舞会，而我与来自社会学系的陈同学成为好友，是因为她慷慨地将一套《世界美术家画库》借我欣赏。

有一天，军训归来，我经得她同意，翻阅了其中《透纳》一书，这一看，就迷上了。这本书挑选了浪漫主义画家透纳的代表作六十幅，第一幅便是 1798 年创作的自画像。此时画家二十三岁，是一位温文尔雅的青年，灰白色的头发，白色的领巾层层叠叠围满了脖颈。一条长长的浅色丝绸围巾成为绅士紧身衣的装点，也成为明亮与幽暗两个区域的分界线，令画家旺盛的精力与坚定的眼神从黑暗中凸显出来。再往后翻，我发现，透纳百分之九十以上的画作是风景，囿于当时的印刷成本和印刷水平，出版社只精选十六幅画进行彩色印刷，其余皆为黑白。然而，就算是黑白印刷的作品，光与影的复原也到了令人惊叹的程度。这本书 1983 年由上海人民美术出版社出版，定价 1.85 元。

陈同学是贵州人，之所以考到我们沿海省份来念大学，根本的理由是："我阿妈身体不好，念完大学，我肯定要回父母身边工作，让阿妈安心。可这四年，我想沿祖国的海岸线走一趟，看一看与透纳的画相似的风景。"可以说是透纳的画，打开了陈同学的视野，牵引着她走出大山的步伐，推动着她去认识这个世界的多样性。

透纳的画有诗一般的境界。他的画风受拜伦、密尔顿、莎士比亚和汤姆森的诗句影响很大，他画湖水、远山、海洋，有时激情澎湃，有时恬静细腻。涌动的思潮，某些时候使他画中的霞光像烈火在燃烧，海水像银色的岩浆在汹涌，咄咄逼人；某些时候也让他的画像春雾中朦胧的花朵，散发着醉人的馨香，在光线与水汽的共同笼罩下，展现了无垠的安宁。我和陈同学惊叹透纳的一些画中，狂乱而破碎的笔触，精确表现了大自然发脾气咆哮时的气流速度与慑人气势。而另外一些宁静而温柔的笔触不仅表现出自然母亲梦幻般的美丽，也让我们的心如睡在摇篮里的婴儿一样，变得无忧无虑。是的，书中透纳画作的色彩和光影尽数还原，透露出浓烈的情绪色彩，让我们忍不住朗诵起了汤姆森著名的田园诗里的句子："西下的夕阳辉煌灿烂，那将逝的光芒映照着群山；金黄的暮霭笼罩原野，飘渺的彩虹飞在天边，万紫千红啊，景色分外娇妍。"某些画作也让我们目睹透纳自己创作的诗："无数只手伸向上苍，伸向那桅杆和风樯，夕阳西垂，乌云激荡，暴风雨就要来到海上……"

透纳的画，极大地安慰了我俩。对我来说，考上一流大学的理工科专业，第一年的日子很不好过。上课时，只要稍微一恍神，两块巨大黑板上满当当的演算，已经完全看不懂了。学长们把大学一年级的学习压力形容为："消防栓的水冲出来，而你必须凑过去喝。"知识化身粗暴的水柱，毫不留情地击打着我的脸，让我紧张又孤独。这种学习的痛苦，学文科的陈同学当然体会较少，但她也有别的烦恼：她念了社会学，这专业将来要去何处找工作？

而在《透纳》这本书里，我们看到了两百年前，一位伦敦理发匠的儿子同样必须经历的奋斗史：在他二十七岁因为艺术上的杰出成就当选为英国皇家学院院士之前，他也有苦闷的青年时代，为了生计，他经常去乡村旅行，为那里的城堡和住宅的主人们绘制他们的房产图，这些分毫不差的仔细描绘，得到了房主们的打赏；他也曾为建筑师的设计图着色，还为当时的两份畅销杂志画过插画，他那些细腻精确的风景画一开始也分外刻板，以至于经常被刻成版画，用来制作旅行指南之类的书籍插图……那又怎么样呢？对绘画由衷的热爱与出众的才华，令透纳如一只鼓满了风的帆船，在大海的风浪中跌跌撞撞地寻找正确的航线。最终，他找到了富有个人特色的艺术表现形式，终于在艺术的海洋上纵横驰骋，扬帆万里。

毕业时，陈同学决定回到家乡任教，在一所乡镇初中教政治和语文，同时照顾病重的母亲。分别前，她把这本《透纳》赠送给我，作为毕业纪念。这本书被我翻阅了无数遍，它让我追忆起那充满压力、迷茫与自我勉励的青春时光。她如今也成为一个女孩的母亲，只要有假期，母女俩的旅行目的地必然是风景壮丽的地方。是的，透纳的影响一直都在。透纳反复吟诵过的拜伦的诗，也许能解释画中的风景对我们的滋养，诗中说："独个儿徘徊在悬崖与瀑布旁，这并不孤独；只是跟妩媚的大自然在谈心，只是让她把她丰富的宝藏摊开在你的眼前。"

（作者为散文家）

"秋水文章不染尘"

卫建民

　　我在"文革"期间失学，曾在县里几个单位当合同工，干得时间较长的工作是在商业局当打字员。本来，我到这个单位是跟着办公室里的人学"写材料"的，因打字员工作调动，我们俩又住一个宿舍，领导就说："你学着打字吧。"那时的打字机是双鸽牌机械式的，我和原来的打字员住一屋，早已看会，于是就地上岗，省去培训费。领导惊异："怎么没见你学？"他不知道我是看会的。

　　当打字员也算是从事文字工作。熟记键盘上的合金钢字，自己组合词组，是一种文化课的补习。读书和打字相结合，是失学后继续自我教育的社会课堂。

　　在青少年阶段，我喜欢接近有专长、爱读书的人。附近文化馆、档案馆、新华书店里的人，我都认识。商业局的隔壁住着广播站的编辑李庚科叔叔，我去他家里，在他的小书架上发现一本书，名为《生活·斗争·修养》。我向他借了这本书回家读，从作者敢峰谈心式的文章中学会了做人的道理。书中有一篇文章叫《从"玩物丧志"谈起》，是讲精神和物质的辩证关系。文章引用《三国演义》故事，说东吴为了取得荆州，用美人计引诱刘备："盛为筑宫室，以丧其心志；

多送美色玩好，以娱其耳目。"刘备出身寒微，果然中计，沉溺于安乐，忘了荆州。要不是诸葛亮以锦囊妙计交给赵云，使刘备猛醒，那就误了大事。在那个年代，我借来的书中古典故事陪伴我的业余生活，实际悄悄引导着我的成长。因为这是一本青年思想修养读物，书中文章还指导读者的婚恋，谆谆告诫青年"先立业，后立家"。

书中有几篇文章，我认为在今天也对青年有指导意义。《学习要持之以恒》是提醒青年人读书、学习不要三天打鱼，两天晒网，要立长志，要有恒心。《把好第一关》是告诫读者在学习、工作中，要开好头，并把正确的选择走到底。文章有几个部分，如"上坡路与下坡路""关于偶尔为之，关系不大""关于仅此一次，下不为例"，分专题做青年的思想工作，和风细雨，苦口婆心。我借书读，真像是请来了一位"一对一"的思政课老师，也像是面对益友，听他说心里话。

1978 年，天津人民出版社再版此书，将书名改为《学习·生活·修养》。前几年，我因有一本小书在这家出版社出版，见到那里的朋友，还提起我在青年时期读过的这本小册子。我还向熟人打听过敢峰，知道他的真名叫方玄初，曾担任北京景山学校校长、北京市社科院院长。

与《生活·斗争·修养》同时期发行，在青年读者中产生深远影响的还有一本陶铸的《理想·情操·精神生活》。其中，《松树的风格》是一篇优秀的散文，那个时代的青年几乎都读过。陶铸是党的高级干部，写这篇文章时，正担任广东省委书记。文章起笔写道："去年冬天，我从英德到连县去，沿途看到松树郁郁苍苍，生气勃勃，傲然屹立。"借物言志，是中国诗文绘画的传统。山川草木，梅、兰、竹、菊、松，在诗人画家的笔下是有寄托的。陶书记在车上，透过车窗看到了掠过车子的松树，他想到的是："你看它不管是在悬崖的缝隙间也好，不管是在贫瘠的土地上也好，只要有一粒种子 —— 这粒种子也不管是你有意种植的，还是随意丢落的；也不管是风吹来的，还是从飞鸟的嘴里跌落的，总之，只要有一粒种子，它就不择地势，不畏严寒酷热，随处茁壮地生长起来了。它既不需要谁来施肥、除虫，也不需要谁来除草、灌溉。狂风吹不倒它，洪水淹不没它，严寒冻不死它，干旱旱不坏它。它只是一味地无忧无虑地生长。松树的生命力可谓强矣！松树要求于人的可谓少矣！这是我每看到松树油然而生敬意的原因之一。"

这位在艰难困苦的革命斗争中走过来的老革命家，从车窗外的松树联想到人的品格，从松树的顽强、坚贞、自强自立、无求于人，想到了一个人应有的高尚情操。在这本小册子里，还有《太阳的光辉》《论劳动与读书》等篇，都是有激情、有文采的思想评论。这位老革命家是对青年的成长施洒甘露，也是以太阳、松树、劳动、读书激励鞭策自己。高级干部有高尚的情操和文化趣味，写出来的才是"秋水文章不染尘"。

陶铸、敢峰的书，从思想理论根源上看，既有儒家《大学》的基础，又有时代的特色。这两本书都是为了青年进德修身而出版的，是教青年人如何做人的。它们不是鸡汤，也不是强迫人读的必读书；它们像春雨一样曾经滋润了那一代青年的心田。

（作者曾任国务院发展研究中心编审）

福楼拜不情愿贴的标签

——基于新的认知重读《包法利夫人》

王秋海

几十年前，正值西方现代派文学大批量引入国内，翻译的书籍多如牛毛，学者们都以知晓现代派理论自居。当时被称为西方现代小说奠基者的就是福楼拜，我也赶时髦买了一本他的大作《包法利夫人》拜读。

历史到底是真实存在抑或人为的叙事？人们一直争论不休。几千年前，人们听荷马史诗，沉醉其中，没人会觉得那不是真的，就算疑惑一个盲人岂能写出那么生动的细节，也只会认为是文学的适度夸张。

工业革命后的科学进步刷新了历史观。一切都要能论证其真实存在过，才算是"正史"。科学的缜密和怀疑精神，使以严密甄选后的材料写成的历史成为一个庞大的封闭体系——一旦某段历史是建立在科学考证之上的，就是定论。对历史的阐释是一元的、权威的，但这样的历史观忽略了时间维度。历史必然是一种阐释，而这种阐释只在特定的时间中完成。随着时间推移，人们的认知发展了，新的视域也就出现了。

基于新的认知重读《包法利夫人》，我也有新的收获。福楼拜从小患癫痫病，每次发作都死去活来，但他依然活到五十九岁，要不是嫖妓得了梅毒，还会更长寿些。父亲给他留下了大笔财富，所以他一辈子赋闲，在法国乡下写作，并不断出外旅游。他最大的信仰是浪漫主义，对浪漫派作家甚为着迷，渴望自己也能写出一部神秘、浪漫的作品。这样的作品必定要以中世纪和异国情调为背景，充斥着奇幻和瑰丽的想象。因此他冒着风险，历经千辛万苦踏上了寻古之旅，足迹遍及埃及、巴勒斯坦、土耳其等地区。那时福楼拜的父亲已去世，他和母亲感情至深。当时，坐着缓慢的马车，以年为计算时间的出游方式，无论对他还是他母亲，在情感上都是极大的挑战。从中可见福楼拜对挖掘浪漫元素的执着。他在中东的沙漠中寻找古代遗址，欣赏当地卖艺女子的舞技，但仍没找到合适的题材完成心目中伟大的浪漫风格作品。

福楼拜不改浪漫情怀，认为其他风格均等而下之，不屑一写，于是陷入了写作危机。他的朋友劝他写写身边的事，譬如福楼拜居住的乡下有个"心比天高"的女子，嫁给了一个平庸男人，于心不甘，于是偷情出轨，最后负债而自尽。听到这个主意，福楼拜大发雷霆——怎么可以去写这么平庸的作品？非但一点浪漫情调没有，人物也是缺乏教养和没有贵族头衔的平民阶层，毫无审美可言。在朋友的一再规劝下，福楼拜才同意不妨试试，然后再去写他的伟大作品也不迟。

他觉得既然是熟悉的生活，应该一蹴而就，然而一写就是四年。这四年是福楼拜写作生涯中最痛苦的时期，一来他对写的东西毫无兴趣，二来对浪漫作品的题材他仍旧找不着灵感。于是《包法利夫人》就似鸡肋，既无法快速完成，又弃之可惜。他把写完的章节朗读给他的朋友听，朋友稍有微词，他就大刀阔斧削删，结果删去的字数比保留下的还要多，所以进度缓慢。

然而，此书出版后竟一炮走红。原因是福楼拜的小说一反浪漫派张扬个性的手法，从纯客观冷静的角度描摹自然，而这种作者"隐身"的技巧预示了一种崭新的视角，为现代派写作开了先河。

按照历史的描述，他似乎是有意为之，自觉成了西方现代派的开拓者，文学史家称其为自然主义或现实主义作家。这让福楼拜哭笑不得，他明白，这是历史的误读。他非但毫无写自然小说的兴趣和自觉，小说再版时他还非常气恼，称不愿意再见到此书。

福楼拜骨子里实在是个浪漫派，他信仰叔本华哲学，认为欲望无法满足，所以幸福存在于对欲望追求的过程和幻想之中，活生生的现实是龌龊世俗的，只能给人带来乏味和无聊。《包法利夫人》主人公爱玛百无聊赖的生活正是缺失浪漫追求的写照，福楼拜写这样的作品当然无法张扬他的个性和情绪，于是将自己"隐蔽"起来，没想到，却歪打正着地开创了一个新流派。

倘若让福楼拜自己选择身上的标签，他绝不会挑选"现代派"给自己盖棺论定。许多历史偶然或表象都不幸成了定型的历史叙事，这不能不说是历史的悲哀。

（作者为首都师范大学教授）

启功讲书法：看似高深，人人皆可学

法苏恬

2005 年夏天，启功先生溘然长辞。10 月，中华书局出版了《启功给你讲书法》。同年，我踏入北京师范大学，开启了书法学习之路。《启功给你讲书法》是我阅读的第一本非教材类书法相关书籍。这本书被列入《教育部基础教育课程教材发展中心中小学生阅读指导目录》，是一本揭开书法神秘外衣，清晰简洁的实用书籍，通俗易懂。正是这本书照亮了我二十多年的学习书法之路。

《启功给你讲书法》一书，集启功先生生前多次书法讲座的内容，其核心为破除因历史久远、语句讹传、牵强附会而造成的学习书法的"迷信"观念。启功先生常用诙谐幽默的语句，用聊天般的方式将"高深莫测""圣人圭臬"的"迷信"观念消解、祛魅，并认为书法是人人可学的身边艺术。此为初入门庭的我埋下辩证思考种子的同时，也让我初识大家风范。

先生在开篇处便拆解了若干误解，站在历史和社会的角度，对破除书法中的一些"迷信"观念加以讨论。先生认为，"写书法是为了让人们看得懂"，"书法既是艺术又是技术……技术是艺术的基础"，"书法被无限次抬到了非常高的档次，这不太适宜"，"书法是艺术，这与它是不是经学，与它够不够翰林是两回事……明白了这点，家长对书法的认识，对小孩学书法的目的，就不一样了"。这些观点除了讲明书法的本质与地位，也反复提醒世人要守住书法的本质，辩证地看待书法艺术的地位。切不可功利地盲目追求，也不可忽视其记录语言符号的本质功能。

而关于"书法创新"，先生也给出了提示，指出创新"有意的总不如无意的"。他认为自古以来书法在形式上的创新，是因其自身规律，自然而然发生的。此外，先生在书中也指出"想和学书法的朋友们谈一谈，千万别被用笔万能论、用笔至上论、用笔决定论这些个说法所迷惑……要是听这样的话你永远写不成"。这一系列的观点，无论何时想起，都让我认定要脚踏实地学习，用清醒和理智的头脑去看待艺术创新。其中，最经典的要数启先生谈碑和帖，用简单有趣的语言论其来历的同时，借古碑、古帖之例论二者无高低之分，谈及二者是产生于不同的历史环境的两种书法载体，只是其用途有所不同。为便于读者理解，他以喝汤用调羹、夹菜用筷子进行比喻，使一些尊碑抑帖、重帖轻碑的观念被打破，让读者能以包容、平等的心态在书法碑帖之中不受任一观念的束缚，自由取法。

书中分享的书法学习经验中，对我影响最大的莫过于"真书结字黄金律"和"如何选临碑帖"。其中"真书（楷书）结字黄金律"是先生基于多年理论研究和书写实践，总结得出的重要结字规律，为初学者提供正确指引。这一条从书写中得出的规律符合黄金分割率，既能表现汉字结构所固有的形式美，又能帮助初学者更好地观察和体悟字的结构。通过这一结体规律不仅能让书法学习者快速提升楷书书写水平，也能在一定程度上激励我们像先生一样不断思考、融会贯通。关于如何临帖、练习，先生更是将自己的学习方法、经验毫无保留地分享出来。先生认为选碑帖和所要临习的字体没有严格的限制，初学者选择碑帖没有固定的标准，遵从内心、选择喜欢和感兴趣的帖子即可。选好范本之后的临摹也很重要，其中谈及不少临摹的具体方法。除了读看、影摹、对临等具体临摹方法外，先生还提到一个更为重要的内容，即需要有自己的判断，对古代已有的方法可借鉴其中的有效成分为己所用，在选择碑帖和临摹碑帖上可以有自己的创造性。这些具体的书写经验，也成为我后来书法教学的依据。

启功先生用风趣幽默的语言，带我们回到历史的现场，用直观形象的方法，揭开书法技法学习的神秘面纱，不仅是古今文化的转译者，更是真诚慷慨的书法学习经验分享者。如今想来，在读大学时的教育实习，或是硕士毕业入职后的课堂教学，抑或是如今在大学里的授课内容，我很多书法理论的观点和实践依据，均得益于启先生的书法学习思想。

先生曾撰联"行文简浅显，做事诚平恒"，这既是其本人的精准写照，也道出先生"为人为学"的理念。《启功给你讲书法》一书不仅是简浅显、诚平恒所在，更在揭开书法神秘外衣的同时，将书法这一看似高深莫测的艺术，看作是人人皆可学习的技术和艺术。

（作者为北京师范大学艺术与传媒学院书法专业教师）

依然记得很多年前的"那一场风"

轻 木

20 世纪 90 年代，我刚参加工作的时候，去省城南京出差，总要去当时还在广州路上的先锋书店转转。先锋书店无疑是爱书人的圣地，每次去，我都怀着一种朝圣者的心情，亦仿佛鱼游进了大海。每次离开的时候，手里总是拎着一捆沉甸甸的书。《不是我，而是风》就是其中的一本。

喜欢上这本书，并非因为它是劳伦斯夫人所写的关于劳伦斯的书，而是一个看上去并无多少道理的缘由——仅仅因为它的书名。"不是我，而是风"，一种充满人生况味的无尽的感慨，像冬日午后一阵微风吹过来，有一种浅浅的暖意，从内心深处慢慢浮起。

事实上，弗莉达·劳伦斯在这本书中所表达的，正是这样一种情感。温暖、希望和爱，它们隐藏在平淡琐碎的日常生活中，就像风一样绵延不绝。

《不是我，而是风》作为"文化生活译丛"之一种，由生活·读书·新知三联书店于 1992 年出版。这本书还有一个副标题——英国作家劳伦斯的一生。这个副标题并不准确，实际上它是弗莉达·劳伦斯所写的关于她与劳伦斯爱情和生活的回忆录。本书开始于作者与劳伦斯的邂逅，结束于劳伦斯的离世。它让我们看到了天才作家劳伦斯在日常生活和情感世界中的那一面，或者说，它让我们看到了更为真实的劳伦斯。

劳伦斯的一生是不平静的。他一直过着清苦的生活，体弱多病，二十六岁那年母亲辞世，他因痛苦，再加之身体疾病，辞去了大学教师的工作。他所创作的小说《虹》《查泰莱夫人的情人》等多部小说先后被禁。由于劳伦斯杰出的文学才华以及他桀骜不驯的性格，他在别人的眼里总是那么奇怪。

然而，恰恰就是这样的劳伦斯，在他二十六岁那一年，遇到了弗莉达。弗莉达比劳伦斯大五岁，并且已经是三个孩子的母亲。两人只有短暂的接触，劳伦斯便写信给弗莉达："你是全英国最令人赞叹的女人。"而弗莉达亦承认："我受到了比我自身更强大的力量的牵引。"就这样，1912 年 5 月的一天，劳伦斯和弗莉达在一座名叫查灵克罗斯的车站会面，两人在仅仅相识六个星期后就一起私奔，从此开始了他们二十余年荣辱与共的生活。

劳伦斯和弗莉达的爱情就是放到今天也是惊世骇俗的，在当时更是如此。"我已经理解不了世界上的事了。"弗莉达的父亲曾如此感叹。没有任何人祝福，生活依旧困顿，他们不得不颠沛流离。从书中大量的书信可以看出，两人还常常分开，但弗莉达依然无怨无悔。她在书中写道："要想理解我俩之间的事情，就必须经历我们经历过的事情……这不是一般人所走过的路。"弗莉达在忍受弃子痛苦的同时，全身心扑到了劳伦斯的身上。她爱劳伦斯，理解劳伦斯，在她的眼里，劳伦斯"和蔼、宽厚，并有激情"。在劳伦斯的生命中，弗莉达不仅是他的生活伴侣，更是他的精神支柱。可以这样说，如果没有弗莉达，劳伦斯一定不是我们今天所知晓的劳伦斯，英国文学史乃至世界文学史，一定会缺失一颗璀璨的明珠。

"我已经不能再为劳伦斯做什么了。唯有太阳、大海、夜空、星星、月亮是他的一部分……"在劳伦斯生命的最后时刻，弗莉达写下了这一句话。依旧是平静的语气，却有小小的风暴在读者的心头掠过。我一直记得读到这些文字时的心情，潮湿、感伤，却又暖意盈怀。虽然劳伦斯和弗莉达的爱情始于不完美，但时间原谅了一切，时间也证明了一切，他们的爱情具有抵御世俗、化解苦痛、成全人生的伟大力量。

《不是我，而是风》这本书一直被我放在书橱中常读的那一部分书里。事实上，最近我已很少再去读它，就像我工作一段时间后再去南京，很少再去先锋书店一样，哪怕它后来有了更大的门店、更多的分店。随着阅读量增多，年龄增长，我已经很难再因为被一本书的书名吸引，而去买它。今天，买书于我，已经是一件谨慎的事情。

但我依然记得多年前的"那一场风"，我知道它一直都在轻轻地吹动。那是弗莉达·劳伦斯平淡如风的文字，那是生命中不可或缺的爱与坚守。

（作者为藏书爱好者）

"我愿意借给这位大师一年寿命"
——忆苏联作家普里什文散文集《林中水滴》

天　凌

　　多年前，我大学毕业，进入中学教书，认识的第一位朋友，是教生物的李老师。

　　我俩教书的中学位于南京明城墙下，上午第四节课后，我俩吃过酒精灯上加热的简单午餐，从学校后门穿出去，沿着紫金山的山脚走一段，一路会看到大量的灌木和蕨类在古城墙上摇曳生姿，大有古文里所写"负者歌于途，行者休于树"的情态。

　　李老师为我解释这些神奇植物的中文名和拉丁文学名，有时她会吟诵起苏联作家普里什文写过的一些短短的散文诗来，例如："铃兰开放在前，野蔷薇开放在后，但有时，铃兰花谢已经整整一个月了，在密林深处，却还有一朵兀自在开放，发出清香。虽然这是极少有的事，但人有时也会这样。"

　　此时此刻，个头不高的李老师仰起脸来，她深深嗅闻这山中的草木气息，浑身散放温柔的光。那是终于与深爱的专业，以及与咫尺之遥的大自然在一起的光彩。我们散漫地走着，有时，她会惊叫起来，指给我看山林间各式各样的幼芽，有些是深绿色的，有些是酒红色的，有些是毛茸茸的浅棕色，看着水珠噙在幼芽上闪闪发光。李老师忍不住叹息："普里什文说得对呀。人在森林中散步，获得的幸福可能真能抵消所有的烦恼。"确实如此。只要身处大自然中，你就有机会像普里什文一样，觉得"自己的全身缩小为一个饱含树脂的幼芽。想要迎着那独一无二的不认识的朋友开放"。

漫步中，受李老师的影响，有时我也会脱口而出普里什文的金句："看，麻雀身上抖落的初雪，真的像'它的翅膀上飘下一大堆星星来'。"李老师看出，我被这位苏联作家迷住了，便把普里什文的《林中水滴》送给了我。她解释说，她太爱这本书了，为了预防在搬家时遗失，当时一下子买了两本。这是一本仅有十五万字的小书，到1989年9月已是第三次印刷，其简洁的封面如同水墨写意画，画的是一位赶山人扛着雨伞离去的背影。在他的四周，冬日的树木删繁就简，如参悟的哲人一样，揖让、端坐、肃立。

这本薄薄的散文集选译了作者的代表作《秋天》《人参》《叶芹草》和《林中水滴》四部作品中的精髓部分，语言清丽，意境隽永，蕴含着大自然谱写的神奇乐章。普里什文曾经承认："这些笔记确实是在春天的口述下写的……"这些即兴的抒情小品，不是作家凭着记忆写成，而是他像画家写生一样，坐在潮湿的树桩与溪岸的乱石上写成的。他那些仿佛神来之笔的词句，并不是产生于书桌旁，而是在大自然中徒步时，当他发现万物和谐共生，且物我交融的美感时，脱口而出的。

在《叶芹草》一章中，普里什文书写了他在莱比锡大学毕业后，在巴黎遇见恋人伊兹马尔科娃后的情感波折。这对恋人因为生活目标的不同，只约会了两周便分手了。恋人虽然已经离去，但她的美丽形象却倒映在溪流中，幻化在无边的雾气中，婉转鸟唱中也有她的笑声，令作家的心战栗不已。在他笔下，关于恋人的追忆和大自然的美融为一体。正如苏联评论家巴乌斯托夫斯基所说："普里什文的语言绚丽多彩，闪耀夺目。时而有如芳草簌簌作响，时而有如清泉潺潺流淌，时而有如百鸟啾啾争鸣，时而有如薄冰在早春悄悄脆响……"这部作品把我带进了森林王国，鲜明又生动地展示出这个王国的万千变化。乌鸡、啄木鸟、松鼠、兔子们纷纷拥有了细腻情感，行为妙趣横生，不时地，作者荡开一笔，夹杂着自己的遐想与议论，让学者的思考和追求真理者的探索精神，融化到诗性语言中。

这种独一无二的"普式风格"，令我们这些初出茅庐的读者，有时沉郁，偶尔忧伤，常常欢欣，激发出热爱大地、热爱生活的感情。

普里什文是一位勤奋乐观、童心不泯的作家。早年间，他带上背包、猎枪和笔记本，奔波于俄罗斯大地的山野和森林；后来，为了创作，他像如今的旅居者一样，把生活用品装上汽车，一年中至少有半年在旅居。直到生命的最后一刻，他在日记中依旧这样呼唤自己："普里什文，你别忙走啊。等一等，现在是清晨，笔还在我手中。"

不知为什么，多年后，读到这里，我的心弦仍被触动，还能记起青年时代的朋友李老师的话："读到普里什文最后的笔记，每一位读者，包括我，都会由衷地想：我愿意，借给这位大师一年寿命，让他多写一写白桦树、野蔷薇、稠李、老椋鸟和涅尔河。我是真心的。"

（作者为散文家）

且随《古代游记选注》畅游去

杨　帆

　　读大学时，我痴迷古典文学，每日蹲守孔夫子旧书网，在浩瀚书海中，寻觅旧日珍宝。上海古籍出版社的《古代游记选注》，便是淘来的宝贝之一。1982 年出版的册子，比我年长一轮有余。淡绿色的封皮，透露着古朴之风。恰到好处的小开本，成为我随时揣兜里的伴侣，领我越过时空大门，与历代行旅人并肩漫步。

　　《古代游记选注》虽薄，却收录自六朝到清代凡二十八篇游记精品。行旅人的足迹遍布中华，北穷塞外，南至罗浮，西行进藏，东探台湾。每一篇都如同一盘旧时光录影带，浓缩时代风景与文人情思。

　　翻开泛黄的书页，一篇篇佳作如春风拂过心间。从东晋高僧慧远笔下的《庐山诸道人游石门诗序》，到明清时期蔚为大观的游记创作，这些文字大多四六成句，简练又不失意蕴。元代诗人麻革与友人行至山西境内的龙山，口中吟咏"溪花种种，金间玉错，芳香入鼻，幽远可爱"，宛如民谣歌者，于细微之处见风景。

　　四年前，我乘坐十小时大巴，行至西南腹地。一路上，手边是《古代游记选注》，窗外是奔流的岷江，犹如高歌行者。不知不觉间，读到范成大所写的《过三峡记》。

宋淳熙四年（1177），范成大出蜀返乡，行船过程中，领略惊心动魄的激流与漩涡。"二十里至东奔滩。高浪大涡，巨艑掀舞，不当一槁叶。或为涡所使，如磨之旋。三老挽招竿叫呼，力争以出涡。"寥寥四十一字，点出浪之高、涡之险、人之齐心。那一刻，我仿佛与范成大同船而行，共同体验那份紧张之情。选本特意挑出《吴船录》的这一章，实乃巧思。

自工作以来，我久居杭州，几乎每月访西湖，自以为了解"罗纨之盛，多于堤畔之草，艳冶极矣"的全貌。但翻开选本里的《晚游六桥待月记》，明人袁宏道写下的两个素来被忽视的时间点——"朝日始出"的清晨和"月景尤不可言"的深夜，让我有了新的感悟。待我夜半游湖，纵享无人宁静的湖面时，方明白袁中郎的用意，喧嚣如潮水退去，真正的湖方才与人诉说她的心事。原来，美景不仅要靠一双眼去发现，更要葆有一颗不断探索与感悟的好奇心。

古往今来，游记不胜枚举。要从文献之海打捞精品佳作，想必编者定有深厚功底。编写者之一刘操南生于1917年，曾任杭州大学中文系教授。另一位编写者平慧善则是1934年生人，长期从事明清文学与女性作家的研究，还曾担任杭州大学古籍研究所常务副所长。正是深厚的学术功底和严谨的治学态度，才让选注呈现一个个鲜活而生动的行旅世界。

两位大家选定二十八篇游记佳作，又逐一注解，让古人的文字不再晦涩难懂，这靠的是训诂学的本领。选本收录《黄山纪游》一文，篇幅极长，注释多达九十七处，既诠地名，又解动词，为读者移开阅读之障。除开详细的注释，两位编者萃取游记作者的生平，概括其行文风格，扼要介绍游记中的山水，让读者更能一目了然。

这薄薄一册书，终是让我明白沉潜的道理。释词训诂，最终是为了打开时空之门，理解一个个独特的人。何不随古人一同畅游隽永文字之海，探索美好的景致与灵魂，收获心智的滋养。

（作者为杭州文学学会会员）

从安乐椅上坐起来

——读辛丰年的音乐随笔集《如是我闻》

明前茶

　　我毕业那年找工作不顺，父亲宽慰我："不如趁着还没有上班，回老家去见一见外婆吧。"他叮嘱我说，如果有什么烦恼，不如去找仲老师倾诉。"或许，仲老师家的唱片一放，你这些焦虑，就烟消云散了呢。"

　　父亲提到的仲老师，乃是外婆的邻居，也是我儿时就读的那所小学唯一的音乐老师。仲老师家的笑声和歌声，比大杂院里所有的邻居加一块儿还要多。做沉重烦琐的家务时，仲老师会把家中的唱机搬到窗口来，门窗大敞，乐音流淌，他们一家人便在莫扎特的钢琴奏鸣曲中，将漂洗干净的床单被罩绞扭出水，踮脚晾上晾衣绳，摊平它们，让这些纯棉纺织品，在阳光与阵风的催动下，忽然有了轻快的和弦。

　　是的，从那唱机上放出来的音乐，会让你从平庸凡俗的生活中猛然惊醒，从安乐椅上坐起来，去感受那种与雪山同在的亘古时空，与沃野同在的万里长风。

　　这家人时常提到辛丰年这个名字，他们无来由地感叹："辛丰年说莫扎特这 G 大调小提琴奏鸣曲，是'一对天真烂漫的小孩儿在专心致志玩耍'。一点没错，听着就让人心花怒放。"辛丰年是谁？我并不知道，但那欢快的小提琴演奏隔了几天仍然在我脑中回响。当然，我并不是唯一"听壁角"的人，一位临时来做客的长辈静听半天，表示："听了仲老师的唱片，我才发觉，我的前半生简直是虚度了。"

再次返回故乡时，意外发现外婆所在的大杂院濒临拆迁，院墙上攀爬的金银花和爬藤月季，已被外婆悉数送人。有些邻居已在装箱雇车，准备在拆迁初期投亲靠友，气氛不免有些潦草和感伤，仲老师一家也在整理在这里生活二三十年的积累。他们打了十几个杂物箱，光唱片就足足装了四个箱子。见我归来，仲老师赶忙说："你来得巧。有一本好书要送给你，若你再晚来三天，等打完书箱，我们都不知道这本书会塞在哪里。"那本书正是辛丰年所著的乐评集《如是我闻》。

"我买唱片听音乐的轨迹，与辛丰年先生的介绍紧密相关。他算是我的引路人。"仲老师说，她已连续十年订阅《读书》杂志，辛丰年的乐评专栏"门外谈乐"，是她每次收到杂志时第一个要看的文章。就在两个月前，仲老师发现辽宁教育出版社将辛丰年的文章结集出版了，她赶去书店买来，连夜阅读。重读这些清新活跃的文字，仲老师形容那好比"半个青柠檬猛力挤出了汁液，带来了整个果园的阳光灿烂与芬芳香气"。它中和了人生所有的颠沛流离与怀才不遇，让人对生命之美好，油然而生感念之情。

从这本书的编排来看，辛丰年的文章触及的音乐类型相当"广谱"，包括欧洲古典音乐，浪漫时期及稍后的各国民族乐派作品，他均有涉猎。他以散文或随笔的形式诉说音乐史实，评说作曲家与演奏家的掌故，娓娓道来，仿佛流淌的乐音隐约可闻。他的文章情理交融，暗含比较文学的研究方法，会不时将同一类型，或同一背景下的东西方音乐篇章放在一起鉴赏，求同存异，忽见其妙。其文中饱含乐意，痴情一片，比多数通俗化的乐评文章思辨性更强，也比相当一部分学术化的乐评文章形象易懂，其逍遥文风，令人耳目一新。

辛丰年常以油画、诗歌、戏剧、小说来比喻听到的曲目，其中酝酿着丰富灵活的"通感转化"，其目的无非是化玄奥为平易，向广大音乐的"门外汉"们，包括我，来普及严肃音乐的门内常识。

譬如，辛丰年用王安石的诗作"欲寄荒寒无善画，赖传悲壮有能琴"来形容气象阔大的芬兰音乐家西贝柳斯的作曲风格，说他不但善画荒寒之境，还饱含着犷悍倔强的精神，显示出一种人类战胜凛冽寒冬的壮美。辛丰年也以建筑、文学和雕塑来形容贝多芬的第九交响曲，讴歌它把乐迷们领到风光最胜之处。"听了慢乐章开头的一支主题，何等真挚、诚恳！但它又是沉思的音调，像罗丹的《思想者》那样沉思；迫得你也要去沉思。""（第九交响是）如此宏大的一座建筑，（它）面对的是难以言说的庄严、深沉，可又觉得它是可亲近的，正如初读《战争与和平》的印象。"

带着《如是我闻》离开故园。彼时，秋高气爽，仲老师种在院中的石榴正在转红。仲老师播放了一首德彪西的《平野之风》，算作我们的临别礼物。在我初入社会之时，这安详、自然、亲切的乐章，仿若某种精神上的治愈之风，吹尽了我心头的郁闷。我知道，故乡很快就要大变模样，但那个充满音乐的小院，将永远活在我的青春记忆中。

（作者为散文家）

感受先民的智慧与创造力

任子乐

　　作为中国人，面对一个生字，能读音、讲义、写形其实就算认得了。不过，汉字有今音古音、今义古义、今形古形。如果你能读出古音、讲出古义、写出古形，并说清它的演变过程，那才算完全认得了。

　　普通人能做到吗？答案是肯定的。已故著名作家流沙河先生的汉字研究力作《白鱼解字》让古老的文字焕发出新的生机与活力，让读者在轻松愉快的阅读中领略到汉字的无穷魅力。

　　流沙河，原名余勋坦，是中国当代文坛上一颗璀璨的明星。他以深厚的文学功底、独到的见解和幽默风趣的文风，在诗歌、散文、文学评论等多个领域取得了卓越的成就。然而，除了文学创作之外，流沙河先生对汉字的研究同样达到了令人瞩目的高度。《白鱼解字》便是他在这方面的集大成之作。

　　该书以东汉经学家许慎的《说文解字》为线索，但并未止步于传统注解，而是结合了甲骨文、金文等古代文字资料，以及当代科学知识，对数百个常见汉字进行了别开生面的解读。

　　可能有人会问：普通人了解古汉字演变有什么用呢？

　　汉字的演变是中华文明发展的一个缩影。汉字从最初的象形文字，逐渐演变为具有复杂结构和丰富内涵的表意文字，这一过程中蕴含着丰富的历史信息和文化内涵。通过学习汉字的演变，我们可以更加深入地理解中华文化的博大精深，感受古代先民的智慧和创造力。比如家、万、风这三个字，再常见不过了，每个人每天都在讲。对于中国人来说，汉字和阳光、水、空气同样重要，每时每刻都在使用；但最熟悉的往往也最陌生，因为我们忘了去思考它。大家都有名字，但又有几个人知道自己名字中的汉字所代表的意义呢？

流沙河先生认为，汉字不只是简单的一个符号。比如，"家"这个字的含义，不是 family，不是 home，从甲骨文可以形象地看出，它表现的是牵着一头猪来到这个地方，这就是"家"的含义。远古时代是男子入赘女子家，男子到女子家是"家"到那里，女子到男子家是"嫁"到那里，都是动词。这个简单的汉字提示我们，我们在历史上经历过母系制，这是一个遥远的记忆，却通过文字保存了下来。"家"字就像活化石一样告诉我们，我们曾经以这种方式生活过。

流沙河先生自幼喜学认字，但直到中年才开始系统研究汉字，历时四十年，读《说文解字》，攻金文甲骨文，最终写成《白鱼解字》。他希望通过这本书，与读者分享学习汉字的乐趣。正如他引用某位西方哲学家所言："有趣必有益。"

无论哪个民族的文字，都经历过象形阶段，但是直到现在仍然在使用象形文字的，就只剩我们中国人。我们一旦熟悉了汉字的内涵，就不免会对它产生感情，更为我们是中国人而感到自豪。

那些看似无用的时刻、无用的兴趣，甚至是无用的知识，实际上都在默默塑造着我们的情感世界，丰富着我们的精神生活。这些

"无用"之物，正是我们人生旅途中那些能够让我们停下来思考、感受、欣赏和领悟的宝贵瞬间。它让我们更加理解自己，更加热爱这个世界，最终成为我们内心深处最柔软、最温暖的力量。

（作者为书评人）

从情趣动人的平凡爱情读出幸福真味

王吴军

　　读高中的时候，我就买了清朝才子沈复写的《浮生六记》，读过之后，我感动于他在书中描写的那些平凡人的恩爱和悲欢。

　　读一本书，我总是渴望了解作者的基本情况乃至生活经历。通过阅读《浮生六记》，我知道了沈复，他字三白，是清乾嘉年间的苏州人，出生于衣冠之家，父亲幕僚一生，先是生活小康，后家道中落。他虽是平民百姓，没有功名，却是个多才多艺的知识分子。沈三白家计清贫，有段时间甚至饥寒交迫，他和妻子陈芸却志趣高尚，情投意合，始终不渝。他们吟诗，作画，郊游，聚友，烹肴，兴趣盎然，意兴飞逸。后来历尽坎坷，天人永隔。陈芸死后，沈三白"从此扰扰攘攘，又不知梦醒何时耳"。贡生杨苏补于冷摊购得他的手稿《浮生六记》，出版发行，才让人知晓世上曾有沈三白其人其事。

　　"其形削肩长项，瘦不露骨，眉弯目秀，顾盼神飞，唯两齿微露，似非佳相。一种缠绵之态，令人之意也消。"这是沈三白在《浮生六记》中写到他初见陈芸时的情景。那夜，陈芸给他吃自制的腌菜暖粥，吃得正香时，陈芸的堂兄跻身而入，戏谑笑道："我要吃粥你不给，原来是专门给你夫婿准备的！"当时沈、陈二人就脸红了。原来，美满姻缘竟然可以以一粥而引之。两人成亲后，度过了他们人生中最幸福美好的时光。他们的爱情隐藏在最平常最细微的日常生活中。夫妻饮茶畅谈，陈芸说："杜（甫）诗锤炼精绝，李（白）诗潇洒落拓；与其学杜之深严，不如学李之活泼。"春光里，沈三白欲偕陈芸远出郊游，陈芸巧扮男装，见人问则以表弟对之。竟无人识得出来。夏日，陈芸头戴茉莉花，沈三白戏谑说佛手为香之君子，茉莉为香之小人，何以亲小人而远君子，陈芸笑着说："我笑君子爱小人。"夫戏妻谑，笑俗为雅。忍不住羡慕沈三白，他有着这么一位美妙的妻子，更情不自禁连声赞叹陈芸，她于日常细琐之事中，处处透露着灵慧巧妙，诗情画意。有一次，陈芸捡回一堆峦纹白石，在宜兴长方盒中叠成一峰，若临水石矶状。自己动手种植白蘋，石上植茑萝。到深秋，岩间茑萝悬壁，水中白蘋大放，好一幅"流水落花之间"。沈三白小酌，不喜多菜。陈芸用二寸白瓷碟六只，自制梅花盒。启盒视之，如菜装于花瓣中，一盒六色，二三知己可随意取食，食完再添。书楼夏天太晒，陈芸用数根黑柱横竖搭错，中间以旧布条裹缝。这样既可遮拦饰观，又不费钱。沈三白和朋友于外观花，发愁饭菜冷热。陈芸灵机一动，从城中雇来馄饨担子，推来烹茶暖酒热饭。酒肴俱熟，坐地大嚼，各已陶然。林语堂极力地赞美陈芸，说她"集古今各代女子的贤达美德"，是"中国文学中最可爱的女人"。

然而，沈复在《浮生六记》中写道，他和陈芸这对小夫妻的甜蜜恩爱竟然成了遭妒之由。沈家的家教很严。初始的时候，陈芸处处小心，后来渐渐放松了，在公开场合也和沈三白并起并坐，慢慢起了闲话。沈父和沈母终于将沈三白和陈芸一同遣出家门，他们寄居于友人家里。两年后，沈父又接他们回家。然而，家道逐渐衰落，陈芸身体虚弱，遂悄悄去乡下调养。而这一去，陈芸竟病愁难融，客死他乡。

书中写道，陈芸对珠宝并不在乎，往往大方送人，对破书残画却极为珍惜，不爱钱财，追求着更高的精神境界。居于陋室，依旧心情恬淡，在最平常的柴米油盐中，也能营造出"夜半涛声听烹茶"的情趣。这让苦难和沧桑都显出了美的光彩。真是难得。

《浮生六记》中还写了这样的情景："乡下七月，与芸于柳荫下垂钓。购菊花植遍，九月花开，陶然其乐。芸喜曰：'他年当与君卜筑于此，买绕屋菜园十亩，课仆妪，植瓜蔬，以供薪水。君画我绣，以为诗酒之需。布衣菜饭可乐终身，不必作远游计也。'"我觉得，这才是真正脱却了名缰利锁的人。夫妇二人把心力放在对自然万物的欣赏中，放在欣赏彼此的兰心蕙质上，不贪图物质利益。

"《浮生六记》像一块纯美的水晶，只见明莹不见衬露的颜色，只见精微，不见制作的痕迹。"这是俞平伯对《浮生六记》的极高评价，也是对沈复和陈芸这对人间妙人所拥有的朴素却清雅的生活时光的美好褒奖，当然，这也是我读了《浮生六记》之后想说的话。

我在《浮生六记》这本书中读出了身在红尘、情愫清雅的生活情趣。正是最寻常的生活，才真正解悟了幸福和美好的真味，也正是那些平常人的寻常爱情和寻常生活以及无比寻常的生活里的美好情趣，才是真正的动人心弦、美好如画的风景，就像《浮生六记》这部浮生深情之书中描写的沈复和陈芸的那种虽然寻常却情趣动人的生活一样。

（作者为河南省郑州市作家协会会员）

黑格尔美学理念仍具有现实意义

宁世豪

    黑格尔的《美学》（第一卷）中译本自 1958 年首版以来，已经走过了六十多个年头。我依然记得与《美学》初见的场景：六年前，我第一次进入大学图书馆漫无目的地游走，一本叫《美学》的书呼唤我驻足。从那之后，这两个字就一直萦绕在我的心头久久不散。后来发现学院开了一门《美学原理》课程，我匆忙选课，终于打开了一扇新的大门，并贸然闯入美学与文艺理论学科的新天地。校图书馆中《美学》的书页虽已泛黄，却依旧散发着无穷无尽的生命力。

    在黑格尔刚进入中国并流行之际，西方学界对黑格尔展开了批判。比如德国哲学家阿多诺认为，黑格尔建立起以绝对理念为中心的体系，试图将所有的艺术作品容纳其中。倘若以黑格尔的美学来应对诸如卡夫卡、贝克特等人的现代主义作品，属实捉襟见肘。甚至一些西方学者宣称黑格尔的哲学和美学思想已经过时。但是，对待黑格尔的美学思想，我们既要承认其因距今近二百年而生出的时代落差之感，也需要吸收其合理成分来推动我们当代的文艺创作。

    首先，黑格尔认为文学艺术与人民大众有着密切关系。《美学》（第一卷）中译本的译者朱光潜先生就提道："（黑格尔）明确提出艺术不是为一小撮有文化修养的关在一个小圈子里的学者，而是为全国的人民大众，他奉劝'骂听众趣味低劣'的人们'用不着那样趾高气扬'。"这一识见在他生活的时代是有着很大进步意义的，彼时艺术家们一般脱离现实，鄙视群众，炫耀书本知识的风气盛行。基于这一基本立场，黑格尔还提出了一个于当下文艺创作颇有现实意义的问题：文艺创作者能否运用以及如何运用历史题材和外国题材？例如哲学家施莱格尔认为，一件艺术作品的客观性应该以绝对的忠实为基础，历史和外在现实是什么样子，创作者就应该展现为什么样子。黑格尔批判了这种倾向，他反对艺术家忘却自己所处的时代，眼里只看到过去时代。因为远离人民大众的素材创作出的作品始终与群众相隔阂，艺术家无需卖弄自己的广博学识，而需要描绘那些与时代、大众亲近的素材，这样才能使得人们更好地理解。

其次，文艺作品要塑造具体情境中的理想人物性格。所谓情境，也就是某一人物或某一情节所产生和发展的具体环境。情境不是抽象的，而是和现实紧密相关的。黑格尔认为，普遍理念是一个抽象的存在，只有将自身显现在具体的情境之中，并与人物形象紧密结合后，才能真正认识到它。例如"爱"是一个抽象的理念，但是在具体环境中显为母子之爱、兄妹之爱等，就能被人理解了。在这一具体的情境中，人物也不应该是抽象的，而是具体的。他不应该仅仅成为一个传声筒，去表达某一种观念而强制施加给受众。他既要有属于自己的中心性格，也要有丰富的多方面的性格，是一个有血有肉的活生生的人物形象。我认为，黑格尔所强调的就是塑造典型环境中的典型人物。典型环境、典型人物看似是个别的、特殊的，但是反映出某种普遍的社会本质和人类特征，这就是普遍性与特殊性的紧密结合。

最后，艺术创作并不是一个神秘的过程。当时流行的观点认为，艺术作品的创作过程是神秘的，艺术作品是凭空出现的。黑格尔对此进行了驳斥，他认为，艺术作品来源于现实生活。这与清代书画家郑板桥的艺术观念有相似之处——艺术创作其实就是一个由"眼中之竹"到"胸中之竹"再到"手中之竹"的过程。现实生活有着广阔无边的题材，艺术家要深入现实生活，掌握现实世界中的现实形象，再牢牢记住所观察的事物，这是艺术家创作活动的首要条件（收获"眼中之竹"）。对待这种外在现实，艺术家要把握其生命力，也就是要切实体会这外在现实的本质内容，将其内容（意蕴）完全熔铸于自己的生命之中（体悟"胸中之竹"）。在最后，艺术家把握了美的理念，就要选择适当的形式去将这一理念给表达出来，使得内容（意蕴）与形式完满结合起来，这就是理想的艺术作品（画成"手中之竹"）。

用黑格尔的话来说，这就叫作将"生气"灌注给形式。但是这一过程并不简单，有的人虽然心中有内容（意蕴），但是找不到适当的形式。而真正的艺术家则毫不费力，一旦胸中有了内容（意蕴），立马就能将自己的思想情感转化为丰满的艺术形象，这种能力不是轻易获得的，而是需要苦苦锻炼的。

马克思、恩格斯等人对黑格尔的思想进行了扬弃，吸收了"合理的内核"，从而创立了经典马克思主义文艺理论。朱光潜先生在《西方美学史》中也指出："黑格尔对美学最重要的贡献在于把辩证发展的道理应用到了美学里，替美学建立了一个历史观点。"因此，尽管黑格尔的美学体系和思想存在着缺陷，但是对于其美学思想中的积极成分，我们要虚心接受、汲取精华，将其纳入我们自己的文艺理论体系之中。

不得不说，《美学》中译本可谓珠联璧合，黑格尔思想中的精华部分与朱光潜先生精彩的翻译交相辉映。周恩来总理曾说，翻译黑格尔《美学》这样的经典著作，只有朱光潜先生才能"胜任愉快"。作为中国现代美学思想的奠基人，朱先生值得我们永远地怀念。

（作者为首都师范大学文学院硕士研究生）

《春天》的"预告"

林传祥

　　"华威先生"是张天翼笔下的一个人物形象。1938年2月茅盾筹办《文艺阵地》，向张天翼约稿，张天翼仅用一天时间写了一篇约五千字的短篇小说《华威先生》交给茅盾。4月《文艺阵地》（茅盾主编）正式创刊，《华威先生》即登载于第一卷第一期创刊号上。这是一篇讽刺小说，讲述一个名叫"华威"的国民党官僚在抗战时期的种种拙陋表演：他一天要出席十几个"抗战会"，每到一个会，都要发表演讲，每次演讲都是匆匆几分钟，因为"抗战工作实在太多了"，他的时间不够用，而他又显得那么重要，"许多工作都要他去领导"……小说发表后，社会反响强烈，这位"只知开会，不办实事"的忙人，被读者嗤诋为"虚伪""浮夸""欺世盗名"的小丑和骗子。"华威先生"也成为人们所熟知的文学典型。

　　后来茅盾在《八月的感想》一文中谈了他对小说的看法。"华威先生那样典型的出现……是最近半年来文坛的新趋向"，"这个典型还应去发展……华威先生并没有死，他的更清晰的形象终有见于作品中的一日吧！"茅盾还称张天翼"意识上是一位前进的作家，形式上他有新奇的作风"，"有别人没有的文学才能——巧妙的讽刺和新的文体"。

那么华威先生的典型如何发展？他的更清晰的形象又如何在日后的作品里演绎？张天翼没有给出答案，但在茅盾的短篇小说《春天》里却有了清晰的结果。

1948年12月，茅盾应香港《小说》月刊之约，同样花了一天时间写成了约七千字的小说《春天》，登载在1949年1月第二卷第一期上，这是新中国成立前茅盾的最后一个短篇。小说的主角就是张天翼小说里的主人公——"华威先生"。同样一个人物，张天翼把他写成"包而不办"的"开会专家"，茅盾则把他放在"春天"之下，将其精心包装的本质彻底戳穿。

所谓"春天"，茅盾说，写的是"全国解放后的某一个春天"，这是一个时间概念，也是作家期待的人民当家作主的新生的中国。小说发表后，日本评论界把《春天》称为"幻想小说"，茅盾予以否认，说这是他的"预言"。

当时"中国共产党已经不但解放了东北三省，且包围天津、北平"，茅盾等大批居住在香港的文化人士接到通知，"分批秘密进入东北解放区参加新政治协商会议的筹备工作，为成立中华人民共和国临时中央政府作准备"。小说《春天》正是在这样的背景下写成的。

《春天》里的华威先生摇身一变，成了"民主人士"。以前的那种"慷慨激昂的高调——现在都行不通了"，不得不改变策略，"低调"处世，像个"耗子"似的不再冒失露面。他蜷缩一隅，蠢蠢欲动，窥探风色，暗地里纠集所谓"志同道合"者秘密活动，挑拨各阶层，离间各党派，觊觎组织"政团"，以谋变天。

小说描写的主要都是些反面人物，除华威先生外，还有幕后"拉线"人物影梅先生、活动集团的另一重要成员汪老板，以及被华威先生收买的私立中学校长小赵等等。

就这样，华威先生从张天翼笔下善于伪装的"抗战官"，变成茅盾笔下凶相毕露的"民主人士"。茅盾用"春天"作为小说篇名，很有寓意："春来了，树木抽芽，池塘铺了新绿，燕子忙着构巢，蜜蜂准备更大的生产；春来了，陈年的臭水沟却也泛着气泡，蛰伏着一个时期的毒虫们也在伺候它们的机会。""春天"象征着新中国，"春天"的威力让华威先生无机可乘，无所遁形。这就是华威先生后续的发展与更清晰的写照。

茅盾作为中国共产党的早期党员，作为文学批评家，他有敏锐的嗅觉、独到的观察与判断，他是带着思考写这篇小说的。新中国成立之初，各种残余势力不甘心失败，妄图卷土重来。茅盾的《春天》岂止"预言"，更是向人们发出的明确预告。

（作者为中国档案学会会员）

在"坐等"的时光里感悟生命真意
——读丰子恺散文集《坐等花开》

聂 难

　　丰子恺，这位在中国现代文化史上留下独特印记的艺术家，生于清末民初那个风云变幻的时代。他自幼便对绘画与文学展现出浓厚的兴趣和天赋，早年师从李叔同先生，在其门下不仅汲取了精湛的艺术技艺，更受到了深厚的人文精神熏陶，为他日后独特的艺术风格奠定了坚实的基础。

　　丰子恺一生历经风雨，目睹了社会的动荡变迁、战争的残酷无情以及生活的艰辛磨难。然而，这些经历并未磨灭他内心的善良与对美好的执着追求，反而使他的作品更具深度和温情。从他的漫画到散文，无不流淌着对生活细致入微的观察与体悟，而《坐等花开》这部作品，更是他人生哲学与艺术理念的集中体现。

　　在《坐等花开》中，"坐等"首先是一种对生活细致入微的洞察与欣赏。丰子恺用他那支灵动而温情的笔，描绘了生活中无数看似平凡却饱含诗意的场景。他写自家门口的一方天地，从春草的萌动到秋叶的飘零，每一片叶子的舒展与飘落都被赋予了生命的韵律；他写家人围坐吃饭时的温馨画面，碗筷的交错、饭菜的热气腾腾，于琐碎中展现出亲情的醇厚。在这"坐等"的时光里，他没有错过生活的任何一个细节，而是将目光缓缓地、深深地投注其中，让那些容易被忽略的瞬间在笔下熠熠生辉。这种对生活的尊重与珍视，让我们意识到，真正的美好并非遥不可及的梦幻，而是潜藏在我们每日所处的环境、所经历的日常之中。我们总是在忙碌中追逐远方的目标，却忘了身边的一草一木、一人一事，皆有着独特的魅力与价值。唯有学会"坐等"，像丰子恺那样静下心来，用一颗细腻而柔软的心去感受生活的脉搏，才能发现那些被岁月尘封的美好，重新找回对生活的热爱与敬畏。

"坐等"也是一种坦然面对生活起伏的从容心态。丰子恺一生饱经沧桑，战争年代的颠沛流离、物质生活的匮乏都未曾让他对生活丧失信心。他在书中以平和的笔触记录了生活中的种种不如意，却从未流露出丝毫的怨艾与绝望。他看到战乱年代里百姓的流离失所，心中满是悲悯，但在文字中依然传递出对未来的希望；他经历生活的困窘，却能从简陋的居所、粗茶淡饭中发现生活的乐趣。这种在困境中"坐等"转机的坚韧，源自他内心深处对生活的信任与豁达。他明白，生活的浪潮有起有落，如同自然界的花开花谢，是一种必然的规律。当我们身处逆境时，与其焦虑不安、盲目挣扎，不如像他一样，选择"坐等"，以平静的心态去接纳生活的全部，在等待中积蓄力量，相信风雨过后必将迎来绚丽的彩虹。这份从容淡定，不仅是一种处世态度，更是一种人生智慧，让我们在生活的惊涛骇浪中，始终保持内心的安宁与坚定，不轻易被困难打倒。

从艺术创作的角度而言，"坐等"更是孕育灵感与才华的肥沃土壤。丰子恺的绘画与文学作品之所以具有经久不衰的魅力，很大程度上得益于他在生活中的默默"坐等"。他不刻意追求新奇与轰动，而是在平凡的日子里耐心地观察、思考、感悟。他观察街头巷尾的小人物，从他们的神态、动作、生活场景中汲取创作的灵感；他凝视自然万物的变化，将山水的神韵、花鸟的灵动融入自己的作品之中。在长时间的"坐等"过程中，生活的点滴积累在他的心中逐渐发酵、升华，最终化为一幅幅简洁而富有神韵的漫画，一篇篇清新自然、饱含深情的散文。这种创作方式告诉我们，艺术并非凭空而生的空中楼阁，而是扎根于生活的深厚土壤中。只有在"坐等"中沉淀自己，深入生活的内核，才能创作出真正触动人心、具有生命力的作品。

　　丰子恺的《坐等花开》，通过"坐等"这一简单而深刻的行为，为我们揭示了生活的真谛、人生的哲理以及艺术的奥秘。它提醒着我们，在这个快节奏的时代，不要被喧嚣与浮躁所裹挟，要学会适时地停下脚步，静下心来"坐等"。在等待中去发现生活的美好，去修炼内心的从容，去孕育创作的灵感。让我们在"坐等"的时光里，聆听心灵的声音，感悟生命的真意，如同等待花开一般，满怀期待地迎接生活赐予我们的每一份惊喜与感动，让生命在岁月的流转中绽放出独特而绚烂的光彩。

（作者为教师）

读战时名家日记　思和平来之不易

冰　德

　　一次偶然的机会, 我收藏到一本 1935 年出版的新编文学读本《现代创作日记选》(上海中央书店印行)。有趣的是, 当时就已有版权意识, 书封上面标明"版权所有　翻印必究"。

　　由姚乃麟编撰的这部书共选了十八组日记, 其中有郁达夫的《沧州日记》《水明楼日记》《杭江小历日记》, 鲁迅的《马上日记》《马上支日记》《马上日记之二》《狂人日记》, 丰子恺的《华瞻的日记》, 王鲁彦的《船中日记》, 巴金的《战时日记》, 田汉的《蔷薇之路》, 郭沫若的《离泸之前的日记》《新生活日记》, 沈从文的《善钟里的生活》, 周全平的《首途记》等众多名家的日记。十二位作者, 个个都是中国现代文学的大家。

　　日记是心灵的窗户, 阅读日记是特别贴心、走心的一件事。我喜欢读日记, 也喜欢写日记。因此, 这本日记选一到手, 我就在阳光下的中午开始阅读, 20 世纪二三十年代的旧时光扑面而来。

　　开篇是郁达夫的日记。编辑姚先生对郁达夫的日记有着特别的喜爱, 选他的日记最多, 他在《编者题记》一文中称: 现代写日记产量较多的, 要算是郁达夫先生, 他作有《劳生日记》《病闲日记》《新生日记》等十数种。

"一九三二年十月六日，（旧历九月初七日）星期四，晴爽。"郁达夫的《沧州日记》开篇就是那么日记体，时间、天气，一目了然。"早晨六点就醒了，因为想于今天离开上海。匆忙检点了一下行李，……赶到了车站。……天气也真爽明不过，坐在车里，竟得感到一种莫名其妙的快感。"

郁达夫赶到杭州后到湖滨沧州旅馆住下，他的日记记录了他在那里散心，养病，买书读书，饮酒作诗，有时候还到郊外田野寻访名士遗迹，抄录碑记，进行小说创作。其中最重要的事情是给王映霞（她与郁达夫于 1928 年在杭州举行婚礼）写信，每天写信，寄明信片，或收信等，成了他生活的日常。

郁达夫有诗云："绝交流俗因耽懒，出卖文章为买书。"这也是他那个年代的生活写照。

关于郁达夫写日记的文献诸多，我曾在一本早期的《新文学史料》中看到郁达夫侄儿郁风的一篇《三叔达夫》文章。他在文章中称，他见过浙江《东海》杂志发表的《郁达夫日记选》原稿本。而那本早年的日记原稿本曾盖在咸菜缸上，他在三婶家见过，是一本十六开黑色硬纸封面的日记本，封面还有郁达夫签名。

"盖在咸菜缸上！"这句描述于我印象尤其深。

相对于郁达夫，鲁迅的日记我早就读过，最著名的当然是《狂人日记》。

鲁迅的《狂人日记》是现代文学的开山之作。"那赵家的狗，何以看我两眼"，被誉为"神来之笔"。这也是中学语文老师里三层外三层"深度剖析"过的课文。我也曾经在中学时模仿写类似的幼稚作文，少年未经事，不复重提。

鲁迅的日记虽好，但这本选集中，我偏爱巴金的《战时日记》。巴金的日记文辞优美，叙事精彩。他在日记中写他从南京搭船去上海，被日本东洋鬼子的飞机轰炸，写得惊心动魄。我甚至现在读到，依然能听到那个动荡年代的枪炮声。

在船上，巴金看到了沿江两岸的那些被弹毁被火烧的房屋成了废址。

巴金在日记中称，他们看到低飞的飞机是"东洋飞机"，并看到飞机扔炸弹，岸边的水溅起有一丈高……接着，他们又看到三架飞机在炮台扔下三个炸弹，两个落在水里，另一个落在树丛掩盖的房屋内，把树枝和屋瓦炸碎在空中飞。日本飞机还不肯走，还在那里盘旋。从巴金的日记中，我们可以看到日本侵略者是何等猖獗。

巴金的小说《家》《春》《秋》是经典作品，这篇《战时日记》也极具有历史的记录意义，见证了日本东洋鬼子在中国的暴行。

除了巴金的日记记录了当年苦难的中国，周全平写的《首途记》，也用笔记录了他看到的当时中国的苦难。他在日记里写到了他与郭沫若搭火车从上海出行的难忘见闻。

在北站，他们看到一列兵车，兵列上的国军兵士既可怜又匪气十足，从老百姓那里抢来的东西装了一车。"真混账！打仗起来只会放空炮，抢劫的本事倒是一等。"周全平在日记中这样写道。

沿途，他们还看到农村到处挖着坑道和工事，工事里有大炮，屋子上有不少激战时留下的枪弹洞，农妇瑟缩地穿了破旧的秋服在田里拣棉花。

"大凡田里的女人十个有七八个戴着孝，不是父亲儿子，便是兄弟丈夫。"战争的环境下，百姓民不聊生，流离失所，甚至家破人亡。

时代变迁，战争早已远去，祖国日新月异，但面对这些名家的战时日记，特别能感受到和平幸福的来之不易，当珍惜。

因是名人日记，这本日记选当然记录了不少名人往来的故事。字里行间，藏着人情温暖。郭沫若在《离沪之前的日记》中就记述了他1928年与成仿吾校订《浮士德》，在校订完书稿后一起喝了三斤绍兴酒的往事。

（作者为媒体人）

上册多次再版，下册差点"难产"

——父亲当年写作小说《哪吒》的点滴故事

周允中

我的父亲周楞伽，1911 年生于宜兴，在五四运动后开始文学创作，著有《炼狱》《哪吒》《岳云》等小说。新中国成立后，他曾任职于中华书局上海编辑所，是一位古典文学研究学者。

20 世纪 80 年代初，我父亲在《民主与法制》杂志上发表了《清末四大奇案》，随后引起上海少年儿童出版社编辑的注意。编辑包启新来信告知，经过社领导的研究，想请我父亲写一部儿童喜爱阅读的长篇小说。因为"文革"刚刚结束，当时社会上的儿童小说极其荒芜，尤其是长篇小说。于是，我父亲与编辑商定后，决定写《哪吒》和《岳云》两部儿童长篇小说。

其中《哪吒》是以读者耳熟的《封神演义》和《西游记》两部小说的部分情节为基础，发挥合理的想象，虚构发展而写成的。《哪吒》（约二十四万字）上册出版后作为"红领巾读书运动"的推荐书目，引起了读者的广泛喜爱，印数竟然达到五十多万册。后来，上海人民广播电台首播这部小说，全国多家广播电台开始转播和改播。不仅如此，从河北美术出版社和中国电影出版社开始，多家出版社纷纷将小说改编成连环画出版，甚至有出版社将其编译成维吾尔族、朝鲜族等多种少数民族文字出版物。如今，父亲已经去世三十多年了，仍有多家出版社陆续再版此书。2024年1月份，湖南文艺出版社又新出版了父亲的这部作品《哪吒》（包含上册和下册），同时，北京的一家电影公司也买断此书拍摄的版权。

《哪吒》上册写的是哪吒降世、哪吒闹海、三打龙王、打跑四大金刚、智败二郎神等故事。这些故事在《西游记》和《封神演义》之中都有描写，父亲只是发挥想象，拓展了内容，加强了细节描写和人物的典型塑造，将哪吒塑造成一位聪明、正直、勇敢、机智的人物，赢得了读者的欢迎。

至于《哪吒》下册的写作，父亲想要将《西游记》里的红孩儿和善财童子写进去。这一构思与出版社编辑发生了冲突，尤其是关于善财童子涉及观世音的佛教思想。

编辑认为：一则，这样写易于牵涉到宗教。宗教信仰是自由的，但对青少年要宣传唯物主义，宣传无神论；如何将神话与宗教分开来，确实是一个大问题，不太容易一下子说清楚。再则，救苦救难和普度众生的观点也不同于共产主义品德，前者是一种恩施观点，后者是大公无私、舍己为人等，是集体主义的观点，事实上，这是两种不同范畴的道德观念。三则，写哪吒吃败仗，被妖法所遭，被佛法收服，只会倾覆哪吒的形象，建议不要这部分内容。

针对编辑的看法，我和父亲都认为首先要解决观世音的来源，她是西方传入的梵音，还是华夏民族出自内心的图腾？经过寻找，发现观世音是国人自行塑造的崇拜神祇，她原名杨香玉，是妙庄王的三女儿，出家修行最终修成正果。能投授老百姓的心愿，能送子、送船、送鱼，达成普度众生的目的，这本来就是民众在封建社会的一种良好的愿望，不应该予以否定。这就给故事的发展，创造了既不影响宗教信仰，又不贬低观世音的情节发展脉络的基础。写作中的这个难题得到解决。

至于哪吒吃败仗，被妖法迷惑，被佛法收服，说明儿童生性向善避恶，有可能误入歧途，所以需要加以正确的引导，应给予真实、善良、美好的教育，才能够使得儿童步入正途，走向光明。编辑最终保留了哪吒吃败仗这部分内容。此外，下册作品中加入了少年儿童喜闻乐见的孙悟空的正面形象。

这就是《哪吒》一书的主题思想，正像这次湖南文艺出版社重版时指出的：作者以天马行空的想象力、风趣幽默的文笔，塑造了一个智勇双全、正直善良、疾恶如仇、锄强扶弱的少年英雄的形象。通过各种人物的次第登场，围绕哪吒上演了一出出光怪陆离、别开生面的悲喜剧，把传说背后的人性纠葛剖示得淋漓尽致。

（作者为藏书爱好者）

黄裳译著《猎人日记》初版本封面举略

马国平

　　翻译家黄裳先生的译著《猎人日记》自 1954 年 4 月初版一印后，其精、特装本的发现和流传，引起不少同此雅好的读者持续不断地关注和阐述。

　　文学理论家陈子善先生首先在 2006 年发表《〈猎人日记〉精装本》一文，介绍他自藏的深红色细纹布精装本，用上等纸，深蓝色书签丝带，书衣为淡黄色，1954 年 4 月平明出版社初版，印数高达一万三千册。于是，陈子善特地捧了一批黄裳早期著作请他签名，黄裳先生对《猎人日记》的精装本感到惊讶，他说："我自己也没见过！"更让陈子善惊讶的是黄裳拿出了黑丝绒面的自印精装本，黄裳在陈子善带去的布面精装本上写下了一段意味隽永的话："此书余有自印圣经纸本，黑丝绒面，不知书店尚有此种精装本也。为子善兄题，黄裳，甲申盛暑。"陈子善认为自己的那本书可能是出版社为读者特制的精装本，依据是版权页上在著录"定价￥19000"的基础上，加盖"加精装费￥1000"的印章。

　　当年《猎人日记》除了上述两种装帧样式，还有通行的平装本以及稀少的锦面本。黄裳早在 1981 年 9 月写道："《猎人日记》，1954

年 4 月平明出版社'屠格涅夫著作集'之一，圣经纸印，锦面精装本。"（《题跋一束》，《读书》1983 年第 1 期）

2012 年 9 月黄裳先生逝世后，上海古籍书店艺术书坊在微博发起"爱黄裳，晒书装"活动，笔者晒出了自藏的《猎人日记》"锦面本"，在爱好黄裳译著的读书人中引起一阵轰动。陈子善在微博中发言："物毕竟以稀为贵，历代孤本、善本一直受到珍视，而今民国版孤本、珍本也颇受重视了。此书是 50 年代初所印，虽黄先生文中已经提及，但长期未见实物，这次终于显形，至少对黄裳研究者和爱好者而言是十分重要的。"

这本《猎人日记》锦面本，来自老作家徐开垒先生的旧藏，徐、黄二人是相交几十年的报社同事。锦面本值得玩味的地方，是封面上没有印刷书名，仅在书脊上印制了红色凹字书名，作者、出版社等信息一概略去，上面所绣的鼎、爵、云纹、佛手、石榴等五彩图案反向排列，看上去雍容华贵、光彩靓丽。

嗣后，有关《猎人日记》精装本的言说陆续面世。凌济在《黄裳手稿五种》一书中认为，《猎人日记》"同时印行精装本、非卖品、黑丝绒面圣经纸精印。印数约十册。已知存者巴金、黄裳。另有平装改精装本两种。绛红色细纹布封面本，已知存者陈子善。五彩红色锦缎布封面本，已知存者李济生"。

2021 年 8 月，某书商在网上谈及高价购买《猎人日记》的签名锦面本，受赠者朱近予亦为黄裳报社同事。与笔者自藏本相比品相更为完好，令人吃惊的是，其封面图案迥异，为蝙蝠、铜钱、修竹、草花、云纹及寿字等五彩图案。两种锦面虽历经岁月出现不同程度的褪色，但纸张坚韧薄软，真是圣经纸印制。

至此，《猎人日记》精装本共有三种样式，布面、锦面、黑丝绒面。后两种为作者自行设计装帧，可谓特装本。不过，布面另外尚有褐色粗纹布精装本，版权页划去原售价，上面加盖"字典纸特装本￥44000"的印章，冠之于"字典纸特装本"，可见纸张与深红色细纹布精装本是不同的，价格更高。从纸张上说，又应该归入特装本。

与布面本相比，锦面本的版权页没有改动，标价如旧，但纸张为字典纸，可见确实是作者专门特制赠送亲友的。"五彩红色锦缎布封面本，已知存者李济生"，倘以此为基础，现在则可确定加上徐开垒、朱近予。新近逝世的散文家姜德明也是存者之一，他在《黄裳译著跋语》中写道："三十年前意外得到黄兄赠我一本缎面精装的平明版《猎人日记》，是市面上见不到的。"还有黄裳在《题跋一束》中提到的为之题跋的"老读者Z"，唐弢、未见披露的柯灵等友人，这些人受赠的大概率也是锦面本。另外，黄裳写于1979年4月的《〈版画丛刊〉及其他》提到阿英在1954年11月25日来信说："《猎人日记》收到，谢谢。"想必也应该是锦面本。当然，锦面本到底制作了多少册仍是个谜，封面还会有不同的图案出现否，也未可知。

关于《猎人日记》的特装本，还存一个疑问，那就是制作数约十册的"黑丝绒本"，何时有幸公之于众呢？

（作者为藏书爱好者）

"为这世界添一分春色"

——宗白华和他的那些诗

萧梦麟

  《流云小诗》大约作于 1921 年至 1922 年，其时宗白华在柏林留学。《红花》是宗白华《流云小诗》集中的最后一篇。1982 年宗白华说道："《红花》，这是诗集的最后一首，可以看作五四时期中国的形象。五四时期的中国是一个光的世界，我的小诗就是为这世界添一分春色。"

  宗白华（1897—1986）原名宗之櫆，字伯华（因他为长子，故名"伯"），后来取《诗经·白华》篇名，改为"白华"。1905 年，宗白华从安庆随父来到南京，开始读书。南京及其近郊的湖山——天空的白云，桥畔的垂柳，风烟清寂的郊外，湖山的清静，将自然的美印在少年心里。

  1913 年，宗白华读中学时，因病到青岛休养，在这里他开始学习德语，"青岛海风吹醒我心灵的成年"，"青岛的半年没读过一首诗，没有写过一首诗，然而那生活却是诗，是我生命里最富于诗境的一段"。

  半年后，他又到上海就读于同济中学部，继续学习德文，预备学医。他的外祖父、母亲和弟弟也已移居沪上。每天早晨在小花园里，听见外祖父高声唱诗。他在书店里买到一部日本版小字的王维、孟浩然诗集，翻阅一遍，心里有无限的喜悦："他们的诗境，正合我的情味，尤其是王摩诘的清丽淡远，很投我那时的癖好。"

当时他正同表妹虞芝秀恋爱。虞家在上虞——浙东万山中幽美的小城，宗白华有两次寒假到上虞过年，"华灯一城梦，明月百年心"，"这时我欢喜读诗，我欢喜有人听我读诗，夜里山城清寂，抱膝微吟，灵犀一点，脉脉相通"。

1919年，二十二岁的宗白华是"少年中国学会"的主要撰稿人，在新文化运动里声名鹊起。11月，宗白华就任《时事新报》副刊《学灯》的主编。他从来稿中发现了留日学生郭沫若投寄的白话诗，将这个无名小辈"大胆、奔放、火山爆发"的作品接二连三地发表。这些作品震动很大，后来结集为《女神》集。

1920年5月，宗白华赴德国留学，先是入读法兰克福大学，1921年春，转到柏林大学学习美学和历史哲学。

1921年冬季的一天，他到一位景慕东方文明的教授家参加舞会，"舞阑人散，踏着雪里的蓝光走回的时候，因着某一种柔情的萦绕"，"开始了写诗的冲动"。从那时起大约一年的时光，他被写诗的情调占据。莱茵河边故垒寒流、残灯占梦，黄昏的微步，星夜的默坐，大庭广众中的孤寂，时常仿佛听见耳边有一些无名的音调，把捉不住而呼之欲出。往往是夜里躺在床上熄了灯，窗外横躺着的大城仿佛一波微动的大海，许多遥远的思想来袭，在半夜的黑影里爬起来，扶着床栏寻找火柴，在烛光摇晃中写下那些借以慰藉寂寞的诗句。

在这一年的时间里，宗白华写了四十多首小诗，从 1922 年 6 月 5 日起，在《学灯》上连载了一年多，1923 年 12 月结集为《流云小诗》，由上海亚东图书馆出版。

当时（从五四运动到 1922 年前后），新诗、小诗蔚成风气。写小诗的作家有冰心、刘大白、宗白华、朱自清、俞平伯、康白情等。朱自清认为小诗的兴起之因，都是受外国的影响：一是周作人在民国十年（1921）翻译了日本的短歌和俳句，二是冰心同年的《繁星》和次年的《春水》中说是受泰戈尔的启发。

《流云小诗》透露了宗白华在德国生活的斑驳光影，读书，听音乐，看歌剧，浏览山水，在街道里巷散步。在柏林，他与来游访的徐志摩和正在柏林大学游学的陈寅恪都有来往。

《流云小诗》中有不少歌颂光明的小诗。宗白华说："我爱光，我爱海，我爱人间的温爱，我爱群众千万心灵一致紧张而有力的热情。我不是诗人，我却主张诗人是人类的光和爱和热的鼓吹者。"《红花》里的滟滟流波、红花、春色，都是光、爱和热的象征。

宗白华说，中国千百年没有健全的恋爱诗了，所有的恋爱诗，不是悼亡、偷情，便是赠妓女。没有爱力的社会是没有灵魂的，愿多多提倡纯洁真挚的恋爱诗，为民族性创造一种深厚的情感基础。

宗白华的小诗，玲珑剔透，清新明丽，"浸润着一种哲学的宁静，与一般新诗中的反抗与破坏的色彩迥异"，但是带有过多的朦胧的哲理成分和神秘色彩。朱自清称"这是所谓哲理诗，小诗的又一派"，说《流云小诗》出版后，小诗渐渐完结，新诗也跟着中衰。而新诗第二期的发展，系由留英回国的徐志摩开端的。这是三年后的事情了。

　　1925 年春，宗白华回国，在东南大学（即后来的中央大学）任教。他的美学课深入浅出，诗意盎然。方玮德、陈梦家等都听过他的课。20 世纪 30 年代，南京先后有两个诗人群落，宗白华都与之关涉很深，第一个群落是徐志摩、方令孺、方玮德、陈梦家等人；稍晚一点是在 1931 年由汪铭竹、程千帆、孙望、常任侠等在南京组织的土星笔会，宗白华担任了顾问并经常参加聚会。朋友和弟子记忆中的宗白华是蓝布长衫、青布鞋，十分朴素，不管是晴天还是雨天，都带着阳伞，"怡静，胸怀无私，这是哲学家的风度。他生活闲散，受《世说新语》的影响，有魏晋人风度"（常任侠语，著名的艺术考古学家、东方艺术史研究专家、诗人），"我没见他发过脾气，甚至连一句较为粗暴的话，也没听见他说过"（安敦礼语，当代画家和美术理论家）。

（作者为河南文艺出版社副编审）

写给一百年后的我们

——重温里尔克《给青年诗人的信》

周南焱

　　1902 年深秋，在维也纳新城陆军学校就读的学生卡卜斯，喜欢阅读大诗人赖内·马利亚·里尔克（奥地利诗人）的作品，其时他自己也尝试着开始写诗。偶然获悉里尔克的通信地址，这位十九岁的年轻人决定给里尔克写信，寄上自己的诗稿，希冀得到后者的指导。没想到里尔克很快就回复了信件，从此开启了两人之间长达六年的通信。《给青年诗人的信》这本书信集收录了里尔克写给卡卜斯的十封信，数量并不算多，但每一封都是精品，这在世界文学书信史上极为罕见。

　　中文版《给青年诗人的信》由著名诗人、学者冯至翻译。1931年春天，二十六岁的冯至在德国海德堡大学留学，读到了里尔克的这些信件，顿觉字字像从自己心里流出来，又流回到心里，兴奋之余开始一封封翻译这些书信。1938 年抗战期间，这十封书信正式结集在国内出版。又过了半个多世纪，1994 年北京三联书店重新出版了这本书信集。后来，上海译文出版社也推出了《给青年诗人的信》，除了收入里尔克的十封信，还收入了冯至翻译里尔克的其他部分诗作、随笔，形成对书信的补充和呼应。

20 世纪末，我也是在跟卡卜斯相似的年纪，在复旦大学图书馆里偶然读到了这册书信集，感到格外亲切，好像自己也是那个收信人，收到了隔着遥远时空的来信。里尔克给卡卜斯写信时，刚步入中年时期，岁数并不大，更像一位朋友或兄长，谈到诗和艺术，谈到生活和职业的艰难，也谈到爱和两性关系，谈青年人常常遇到的这些问题。他把自己的生活经验、写作感悟等，都融入了这些书信，亲切、朴素而又睿智，给人打开了一扇扇心灵的窗户，也让人得以管窥一位伟大诗人的精神世界。

卡卜斯在信中请里尔克就他的诗稿给出意见，里尔克谈到写作不要一开始就希求得到外界的认可，唯一的方法是走向内心，探寻自己写作的缘由，要在深夜寂静的时刻问自己：我必须写吗？如果回答是"我必须"，那就按照这个需要去建造自己的生活，担负起艺术家的命运，不要关心从外边来的报酬。里尔克提醒道，青年人不要写爱情诗，因为爱情诗已经太多了，要避开普遍的题材，去归依于日常生活呈现的事物。如果你觉得你的日常生活很贫乏，你不要抱怨它，那是你还不够做一个诗人来呼唤生活的宝藏，因为对于创造者没有贫乏，也没有贫瘠不关痛痒的地方。在写作中，里尔克提醒慎用"暗嘲"这类技巧，要朝向伟大、严肃的事物，走向事物的深处。

一般人会说，诗需要的是情感。而里尔克说，情感是我们早已有了的，我们需要的是经验。可是这些还不够，诗人要去感受万物，尝遍众生的苦恼，将其汇聚成自己体内的血、目光和姿态，在某一个时刻诗才会从心中形成，脱颖而出。在《给青年诗人的信》中，同样贯穿着里尔克的这种信念，诗是经验而非情感，对青年作者有醍醐灌顶之效。

常人大多以为寂寞难以忍受，但是里尔克却说艺术品源于无穷的寂寞，以深深的谦虚和忍耐去期待一个新的豁然贯通的时刻。艺术家不能计算时间，便是年月也无效，像树木一样自然成长，不勉强挤它的汁液，满怀信心站在春日的暴风雨中，不用担心后面的夏天不会来到，"忍耐"就是一切。青年人总有很多的问题和疑惑，里尔克说，要去爱这些"问题本身"，不要急于追求答案，要多多忍耐，就在这些"问题"里生活，或者渐渐有那么一天，你生活到了解答这些问题的境地。

青年人常常会遇到生活和职业上的难题，会感到孤独、寂寞而无人理解。从军校毕业后履职军队的卡卜斯也是如此。里尔克说，要担负自己的"寂寞"，不要掉入庸俗无聊的社交，走入内心广大的寂寞，从寂寞的深处去观察世界，去感受世界生命的关联，了解什么事务是有价值的，什么事务既无尊严也无价值。显然，"寂寞"在里尔克这里，不再是一种简单的处境和心境，而是一种本真生存的必要性，让生命在寂寞中获得成长与丰饶，对青年人而言既是艰难的，也是必要的。

对于卡卜斯在爱与两性关系方面的困惑，里尔克也给出了指导。在他看来，青年人必须长期学习爱，把爱担负在肩上，爱的要义不是什么倾心、献身，更不在浅易或轻浮的游戏中失掉自己，而是一种崇高的动力，在自身内有所完成，自己去成熟，去为了另一个人完成一个自己的世界。

里尔克在信中把许多人生问题娓娓道来，不拘于一时一事，撒开那些习俗或偏见，从生活和生存本身出发，给我们以深刻启示。里尔克告诉我们，人来到世上，艰难而又孤单，遇到了各种困难，很容易躲到社会习俗下面去寻求庇护。但习俗只是避难所，并非安身立命的地方。谁要想真实地生活，就必须离开习俗，学会独立生存，成为一个承担者，担当生活上的种种问题，不容有些许替代。

里尔克的这十封信，既是写给卡卜斯的，也可视为写给所有青年人的。这些书信曾让冯至倍感激动，也让我在当年初读时如遇良师知己。从初读到现在，很多年已经过去了。这些年里，每隔一阵子，我都会重温一遍这本薄薄的书信集，它总是让人在心神不宁或焦虑不安的时候，能够重新沉静下来，像一面镜子让人反躬自省，去思索如何真实地生活，而不是随波逐流迷失自我。虽然当年的写信者、收信人早已逝世，但这些写于一百多年前的信从未过时，今天的我们也可算作收信人，从这些书信当中，依然能获得属于自己的体悟。对于这册书信集，或许可以用冯至先生的诗来形容："给我狭窄的心／一个大的宇宙。"

（作者为媒体人）

薄薄一册工具书，撰作跨度数十年

郑瑞娟

从读大学到留校任教，十年光阴已过。这期间感兴趣的专业几经周折方落定，不仅所学所习大有"复古"之态，连自己的思维方式和生活细节也在无形中多受影响，愈发尚古，对于旧书的兴趣与日俱增。

伴随着尚古意趣的萌发，在一个闲暇安静的午后，从商务中心区走到了郑州古玩城。穿过入口处的石碑坊，略逛了逛，便被一些旧书店所吸引。所谓"耽书是夙缘"，文学人的定理，虽迟但到。不过多数书店的陈列，教辅类参考书偏多，也有不少小人书，皆非心头好，便觉意兴阑珊，一家一家走进走出只当是打发时间。带着"扫货"的眼光，竟然意外地偶遇一部学术著述——《助语辞集注》，大有些他乡遇故知的情状，顿觉惊喜。

此书出版于 1988 年，发行三千册，是中国社会科学院语言研究所王克仲先生对元代著作《助语辞》的集注。旧时专注学术类的书籍往往限量印发，因其未为大肆流传，往往有许多独到见解孤存卷中，大有沧海遗珠的意味。

王先生的《前言》写得很详细，也很精彩，从中可以知道《助语辞》一书多方面的情况和价值所在。《助语辞》原名《语助》，作者卢以纬系元代人。此书开了汇解虚词的先例，共收六十六组虚词或相关词组，计一百三十六个词条，其中单音节词六十八个，复合词和词组六十八个。

书中对于助语辞的解释，往往在释义过程中进行相近词语的细微辨析，如解释"也、矣、焉"一组："是句意结绝处。'也'意平，'矣'意直，'焉'意扬。发声不同，意亦自别。"不仅简明扼要地指出了"也、矣、焉"三者的共同点及各自的特点，也增添了不少文字意趣，读来颇有会心。而且，书中在解释相关词语时，间或引用书证，让人明了语义的同时，也暗含着对相关典籍的理解。如释"而"字："句首有'而'字，亦是承上文转说下意。句末有'而'字，却是咏歌之助声，与'兮'字相类。'偏其反而''俟我于著乎而'。"此中"俟我于著乎而"，出自《诗经·齐风·著》；而"偏其反而"来自《论语·子罕》，历来多以为逸诗。卢氏将其视为"咏歌"，说明他对《诗经》的音乐属性颇为认同，这在元代《诗经》学的著述中亦不常见。值得注意的是，卢氏在解释词语时，还时常引用俗语，如释"故曰"："乃是在先曾有此语，今举而说之，俗语'所以说道'。"释"尝谓"："俗语'不特而今说，也曾每每说道'。"通俗明白之外，也映现出元代文化习俗的某些特质。

关于卢氏此书的特点和价值，王克仲先生在《前言》中已有详细的归纳与评述，既肯定了此书的开拓性，也指出了此书的缺陷和草创性，可谓不偏不倚的持平之论。令人感慨的是，《助语辞集注》的撰作，在 20 世纪 50 年代就已发端，当时周定一（中国社会科学院荣誉学部委员、语言学家）先生已有若干准备工作；20 世纪 60 年代，周先生为奖掖后进，将相关藏书借给王先生，鼓励王先生独立完成；而后历经"文革"，书稿直至20世纪80年代才正式完成。薄薄的一小册书，撰作跨度竟达数十年，千锤百炼，字字珠玑。纵览成书岁月，前辈学者于艰难困苦中守望相助、薪火相传之精神，更见学人之情、学人之德，心下便添一分尊敬与感动。

王先生集注的体例，也颇有意思。保留的旧注，主要包括《助语辞补义》中陈雷、魏维新的"补义"，以及《鳌头助语辞》中无名氏的"冠解"；对卢氏原文的新注，则以"仲注"标示，主要包括版本校勘、补充书证和出处、释义述评等方面；此外，王先生对旧注"补义"和"冠解"也有进一步的解释、补充，以及商榷、正误等，以"仲疏"标示。这种注疏并存的体制，在当代"集注"类著述中似乎并不常见，但对于理解《助语辞》及相关阐释的层次与特点，则显得清晰而醒目。从中足见王克仲先生深厚的学术素养与精深的学术追求，亦可见传统经学之当代遗泽与生命力。

古书中的助语辞，往往为人忽视。卢氏《助语辞》是"我国目前所能见到的最早论述文言虚词的专著"（王克仲《前言》），王先生为此书撰作集注，自有不可忽视的学术意义。虽然学界的相关研究，一直在不断加深，诸如《古代汉语虚词词典》之类的大部头著作也相继问世，为更多人所参考。但须知沧海横豁，多由百川汇注；大水汤汤，缘来浚引之功。当时褴褛间，荷石担瓦者，当志心不忘。

治学一道，出经入典，案头杂冗，每多浮躁。得此书置之座右，心头自有警醒与期待。

（作者为郑州大学文学院讲师）